KB093240

인터넷 광고

이원재 李源宰

서울에서 출생했으며, 건국대학교 신문방송학과와 언론홍보대학원을 졸업하고 현재 건국대학교 신문방송학과 겸임교수로 있다. (재)서울디자인재단 홍보담당을 역임하고, 광고대행사 「인사이트제이 커뮤니케이션즈」 대표로 있으며, 저서로는 『광고의 진화』『광고의 이해』 등이 있다.

인터넷 광고

인쇄 · 2015년 1월 5일 | 발행 · 2015년 1월 11일

지은이 · 이원재
펴낸이 · 한봉숙
펴낸곳 · 푸른사상
주간 · 맹문재 | 편집 · 김선도 | 교정 · 김수란

등록 · 1999년 7월 8일 제2-2876호
주소 · 서울시 중구 충무로 29(초동) 아시아미디어타워 502호
대표전화 · 02) 2268-8706(7) | 팩시밀리 · 02) 2268-8708
이메일 · prun21c@hanmail.net
홈페이지 · http://www.prun21c.com

ⓒ 이원재, 2015

ISBN 979-11-308-0312-8   93320

값 27,000원

이 도서의 국립중앙도서관 출판예정도서목록(CIP)은 서지정보유통지원시스템 홈페이지(http://seoji.nl.go.kr)와 국가자료공동목록시스템(http://www.nl.go.kr/kolisnet)에서 이용하실 수 있습니다. (CIP제어번호 : CIP2014035580)

Internet Advertising

이 원 재 _ 지음

푸른사상
PRUNSASANG

더 많은 혁신, 더 많은 기회

오늘날 세계 경제는 거의 단일시장처럼 통합되었고, 정보통신 기술의 혁명으로 지구촌은 하나의 공동체로 발전하고 있다. 대부분의 현대인들은 낮시간에는 직장에서 컴퓨터를 이용하고 출퇴근 시에는 모바일, 퇴근해서 잠들 때까지 다시 컴퓨터나 모바일을 접하며 지낸다. 그만큼 온라인은 우리의 일상생활에 지대한 영향을 미치고 있다.

인터넷 광고 역시 인터넷이 처음 선보인 1997년 이래 지속적인 성장을 거듭하여 지금은 인터넷 매체와 케이블 TV가 광고 미디어의 중요한 위치를 차지하고 있다. 최근 들어 유선 인터넷 접속과 컴퓨터의 보급은 줄고 있지만, 모바일을 통한 인터넷 접속과 스마트폰 보급은 빠르게 늘고 있다. 지상파 TV와 신문의 광고가 인터넷과 케이블로 이동 중이며 스마트폰과 태블릿 PC, 3G · 4G 무선 네트워크의 진화로 모바일 매체가 주도적인 광고 플랫폼으로 등장했다. 또한 인터넷이 모바일 중심으로 급속하게 이동 중이다. 이런 추세에 따라 광고시장의 축 역시 신문이나 잡지가 아닌 인터넷으로 대변혁의 길을 걷고 있다.

지금껏 TV 광고가 맡고 있던 광고 효과는 조금씩 감소하는 추세다. TV 광고는 더 이상 효과가 없다고 생각하는 광고주가 의외로 많으며 광고 시

인터넷 광고 / Internet Advertising

청률을 묻는 목소리도 높아지고 있다. 그 자리를 표현력이 날로 진화하는 인터넷과 모바일 광고가 차지하고 있다. 요즘 인터넷 광고의 표현력은 모든 면에서 TV 광고를 넘어선다. 배너 광고나 메일로 보내지는 문자 정도였던 초창기에 비하면 가히 혁명적인 변화다.

TV를 중심으로 한 종래의 매스미디어 광고는 브랜드의 인지도 상승이나 호감을 목적으로 한 커뮤니케이션 미디어로서 위치했다. 그러나 기업이 운영하는 웹사이트는 거래 채널도 되기 때문에 고객을 유도하는 마케팅 툴로서 인식되는 측면이 컸다. 광고 본래의 효과, 즉 광고를 보여줌으로써 얻는 효과보다 사이트로 유도하는 것이 목적이었다. 요즘은 전자상거래 시장이 확대되면서 다이렉트 마케팅 툴의 핵심이 되고 있다.

지속적인 성장세를 보이고 있는 검색 광고는 인터넷 광고를 한층 다이렉트 마케팅 쪽으로 유도한다. 검색엔진 최적화(SEO)를 구사하여 높은 투자수익률(ROI)을 기대할 수 있기 때문이다. 그래서 점차 효과가 감소하고 있는 TV 광고의 브랜딩 효과를 어떻게 인터넷 광고로 보완할 것인지가 과제다. 지금까지 TV 광고에 의존해온 기업과 이미 인터넷 광고를 하고 있는 다이렉트 마케팅 쪽에서 그렇다. 오로지 클릭 수를 지표로 추구한 결과 원하는 효율을 얻을 수 없게 된 현상을 분석하고 타개할 수 있는 방법을 찾아야 한다. 인터넷 광고의 브랜딩 효과를 TV 광고 이상으로 얻을 수 있도록 인터넷을 광고 미디어로서 재인식하는 것뿐이다.

오늘날의 고객은 자신이 필요로 하는 상품 관련 정보를 꿰차고 있으며, 다양한 소비자 네트워크를 통해 냉정하게 판단한다. 품질과 성능으로 승부를 겨루는 시대는 지났다. 고객의 마음을 사로잡기 위해서는 소비자의 입장에서 상품을 바라보는 습관을 들이는 수밖에 없다.

이 책은 광고 현장에서 직접 체험하며 얻어진 노트에서 비롯되었다. 커뮤니케이션 내에서 광고가 가지는 주변성은 마케팅이 아닌 외부, 즉 시장을 매개로 하는 문화로 나아갈 때 극복될 수 있다. 그런 의미에서 광고 현장에서 보낸 시간은 살아 있는 광고를 재발견할 수 있는 소중한 경험이었다. 광고 제작을 통한 무수한 경험은 책을 통해서는 결코 담을 수 없는 문화성을 각인시켜주었다.

틈틈이 정리하다 보니 참고해야 할 자료를 충분히 보완하지 못한 아쉬움이 남는다. 이는 전적으로 필자의 몫이며 지속적인 연구를 통해 보완해나갈 것이다. 빠르게 진화하는 인터넷 광고 환경의 기초를 이해하는 데 작은 도움이라도 되길 기대한다.

2014년 11월

이 원 재

머리말 | 더 많은 혁신, 더 많은 기회   5

1장   인터넷 광고의 기원

1. 일상의 모든 것을 바꾼 인터넷   15

   « 새로운 문명의 단초, 인터넷의 출현   15
   « 한국 인터넷의 출범   23
   « 한국의 포털사이트   28

2. 정보기술의 진화와 일상의 변화   34

   « 웨어러블과 빅데이터의 출현   34
   « 빅데이터의 시대   39
   « 비트코인, 화폐이자 기술인 비즈니스 플랫폼   41

3. 광고시장의 구조를 바꿔버린 인터넷 광고   45

   « 일상화된 인터넷 광고   45
   « 인쇄 매체를 넘어선 인터넷 광고   49
   « 인터넷 광고의 진화와 통합마케팅   51

4. 전자상거래의 활성화   55

   « 전자상거래의 급성장   55
   « 점차 늘어나는 해외직구족   60
   « 아마존의 인터넷 광고시장 진출   64

2장 인터넷 광고 개론

1. 새로운 광고 미디어로 출현한 인터넷   69

  « 인터넷 광고의 영향력 확대   69
  « TV 광고의 소구력을 보완하는 인터넷 광고   71
  « 광고 효과를 최적화하는 옵티마이즈   76

2. LTE와 광고 접촉 태도의 변화   79

  « 매체 가치가 상승하는 인터넷   79
  « 인터넷의 도달력   81
  « 인터넷과 TV를 조합한 커뮤니케이션   86

3. 인터넷 광고의 특징   91

  « 15초에서 30초로의 혁신   91
  « 광고 표현의 변모   94
  « 인터랙티브한 리치미디어   98

4. 광고 효과의 증대가 가능한 타기팅 기법   104

  « 창의적 발상에 의한 타깃의 선정   104
  « 온라인 행동을 기반으로 한 타기팅   106
  « 관심 문맥을 이용한 타기팅   108

3장   인터넷 광고의 전략

1. 크로스미디어에 의한 미디어 플래닝　115

« 미디어 플래닝의 변화　115
« 인터넷의 미디어 데이터　117
« 매스미디어와 인터넷의 크로스미디어 전략　119

2. 인터넷 광고의 효과 예측과 측정 방법　121

« 실시간 효과 측정이 가능한 인터넷 광고　121
« TV와 인터넷의 크로스미디어 효과　126
« 각종 효과 측정 방법과 장단점　136

3. 재미있는 콘텐츠를 통한 커뮤니케이션　140

« 재미있는 광고가 넘치는 시대　140
« 플래시 동영상으로 전개하는 웹사이트　145
« 영화 같은 동영상 광고　149

4. 브랜드 커뮤니케이션으로서의 웹 사이트　153

« 유익한 콘텐츠를 제공하는 웹 사이트　153
« 브랜드 사이트의 콘텐츠　155
« 브랜드와 스토리텔링　157

4장 인터넷 광고의 종류와 특징

1. 인터넷 광고의 전달 구조   165

« 쌍방향으로 전달되는 인터넷 광고   165

« 크리에이티브와 광고 효과   169

« 온라인 광고대행사의 조직 구성   174

2. 웹 마케팅과 인터넷 광고의 방식   178

« 인터넷 광고의 최적화   178

« 웹 광고에 의한 마케팅   182

« 인터넷 광고의 규제   188

3. 인터넷 광고의 종류와 방식   192

« 형태와 광고 방식   192

5장 모바일 광고

1. 손 안의 세계, 모바일로 옮겨가는 광고   219

  « 모바일 광고 시장의 약진   219
  « 모바일 광고업계의 동향   223
  « 점차 확대되는 모바일 광고   227

2. 모바일 광고의 특징   232

  « 모바일 광고의 콘텐츠   232
  « 모바일 영상 콘텐츠의 진화   235
  « 모바일과 '게임 내 광고'   241

3. 모바일 광고 솔루션   249

  « 모바일 메신저 스타 브랜드콘   249
  « 스마트폰의 애드몹 광고   254
  « 대중을 움직이는 SNS   259

인터넷 광고 용어 해설   265
참고문헌   305
찾아보기   307

1

인터넷 광고의 기원

1. 일상의 모든 것을 바꾼 인터넷

2. 정보기술의 진화와 일상의 변화

3. 광고시장의 구조를 바꿔버린 인터넷 광고

4. 전자상거래의 활성화

인터넷 광고

Internet Advertising

1. 일상의 모든 것을 바꾼 인터넷

« 새로운 문명의 단초, 인터넷의 출현

인터넷이 현대인의 일상 속에 깊숙이 파고들고 있다. 지구촌 모두가 마주하는 사이버 공간(cyberspace)은 인종이나 이념적 갈등도 초월한다. 나아가 세계화로 인해 서로의 문화가 닮아가고, 쌍방향 통신수단이라는 점을 이용한 동일문화권으로 이어지고 있다. 이제는 누구나 국경을 초월해 이메일(e-mail)을 주고받을 수 있게 되었다. 지금 이 시간에도 인터넷 공간의 활용과 확대는 끊임없이 계속되고 있다.

세계는 인터넷 혁명이라는 두 번째 변화의 물결을 맞이했다. 컴퓨터와 인터넷의 등장은 정보의 저장, 전산 처리, 통신기술의 혁신을 가져왔고, 대량의 정보를 빠른 속도로 처리할 수 있게 되었다. 과거 산업혁명의 산물인 기계와 인터넷 혁명의 산물인 네트워크가 결합해 새로운 혁신의 바람을 일으키고 있다.

이제는 모든 기기에 스마트 기능 탑재가 가능해졌고, 방대한 양의 정보를 처리할 수 있는 데이터 원격 저장기술, 첨단 분석 툴 등으로 인해 다양한 정보를 수집하고 분석할 수 있게 되었다. 이는 더 많은 지식과 소통, 그리고 최적화를 의미한다.

요즈음 신문이나 방송 등 대부분의 언론들은 기존 서비스 외에 인터넷을 통해 정보를 제공한다. 이는 커뮤니케이션 수단이 전환되는 시기가 왔음을 뜻한다. 주류 미디어인 신문이나 방송에게는 인터넷이 서비스의 폭을 넓히는 계기가 되었고, 수용자는 정보를 획득하는 범위가 한층 넓어졌다.

인터넷은 가상 공간을 인간의 오감에 적용시켜 초고속 정보통신망을 실현했다. 그 결과 광케이블망을 주축으로 영상과 음성, 문자 등의 정보는 물론이고 영상전화나 원격 의료, 화상회의도 할 수 있게 되었다. 전자적 존재인 원격 현실(tele-presence)에 촉감이나 음향, 질감 등의 입체감을 불어넣어 가상 공간이 실제의 생활 공간을 닮아가게 만들 날도 머지않았다. 일찍이 일본에서는 사이버 가수를 등장시켜 대대적인 선풍을 불러일으킨 적이 있다. 한국도 유사한 방식으로 1998년 사이버 캐릭터 '아담'이 출현하여 가수로 등장했다. 이처럼 사이버 공간에 대한 다양한 연구는 상상을 초월한다.

현대는 컴퓨터와 인터넷으로 연결된 인공지능 시스템이 바로 차세대 핵심기술이 되고 있다. 특히 로봇이나 컴퓨터 알고리즘은 인간의 창조적 행위에 대한 경계선마저 허물고 있다. 일본의 소프트뱅크(SoftBank)는 2014년 6월 5일 세계 최초로 감정 인식 로봇 '페퍼(Pepper)'를 선보였다. 같은 말이라도 감정에 따라 말의 의미가 달라지는데, 로봇은 사람의 감정을 이해하지는 못하지만 사람의 표정이나 목소리를 분석해 감정을 추정하는 기능을 통해 인간과 소통할 수 있게 되었다. 사람의 얼굴을 분석하여 감정을 인식하는 이 로봇은 사람이 웃을 때 눈은 웃지 않고 입만 웃으면 웃는 것이 아니라고 지적할 정도이다.

공교롭게도 3일 후, 기계가 얼마나 사람처럼 대화할 수 있는지 알아보는 인공지능(artificial intelligence : AI) 판별 기준인 튜링 테스트를 통과한 첫 사례를 영국 일간지 『텔레그래프(Telegraph)』가 보도했다. 튜링 테스트가

세계 첫 감정인식 로봇 '페퍼'

등장한 지 64년 만의 일이다. 영국 레딩대학교는 영국왕립학회 소속 로봇 기술 연구기관인 '로보로'가 주최한 '튜링 테스트 2014' 행사에서 '유진(Eu-gene)'이란 이름의 프로그램이 사상 처음으로 심사 기준을 통과했다고 밝혔다. 유진은 '유진 구스트만'이라는 슈퍼컴퓨터 속에서 작동되는 프로그램으로 13세 수준의 지능을 가지고 있다고 했다. 유진은 2001년 러시아에서 처음 개발된 프로그램으로, 지난 2012년에도 테스트를 받았지만 통과하지 못했다.

튜링 테스트는 1950년 영국의 수학자 앨런 튜링(Alan M. Turing)[1]이 학술

---

1) 앨런 튜링(1912~1954)은 영국의 컴퓨터 과학자이자 수학자이다. 수학 문제를 푸는 프로그래밍이 가능한 가설적 기계 장치인 튜링 머신(turing machine)을 제시함으로써 컴퓨터 과학의 기초를 마련했다. 튜링 테스트(turing test)는 지금껏 인공지능의 기본 개념으로 사용되고 있다. 그를 추모하기 위해 미국 애플사가 '한입 베어 문 사과'를 로고로 사용했다는 가설도 있다.

'유진'이 구동되는 슈퍼컴퓨터 유진 구스트만의 화면

지 『마인드』에 게재한 논문에서 시작되었다. 튜링은 인간과 컴퓨터가 5분간 대화할 때 컴퓨터의 대답 중 30% 이상이 인간의 대답 수준과 차이가 없다면 컴퓨터가 인간처럼 생각할 줄 아는 것으로 볼 수 있다고 봤다. 앞으로 인공지능 컴퓨터는 상업적인 영역으로 점차 확대되어 이용될 것이다.

한편, 컴퓨터 프로그램이 기사를 쓰는 시대가 다가오고 있다. 인간이 손수 작성하던 기사를 프로그램 알고리즘이 대신하는 것으로, 특히 데이터를 중점으로 다루는 증권, 스포츠 기사에서 두각을 보인다고 한다. 알고리즘 기사는 스포츠 경기 기사 프로그램인 스태츠 몽키(Stats Monkey)에서 시작됐다. 2009년 미국 노스웨스턴대학에서는 저널리즘과 공학을 공부하는 학생들의 연구를 통해 스태츠 몽키라는 알고리즘을 개발했다. 애초에는 그저 대학 리그 등 작은 경기 결과를 기사로 알리기 위한 목적으로 만든 이 알고리즘이 언론계에 커다란 변화를 가져다줄 거인이 된 것이다.

미국 IT잡지 『와이어드(WIRED)』에 따르면, 정보통신(IT)기업 내러티브 사이언스(Narrative Science)가 만든 알고리즘은 30초면 기사 하나를 작성한다고 한다. 인간이 작성한 기사와 비교하면 생산성이 엄청나게 높다. 뿐만 아니라, 로봇이 쓴 기사는 일부 분야에서 인간 기자보다 정확하고 뛰어난 분석력을 보인다. 데이터를 다루는 부분에선 인간보다 월등히 뛰어나다. 빅데이터(big data) 시대에 적합한 기자라 할 수 있겠다.

세계 최대 뉴스 통신사인 AP통신은 2014년 7월부터 150~300단어 분량의 기업실적 기사를 로봇에게 맡기고 있다. 로봇 저널리즘 분야 대표 기업 중 하나인 오토메이티드 인사이츠(Automated Insights)의 알고리즘을 사용하고 있는데, 이러한 로봇 기자의 도입은 기사 생산량 증대 때문이다. 그동안 AP통신은 매 분기 약 300건 가량의 실적 관련 기사를 처리해왔다. 그런데 잭스 투자 리서치에 있는 실적 관련 데이터를 로봇 알고리즘으로 자동 처리할 경우 매 분기 4,400건 가량의 기사를 생산할 수 있다. 로봇 기자를 도입해 기사 생산량을 지금의 10배 이상 수준으로 늘릴 수 있게 되었다.

미국에서는 로봇이 생산한 알고리즘 기사를 주요 언론사에 판매하는 온라인 콘텐츠 회사까지 등장했다. 스타트시트(StatSheet)는 로봇이 생산한 기사를 1년에 평균 2만 개의 미국 내 주요 언론사에 판매하고 있다. 이 모든 것은 정보통신기술(information & communication technology : ICT)의 발전에서 비롯되었다.

인터넷은 마치 하나의 거대한 가상도시와 같다. 지금까지 정부를 비롯해 군, 은행, 학교, 병원, 도서관, 우체국은 물론이고 각종 연구소나 언론사 등 수많은 공공기관 속에 자리 잡아 헤아릴 수 없을 정도의 많은 정보를 제공하고 있다. 정치나 경제, 사회, 문화, 과학, 역사, 음악, 예술 등 없는 게 없다. 세계 각국의 청소년들은 지구 맞은편과 연결된 갖가지 온라인 게임을 즐기며 자신들만의 온갖 정보를 교환한다. 자신들만의 사이버 공동체를 구축하기도 한다.

기존의 미디어는 원하는 정보를 언제 어디서나 제공하지 않는다. TV는 시간과 장소에, 신문은 시간과 정보 전달에 일정한 한계가 있다. 반면에 인터넷에서는 원하는 정보를 언제라도 쉽게 얻을 수 있다. 정보의 양도 도서관의 서가 같은 기존 미디어에 비해 엄청나다. 이처럼 인터넷은 정보 접근의 용이성, 신속성, 그리고 다양성과 상호작용이 특징이다. 특히 정보 접근의 용이성은 급변하는 현대사회의 핵심이기도 하다.

최근 들어 옷이나 시계, 안경처럼 자유롭게 몸에 착용하고 다닐 수 있는 웨어러블 컴퓨터(wearable computer)[2]가 현실로 다가오고 있다. 유비쿼터스 컴퓨터 기술은, 1966년 미국 매사추세츠공과대학(MIT)이 처음 제안한 것으로, 독일의 의류회사 로즈너(Rosner)와 반도체 업체인 인피니온(Infineon)이 공동 개발한 일렉트로닉 재킷 'mp3blue'가 대표적인 사례이다. 컴퓨터를 옷이나 안경처럼 착용할 수 있게 함으로써 들고 다니기 거추장스러운 것으로부터 몸의 일부로 변화시키는 데 기여했다.

인터넷이란 단어는 '둘 또는 둘 이상 간의 사이'를 의미하는 접두사 inter와 network의 줄임말인 접미사 net으로 구성되어, 상호 연결된 모형 또는 시스템으로 '컴퓨터의 네트워크'라고 불린다.[3]

이러한 인터넷을 통해 이메일 서비스, 원격 접속, 파일 전송 등을 이용해 세계인들과 쉽게 정보를 공유할 수 있다. 정보 공유를 쉽게 만들어주는 인터넷으로 인해 경영은 크게 혁신되었다. 그중 가장 큰 변화는 인터넷을 통한 전자상거래이다. 전자상거래는 인터넷이 보편화되기 이전에도 기업 간 문서를 전자적 방식으로 교환하거나, 홈쇼핑이나 홈뱅킹 등 다양한 형태로 존재해왔다. 그러나 인터넷이 대중화되면서 인터넷상에서의 거래와 관련지어 생각하게 되었다.

일반적으로 인터넷의 등장은 1990년대에 나타난 사회적 이변으로 알려져 있지만 실제로는 1960년대 초반에 계획되었다. 인터넷은 원래 군사적인 필요와 목적에 의해 고안된 기술로, 핵 공격을 대비하여 분산화된 커뮤

---

2) 웨어러블 컴퓨터는 옷이나 시계, 안경처럼 자유롭게 몸에 착용하고 다닐 수 있는 컴퓨터를 말한다. 소형화는 물론이고 음성과 동작 인식 등 다양한 기술이 적용된다. 구글이 내놓은 스마트 안경인 구글 글라스와 애플 등에서 출시한 아이워치 등이 대표적인 제품이다.

3) 『Yahoo! Dictionary Online』, 1997. 참조.

니케이션이 필요하다는 미국 연방정부의 인식에서 출발했다. 미국 국방성(department of defense : DoD)에서 연구원들과 관련 업체들 간의 정보공유를 목적으로 1969년 아르파넷(advanced research projects agency : ARPAnet)이라는 이름으로 탄생된 것이 그 출발이다.

애초에는 특정한 지역에 모아놓은 국방용 컴퓨터가 유사시 기능이 마비되는 것을 막기 위한 고육지책에서 비롯되었다. 적의 공격에 파괴되는 것을 미연에 방지하기 위해 먼 곳에 떨어진 군사용 컴퓨터 시스템의 정보를 분산시켜 이를 서로 교환할 수 있도록 컴퓨터 통신망을 구축했던 것이다.

스탠퍼드대학교는 빈턴 서프(Vinton Cerf)와 그의 동료들이 인터넷을 통해 정보를 전송하는 데 필요한 커뮤니케이션을 연구하고 발전시킨 곳으로, 초기 인터넷 개발에 기여한 몇 안 되는 장소 중 하나였다.[4] 몇 차례의 실패에도 불구하고 20여 년에 걸쳐 연구원들은 인터넷의 성능을 향상시키기 위한 노력을 계속했다. 첫 번째 이메일 메시지는 1972년에 전송했으며, 이후 네트워크 활용의 중심으로 자리매김했다.

또한 1960년대 초반보다 발전된 연결망인 아르파넷은 NCP(netware core protocol)[5]라는 프로토콜을 기반으로 탄생하였다. 이후 아르파넷의 사용자들이 늘어나면서 원격 로그인(remote log-in)을 비롯한 파일 전송(file transfer), 이메일, 동호인 그룹 기능 등을 보강하였다. 이후에 점차 사용자가 늘면서 접속을 원하는 컴퓨터의 기종들이 늘어났다.

그러나 아르파넷 운영자들은 NCP 프로토콜이 다른 통신망들과 연결하는 데 부적합하다는 결론을 내리고 TCP/IP(transfer control protocol/internet

---

4) 바바라 K. 케이 · 노먼 J. 메도프, 이명천 · 백승록 역, 『인터넷 광고의 이해』, 커뮤니케이션북스, 2003, 17쪽.

5) NCP는 미국의 노벨(Novell)이 개발한 근거리 통신망(local-area network : LAN) 운영체제인 네트웨어의 클라이언트와 서버 간에 교환하는 프로토콜이다. 클라이언트가 서버에 보내는 액세스를 처리하기 위해 사용한다.

protocol)[6]라는 새로운 통신 프로토콜을 개발하였다. 즉 컴퓨터 상호간의 정보 전달을 위한 언어를 통일시킨 것이다. TCP/ IP 프로토콜은 원래 근거리 통신을 목적으로 개발된 것으로 현재 LAN 환경에서 많이 사용되고 있으며, 유닉스상의 통신을 기반으로 하고 있다.

어떻든 TCP/IP 프로토콜의 개발은 아르파넷의 전환점이 되었다. TCP/IP 프로토콜이 기종 간의 통신 문제를 극복했기 때문에 이즈음 아르파넷에 접속하는 사용자들이 급격히 늘어났다. 이때부터 아르파넷이 분리되어 미 국방성에서 만들어 사용하는 군사용 네트워크인 밀넷(military network : MILNET)과 일반 사용자들이 정보 교환을 위해 만든 아르파넷으로 나눠지게 되었다. 이로 인해 미국 방위통신국(defense communication agency : DCA)은 아르파넷에 접속되어 있는 모든 호스트들의 TCP/IP 사용을 의무화했다.

당시 최대 통신망이었던 아르파넷은 TCP/IP를 사용해야만 작업이 가능하도록 만들어졌다. 따라서 통신망이 1983년부터 조금씩 인터넷이라는 이름으로 운영되기 시작했다. 1986년에는 NSFnet(national science foundation network)[7]이라는 슈퍼컴퓨터 간의 통신망이 인터넷에 연결되었다. 그러다 1987년 미국국립과학재단(national science foundation : NSF)에서 네트워크의 운용을 넘겨받아 민간 연구 정보망인 NSFNet를 태동시킴으로써 대중화의 길을 열었다. NSFnet은 미국 내의 대학이나 연구소, 학술기관, 기업체들 간의 기간망이다.

---

6) TCP/IP는 컴퓨터 간에 주고받는 메시지를 전송할 때 에러가 발생하지 않도록 알맞은 크기로 나누어 전송하고 이를 받아 다시 원래의 정보로 변환하는 프로토콜을 말한다. 1960년대 말 미국방위고등연구계획국(defence advanced research projects agency : DARPA)에서 처음 사용하였고, 1980년대 초에 공개되었다. 인터넷 프로토콜 중 가장 중요한 역할을 하는 TCP와 IP의 합성어며 통신규약으로 데이터의 관리와 정확성, 패킷을 목적지까지 전송하는 역할을 한다.

7) NSFnet은 교육연구 분야를 포함한 미국과학재단 산하 네트워크로 슈퍼컴퓨터 사이트를 연결하기 위해 구축한 광역의 고속 네트워크다.

그 이후부터 인터넷을 이용하던 일반 사용자들도 NSFnet의 모든 기능을 이용할 수 있게 되었다. 그러나 인터넷의 크기가 점차 방대해져 미 국방성은 1990년 아르파넷의 독립을 선언했다. 그래서 인터넷의 운영을 NSFnet과 같은 연구소나 대학 중심의 네트워크가 담당했다.

이 네트워크는 미생물에서 우주에 이르기까지 광범위한 과학기술 정보를 다루면서 네티즌 사이에서 인터넷이란 이름으로 불리기 시작했다. 그러다가 1992년에 각종 음성 데이터는 물론이고 영상까지 주고받을 수 있는 웹브라우저가 나오면서 오늘날과 같은 통신망의 모습을 갖추게 된 것이다.

그러나 애초에 군사와 연구용으로 출발한 인터넷을 일반 사용자에게로 끌어낸 것은 월드와이드웹(world wide web)이다. 이후 인터넷 주소 체계인 URL(uniform resource locator) 등으로 발전한 월드와이드웹은 지금은 정부와 기업은 물론 일상의 모든 삶의 방식까지 바꿔놓았다. 초기에는 단순한 문자와 이미지를 쉽게 불러들일 수 있을 정도였지만 관련 기술이 발전하면서 음악과 동영상 등 멀티미디어의 재생까지 가능하게 한다.

WWW, W3 또는 웹(web)이라고도 불리는 월드와이드웹은 다양한 형태의 데이터와 정보에 접근할 수 있게 만든 인터넷 서비스로, 1989년부터 스위스 제네바에 위치한 유럽입자물리연구소(conseil européen pour la recherche nucléaire : CERN)의 팀 버너스 리(Timothy John Berners-Lee)에 의해 연구되어 1991년 배포된 브라우저 이름이다. 그 후 보편적인 인터넷 서비스로 확대되었고, 1993년 모자이크(Mosaic)라는 웹 브라우저(web browser)가 개발되면서 대표적인 인터넷 서비스로 발전하여 현재에 이르고 있다.

« 한국 인터넷의 출범

한국 인터넷의 역사는 길지 않으며 그 출발 역시 국가와 연구기관에 의해 주도되었다. 1982년 3월 29일 데이터 통신을 통한 정보화 사회를 구축하고 자 정부와 민간이 합동으로 '한국데이타통신주식회사'를 설립하였다. 이곳에서 정보전송과 정보뱅크 서비스의 구축을 목적으로 공중 데이터교환망 (public switching data network : PSDN) 건설과 운영을 주도하였다. 그 이후 1986년 말까지 국내 접속 지점을 21곳으로 확장하여 전국은 물론 해외와도 첨단 정보통신 서비스를 주고받을 수 있게 했다. 그 후 한국데이타통신주식 회사는 데이콤으로 이름을 바꿔 2000년에 LG에 합병, 현재는 LG유플러스 로 그 명목이 이어지고 있다.

같은 해, 같은 날 출범한 '한국전기통신서비스'는 애초 한국통신의 자회 사였다. 처음에는 차량전화, 즉 카폰 서비스가 주 업무였으며, 또한 소위 삐삐라고 불리던 무선호출기 서비스를 했다. 1988년에 '한국이동통신'으로 이름을 바꿨지만 1994년에 SK그룹에 인수되어 지금의 SK텔레콤으로 거듭나 이동통신과 휴대폰 전성시대를 열었다. 흥미로운 것은 두 회사 모두 체신부의 주도로 탄생했다는 점이다. 체신부의 '체(遞)'는 전한다는 뜻이다. 흥미롭게도 전해지는 것이 편지에서 목소리, 데이터로 점차 발전했던 것이다.

'한국데이타통신주식회사'도 이름에서 말하듯 애초에는 데이터통신을 맡길 용도로 만들어졌다. 데이터통신은 컴퓨터와 통신선을 연결하여 데이터를 전송하는 것이다. 그러나 80년대 초 이것이 무엇인지 알거나 이해하는 사람은 많지 않았다. 데이터통신이란 단어가 뜬구름 잡는 얘기였던 시절이었다. 누구라도 수익이 발생할 것이라고 감히 생각조차 못했기 때문에 어쩔 수 없이 정부가 주도하여 출범했던 것이다.

데이콤은 1985년 한국 최초의 PC통신 '천리안(Chollian)' 서비스를 시작했다. 천리안은 정보통신 서비스의 계몽과 기관의 참여를 촉진시키기 위해 각종 문화행사와 스포츠, 기상정보 안내 등 5개 분야의 데이터를 무료로 제공하였다. 데이콤이 서비스를 시작하자 한국통신도 본격적으로 PC통신 사업에 뛰어들었다. 그래서 1990년대 초까지 음성통신은 한국통신, 데이터통신은 데이콤이 주도했다. 그러나 인터넷의 부상으로 점차 시장의 지배력을 잃었고, 그럼에도 데이콤은 처음으로 인터넷데이터센터(internet data center : IDC)[8]와 웹하드, 무선인터넷전화 서비스 등을 적극 선보였다.

그간 학술적인 목적과 정부기관에서만 사용되던 폐쇄형 네트워크가 대중화된 것은 1992년 한국통신이 최초로 코넷(KORNET)망을 구축하여 일반인을 상대로 상용 서비스를 시작하면서부터다. 이를 계기로 수많은 인터넷 접속사업자(internet service provider : ISP)가 생겨났다. 1992년 하이텔(Hitel), 1994년에 나우콤의 나우누리(Nownuri), 그리고 1996년에 유니텔(Unitel)이 출현하면서 관련 서비스도 활발해졌다. 특히 나우누리는 PC통신 업체로는 최초로 유무선 포털사이트와 맞춤형 웹브라우저인 '나우로 블루' 등을 지원했으나 시장의 변화를 극복하지 못하고 2013년 2월 18일 막을 내렸다. 어떻든 이 같은 성과를 바탕으로 한국은 2012년 들어 인터넷 속도에서 세계 최고의 위치를 차지했다.

그러나 한국에서 첫 인터넷 연결망은 1982년 7월 서울대학교와 한국전자기술연구소(KIET, 현 한국전자통신연구원) 간에 TCP/IP를 이용해 구축한 SDN(system development network)이다. 다음 해인 1983년에 국가 주도로 전산망 사업을 개시하면서 학술과 정부, 금융, 국방, 보안 전산 등 5개 영역의 네트워크 사업이 시작되었다. 과학기술원이 주축된 하나넷(HANA-net)의 탄생 배경이다. 이것은 1983년 10월 UUCP(unix-to-unix copy program)를 이용해 미국과 접속한 최초의 네트워크이다.

그러다가 1986년 4월에 제정된 전산망과 이용촉진에 관한 법률에 따라

---

8) 인터넷 데이터 센터는 전자상거래(electronic commerce : e-commerce)를 행하는 기업으로부터 서버를 맡아 인터넷 사업의 운용을 대행하는 대규모 기간망을 갖춘 시설이다. 연중무휴 가동되는 인터넷 접속 환경의 보증과 서버의 설치와 관리, 기간망과의 접속과 보안은 물론이고 기타 인터넷 서버의 유지 관리 서비스를 종합적으로 제공한다.

1987년 1월에 기술 표준화와 전산망의 개발을 목적으로 한국전산원이 설립되었다. 이곳은 한동안 국내 인터넷의 기반 조성 사업에 주도적인 역할을 했다. 1987년에는 한국의 SDN이 미국의 광역학술연구네트워크(computer science research network : CSNET)와 TCP/IP로 연결되었다.

다음 해인 1988년에는 국가 전산망 중에서 교육과 연구관련 네트워크를 구축했다. 교육은 서울대학교, 연구는 시스템공학연구소가 맡았다. 또한 대학과 연구소를 주축으로 학술연구전산망협의회(ANC)가 구성되어 인터넷의 효율적인 운영과 관리가 가능해졌다.

특히 한국통신은 1989년 하나(SDN/HANA) 네트워크를 이용하여 아시아 태평양 지역 PAC-COM과 TCP/IP를 이용하여 인터넷에 연결하였다. 또한 1990년에는 하나 네트워크가 하와이대학과도 연결되었다. 한국의 인터넷 네트워크가 아시아 태평양 지역으로 이어짐으로써 본격적인 인터넷 시대가 열렸던 것이다. 다음 해인 1991년은 시스템공학연구소와 미국 샌디에이고 슈퍼컴퓨터센터를 56Kbps로 연결하는 데 성공하면서 한국 인터넷 발전에 새로운 전기를 마련했다. 그리고 1994년 6월 20일에 'www'으로 시작하는 생소한 통신서비스인 인터넷을 처음으로 소개하였다.

속도도 느렸지만 당시엔 이미 천리안과 하이텔, 나우누리 같은 PC통신이 본격적으로 가입자를 끌어 모으던 때라 인터넷은 뒷전으로 밀려 있었다. 1985년 첫 서비스를 시작한 천리안 이후 PC통신은 비약적으로 발전해 1997년 가입자가 310만 명이 넘었다. 반면에 한국통신의 인터넷 운영요원 10명은 서비스 확장은 물론 사용자 교육까지 도맡아야 했다. 그러나 1998년 두루넷이 한국전력의 광케이블을 활용한 초고속 인터넷 서비스를 들고 나오면서 상황이 변했다. 하나로통신은 전화선을 이용한 초고속 인터넷 서비스 기술인 ADSL(asymmetric digital subscriber line)을 선보였다. 원래 제2 시내전화 사업자였던 하나로통신은 유선전화 가입자가 포화에 이르자 초고속 인터넷에 사활을 걸었다. 이에 자극받은 한국통신도 같은 해 '메가패

1981년에 출시된 한국 최초의 퍼스널 컴퓨터(SE 8001 모델. 삼보엔지니어링)

스'라는 이름의 ADSL 서비스를 시작, 1997년에 들어와 상용화가 이루어졌다. 당시만 해도 PC통신이 우리가 경험할 수 있는 네트워크 세상의 전부였고, '포털(portal)'이라는 용어조차 탄생하기 전이었다. 이후 인터넷은 사용료만 내면 누구나 쓸 수 있는 개방형 통신망이 됐다.

반면에 한국 소프트웨어산업은 반세기 동안 굴곡의 시간을 거쳐왔다. 1960년대 이후 지난 50년의 세월 동안 경제 성장과 더불어 IT도 눈부신 발전을 거듭했지만, 저변에 자리 잡고 있는 소프트웨어는 상대적으로 더딘 걸음을 걸었다. 첫걸음은 1967년에 과학기술처 산하에 한국전자계산소(KCC, 현 KCC정보통신)가 단초를 마련했고, 민간분야에서는 글로벌 IT기업인 IBM이 한국에 지사를 설립하며 촉발시켰다. KCC는 당시 국내 금융의 중추였던 한국은행의 외환관리 전산화 작업을 수행했으며 국내에 처음으로 컴퓨터를 보급하여 IT 발전의 기초를 다졌다.

즉, 1960년대 후반부터 밀려들어온 IT물결은 1970년대 들어와 적극적인 행보를 보였다. 1970년대 초반까지는 금융권을 중심으로 전산화가 이뤄졌으며, 특히 한국전자계산소가 정부와 주요 공공기관의 전산 용역을 수주하며 대중화를 이어갔다. 외환은행이 국내 은행으로는 처음으로 서울-부산 간 온라인 뱅킹을 구축한 것을 시작으로 상업은행, 농협, 국민은행 등이 전자계산실 가동과 온라인 예금처리 시스템을 도입했다. 1980년대부터 시작된 전산화 작업은 소프트웨어가 기반이 되었으며 실질적으로 관련 기업들이 등장하고 제품들이 소개된 것도 이때부터라고 할 수 있다. 이즈음 쌍용그룹을 비롯해 삼성, 동아 등 국내 대형 기업들이 자체적으로 전산실을 가동하면서 기존 업무들도 전산화의 탄력을 받기 시작하였다.

한편으로 IT기업들도 한글 워드프로세서를 기반으로 소프트웨어 개발에 나서기 시작했다. 삼보컴퓨터, 대우통신, 금성소프트웨어 등 컴퓨터를 보급하던 기업들이 차별화 전략으로 워드프로세서를 창안했으나, 1989년 아래아한글을 개발되면서 정리된다. 이후 국내 업체들의 연구 개발에 발맞춰 정부는 1991년부터 소프트웨어 수입의 전면 자유화 조치를 발표하기에 이른다.

1990년대는 국내 소프트웨어 기업의 춘추시대로 본격적으로 산업의 틀을 다지는 시기라고 말할 수 있다. 국내외 다양한 기업들이 등장하여 전사적 자원관리(enterprise resource planning : ERP), 데이터웨어하우스(data warehouse : DW), 고객관계관리(customer relationship management : CRM) 등 IT를 경영에 활용하는 움직임이 활발해졌으며, 애플리케이션 시장도 본격 태동하였다. 1990년대 후반에는 어도비시스템즈, 오라클 등 글로벌 업체들이 하나씩 한국지사를 설립하였으며, 한국오라클은 1998년 국내 소프트웨어업계 최초로 매출 1,000억 원을 돌파하기도 하였다. 2000년대 초 소프트웨어 생산 규모는 14조 원대였지만 2010년 들어 28조 원을 웃도는 규모로 성장하였고, 소프트웨어 수출액도 2012년에 20억 3,000만 달러로 매년 지속적인 성장세를 이어가고 있다.

« 한국의 포털사이트

사이버 공간은 정보화 사회를 상징하는 개념으로, 현실 세계와의 차이는 거리감이 없다는 것이다. 지구의 반대편에 있는 사람들이 이웃처럼 정보를 주고받을 수 있기 때문에 국경이나 인종, 언어를 초월하여 온갖 정보를 주고받을 수 있는 광장이다. 포털사이트(portal site)의 사이버 공간은 미국의 페이스북, 마이스페이스, 영국의 베보와 개인 '미니홈피'도 고유명사로 사용할 만큼 영향력이 크다.

포털사이트의 포털은 사전적인 의미로 현관 또는 관문을 뜻한다. 집에 들어갈 때 반드시 거쳐야 하는 현관처럼 인터넷에 접속할 때 항상 거치도록 만든 사이트이다. 네티즌이 인터넷에 접속해 웹 브라우저를 실행시켰을 때 처음 나타나는 웹사이트인 포털사이트는 사용자가 필요로 하는 다양한 서비스를 종합적으로 모아놓은 것이다.

한국 포털사이트의 역사는 1997년 '야후(Yahoo)코리아'가 최초로 서비스를 시작한 것에서 비롯된다. 이즈음 일반인들이 웹을 통해 인터넷에 쉽게 접근하면서 메일, 검색, 카페 등 다양하게 활용하기 시작했다. 이어서 다음커뮤니케이션(Daum communications)이 무료 웹메일 서비스인 한메일의 서비스를 개시했다. 1999년 5월에는 온라인 커뮤니티 서비스인 다음카페를 시작했고, 6월에 NHN(Naver corporation)의 전신인 네이버컴이 검색 포털사이트인 네이버(Naver)를 오픈하였으며, 7월에 다음커뮤니케이션이 한메일을 포털사이트 다음(Daum)과 통합하였다.

드림위즈(Dream Wiz)와 엠파스(Empas)도 1999년에 오픈하였다. 2001년에는 SK커뮤니케이션즈가 네이트(Nate)를 오픈한 후, 2002년 7월 SK텔레콤이 운영하던 PC통신 서비스인 넷츠고와 9월에는 라이코스코리아도 네이트에 통합되었다. 싸이월드(CyWORLD)는 SK커뮤니케이션즈가 운영하는 인터넷 커뮤니티 사이트로 이것 역시 2009년 9월 30일에 네이트와 통합되었다. SK커뮤니케이션즈는 2012년 9월에는 싸이월드 모바일 앱을 출시하여 모바일 강화에 힘쓰고 있다.

이후 인터넷은 생활필수품으로 일상을 편리하게 바꾸기 시작하였다. 인터넷 사용의 증가는 인터넷이란 매체를 또 하나의 플랫폼으로 만들어내었다. 네이버는 '지식인'과 '블로그' 등의 서비스가 각광을 받으면서 2003년부터 순 방문자 수(unique visitors)에서 '야후코리아'를 추월했고, 2004년에는 다음을 추월하면서 포털사이트 1위로서의 지위를 공고히 했다. 엠파스는 2006년에 SK커뮤니케이션에 인수되었으나 별다른 시너지 효과를 내지 못하고 2009년 2월에 네이트에 통합되었다.

한편 2010년에 네이버가, 2012년에는 다음이 야후의 자회사인 오버추어(Overture)[9]와의 계약을 중단하고 독자적인 광고 영업을 시작하겠다고 통보한다. 그러자 '야후코리아'는 하락하는 검색 시장의 점유율을 회복하지 못하고 오버추어의 수익으로 적자를 메우다가 2012년 결국 서비스를 중단하고 한국시장에서 철수하였다.

야후코리아의 쇠락에는 몇 가지 이유가 있다. 먼저 1998년에는 국내 최초로 언론사로부터 뉴스를 공급받아 제공했다. 그러나 당시 포털사이트는 뉴스를 서비스로 인식하지 못했으며 사용하는 이용자도 많지 않았다. 당시 언론사가 운영하는 사이트의 이용자 수가 포털사이트의 이용자 수보다 많았기 때문에 포털의 뉴스 서비스는 기존 언론사에 그다지 위협적이지 않았다. 또한 포털과 뉴스의 결합이 초래할 위력에 대해 주목하는 사람도 그다지 많지 않았다.

콘텐츠 부재에도 원인이 있다. 네이버는 '지식인'과 '블로그', 다음은 '카페'와 '아고라', 네이트는 '네이트온' 등 각 포털마다 상징적인 콘텐츠를 갖고 있었지만 야후코리아는 딱히 떠올릴 만한 것이 없었다. 콘텐츠 부재는

---

9) 오버추어는 세계 최대의 검색 광고 대행업체로 1997년 9월 미국의 빌 그로스(Bill Gross)가 설립한 고투닷컴(GoTo.com)에서 비롯된다. 광고주가 경매를 통해 키워드를 구입하고, 구입한 키워드로 검색어를 입력하면 광고가 노출되는 방식이다. 한국에는 2002년 9월에 오버추어코리아가 설립되었으며 국내 포털사이트의 대부분이 제휴를 맺었다. 오버추어에 대비되는 키워드광고로 구글이 운영하는 애드센스가 있다.

사이트를 찾는 유저 수를 줄여 트래픽량이 감소하는 요인으로 작용했다.

물론 2000년 초 어린이에게 안전한 인터넷 놀이터를 제공하자는 취지로 시작한 '야후꾸러기'라는 좋은 반응을 얻었던 콘텐츠가 있었다. 이것은 네이버의 '주니어네이버'와 다음의 '키즈짱' 같은 서비스를 만들게 하는 기폭제가 되었을 정도의 파급력이 있었다. 하지만 네이버와 다음이 검색과 커뮤니티를 강화하고 웹툰을 선보이는 등 다양한 서비스로 사용자의 요구를 반영할 때 야후코리아는 한 발 비켜서 있었던 것은 사실이다. '야후꾸러기' 이후 대중들의 뇌리에 각인될 만한 서비스는 '야후거기' 정도였다. 그마저도 네이버의 '지도' 서비스와 다음의 '라이브뷰'에 밀려 빠르게 잊혀갔다. 또한 '메뉴판닷컴' 같은 위치기반서비스(location based service : LBS)를 통한 맛집 정보제공 사이트가 유행을 타면서 급격하게 수요가 감소하였다.

지금도 한국을 비롯해 전 세계 주요 인터넷 서비스 및 콘텐츠 제공업체들은 자사의 사이트를 최대 포털사이트로 키우는 데 전력하고 있다. 현재 한국의 포털사이트로는 네이버를 비롯해 다음, 네이트, 그리고 구글이 있다. 그 외에도 파란, 조인스엠에스엔, 천리안, 드림위즈, 프리챌, 네띠앙, 심마니, 코리아닷컴, 서치큐, 가자아이, 만수네닷컴, 아시아, 아이윙크, 아이플, 정보랜드, 지우닷컴 등이 있다.

그러나 미국의 ICT 분야의 대표회사 구글이 한국시장 진입을 점차 확대하고 있다. 구글은 본거지인 미국은 말할 것도 없고 대부분 국가의 인터넷 검색 분야에서 선두를 차지하고 있다. 그동안 자국에서 선전하고 있던 한국의 네이버, 중국의 바이두(Baidu : 百度), 일본의 야후재팬(Yahoo Japan), 러시아의 얀덱스(Yandex)등 토종 인터넷 검색 서비스들도 구글에 맞서 힘겨운 경쟁을 하고 있다.

더욱이 구글은 PC 기반 서비스뿐 아니라 모바일 기반 서비스에서도 강점을 지니고 있다. 현재 글로벌 ICT 트렌드는 유선에서 무선으로, PC에서 스마트폰이나 태블릿 PC 등 모바일 기기로 넘어가고 있다. 구글은 모바일 기기 운영체제인 안드로이드(Android)를 통해 PC 기반 인터넷 서비스뿐 아니라 모바일 인터넷 분야에서도 유리한 고지를 선점하고 있다.

안드로이드나 iOS는 PC에서 사용하는 윈도 시리즈처럼 스마트폰에 사용하는 운영체제이다. iOS는 애플의 아이폰이나 아이패드 등에서 사용하는 운영체제고, 안드로이드는 구글에서 개발하여 현재 대부분 스마트폰에 사용하는 체제다. 미국의 시장조사기관 스트래티지애널리틱스(Strategy Analytics)에 따르면 구글 안드로이드 OS(operating system)는 지난 3분기 81.3%의 시장 점유율을 기록하며 2위인 미국 애플의 운영체제인 iOS를 큰 폭으로 따돌리고 있다.

글로벌 시장과는 달리 한국에선 그동안 구글이 그렇게 많은 점유를 하지 못했다. 네이버와 다음커뮤니케이션, 그리고 싸이월드 등이 치열하게 경쟁하며 만든 이른바 한국 스타일의 인터넷 서비스 벽을 넘어서지 못했기 때문이다. 하지만 스마트폰과 이동통신 4세대(4G) 롱텀에볼루션(long term evolution : LTE) 보급으로 모바일 인터넷 사용이 급격히 늘면서 다소 양상이 바뀌는 추세이다. 구글이 방대한 모바일 플랫폼인 안드로이드를 바탕으로 점차 공세를 강화하고 있기 때문이다.

한편, 한국의 포털사이트 2위 업체인 다음커뮤니케이션과 모바일 1위인 카카오는 2014년 합병하여 '다음카카오'를 출범시켰다. 포털사이트의 근간은 뉴스와 검색인데, 그간 검색엔진이 없어 하지 못했던 카카오의 뉴스와 검색이 현실화할 것으로 보인다. 또한 통합으로 인해 네이버와 모바일 메신저 라인(LINE)과도 경쟁하는 위치가 되었다.

코리안클릭에 따르면 지난 2013년 9월 구글의 모바일 검색 분야 점유율은 12.0%다. 네이버의 76.0%와는 차이가 나지만 11.4%를 기록한 다음에는 앞서고 있다. PC 기반 검색 서비스에선 항상 다음에 밀리는 모습을 보였지만 모바일에선 다른 면모를 보이고 있다. 같은 기간 국내 모바일 애플리케이션 순 설치자 수 상위 15개 중에서 12개를 차지하고 있다.

그동안 국내 앱은 카카오톡, 카카오스토리, 네이버 등 3개에 불과했다. 구글 앱은 안드로이드 OS가 스마트폰 출시 당시 이미 탑재되어 있기 때문에 보다 유리한 입장이다. 현재 구글의 순 방문자 수는 3,020만 명으로 네이버의 3,125만 명을 뒤쫓으며 2위를 차지하고 있다. 이것은 동영상 전문 사이트 유튜브 방문까지 포함한 수치이다.

인터넷 광고의 기원

2. 정보기술의 진화와 일상의 변화

« 웨어러블과 빅데이터의 출현

한국의 스마트폰 보급률이 2013년 말 67%를 넘어서면서 세계에서 가장 먼저 포스트 스마트폰 시대에 다가섰다. 이로 인해 사회 전반에 걸쳐 모바일과 스마트화의 바람이 거세지고 있다. 한편으로 미디어 및 포털 분야에서는 스마트폰을 통한 미디어 서비스 이용 확산과 모바일 메신저의 글로벌 플랫폼 경쟁, 그리고 모바일 광고시장의 다변화된 광고 기법 등이 등장하고 있다.

통신 분야는 스마트폰 및 LTE 확산 속도가 둔화될 것으로 예상되는 가운데 사물인터넷(internet of things : IOT)[10] 시장이 주목되고 있다. 최근 들어 사물인터넷 시장이 확대되면서 PC와 스마트폰을 제치고 오는 2015년 최

---

10) 사물인터넷은 사물에 센서를 부착해 실시간으로 데이터를 인터넷으로 주고받는 기술이나 환경을 일컫는다. 지금까지는 인터넷에 연결된 기기들이 정보를 주고받으려면 인간의 행동이 개입되어야 했다. 그러나 사물인터넷의 시대에는 인터넷에 연결된 기기가 사람의 도움 없이 서로 알아서 정보를 주고받으며 대화를 나눌 수 있다. 블루투스나 근거리무선통신(NFC), 센서데이터, 네트워크가 상호 소통을 돕는다.

대 인터넷 플랫폼으로 성장할 것으로 보인다. 또한 향후 사물인터넷 사업은 물리적 공간과 가상공간을 함께 활용할 수 있는 만물인터넷(internet of everything)을 통한 새로운 서비스가 창출될 것이다. 특히 클라우드 활용 제고와 빅데이터 분석을 통한 새로운 사업모델이 등장할 것으로 보인다. 사물 간 연결을 의미하는 사물인터넷 시대를 넘어 사람과 프로세스, 데이터, 사물 등 세상 모든 것들이 인터넷에 연결되는 만물인터넷 시대가 도래한다는 의미다. 따라서 주요 기업들은 사물인터넷 관련 신사업에 집중하고 있다.

시장조사기관인 BI인텔리전스는 사물인터넷 시장이 PC와 스마트폰을 넘어 인터넷 연결 기기 중 최대 규모로 성장했다고 발표했다. 오는 2020년 IOT 기기들이 260억 개에 달할 것으로 예상했다. 이는 2009년 예상했던 9억 개에 비해 30배 가까이 커진 수치이다. 이 같은 성장은 사물인터넷이 기존 제품과 서비스를 기반으로 새로운 수익모델을 창출하거나, 기본 업무 효율을 근본적으로 개선할 수 있는 기회로 주목받기 때문이다.

기업들 역시 사물인터넷이 PC와 스마트폰을 넘는 서비스 플랫폼의 역할을 하기를 기대하고 있다. 사물인터넷이 빠르게 성장하는 이유는 관련 기반이나 기기에 필요한 비용들이 빠르게 하락하고 있기 때문이다. 자산 확인과 재고 관리용으로 사용되는 비용은 1년 전과 비교해 40% 가량 하락하였고, 가속도 센서와 상황인식 센서 비용도 지난 5년간 80% 가량 낮아졌다. 스마트폰이 대중화되면서 관련 부품들이 대량생산되어 이전에는 상상할 수 없을 정도의 저렴한 가격에 더 작고 기능이 다양한 부품을 수급할 수 있게 되었다.

이러한 환경을 촉진시키는 것이 ICT의 발전이다. 이미 스마트폰을 대체할 마법의 도구인 몸에 착용할 수 있는 '웨어러블 컴퓨터'의 상용화가 이뤄지고 있다. 빌 게이츠가 1995년 자신의 저서『미래로 가는 길』에서 예견한 '언젠가'가 현실이 되고 있는 것이다. 역사상 인간의 가장 가까운 곳까지 다가온 컴퓨터인 '웨어러블', 즉 몸에 걸칠 수 있는 기기를 통해서이다.

2014년 라스베이거스 국제전자제품 박람회(consumer electronics show : CES)에서는 "웨어러블이 CES를 점령했다"는 말이 나올 정도로 다양한 관련 기기가 쏟아졌다. 애플이 '아이워치'를 시판하면서 글로벌 정보기술 기업들은 웨어러블 사업을 본격화하고 있다.

웨어러블 기기는 현재 머리부터 귓속, 팔목, 발목, 발바닥까지 걸칠 수 있는 모든 부위에 시도되고 있다. 걸음수와 심박수는 물론이고 식단과 수면 관리에 이르기까지 다양한 라이프 로그(life log)를 기록한다. 스마트폰 못지않은 첨단기능을 가진 제품도 많다. 가장 보편적인 디자인은 팔찌나 '스마트워치'처럼 팔목에 걸치는 형태다. 팔찌형 제품으로는 '핏빗 포스(Fitbit Force)'와 '조본 업24'가 있고, 스마트워치 제품으로는 '갤럭시 기어'와 '페블 스마트워치', 소니의 '스마트워치2'가 대표적이다.

팔찌형 제품은 언제 어디서나 부담 없이 찰 수 있어 라이프 로그 기록 기능이 강하다. 스마트워치는 통화나 문자메시지, 음악 재생 등 스마트폰과의 연동에 더 집중하는 모습이다. 나이키와 아디다스가 내놓은 스마트워치는 위성위치확인시스템(global positioning system : GPS)을 활용해 달리기 속도와 이동거리를 측정하는 등 운동 기능을 특화한 것이 특징이다. 안경형 웨어러블 기기를 대표하는 '구글 글라스'는 2013년 공개된 뒤 스마트폰에 버금가는 기능을 갖춘 제품으로 진화하고 있다. 음성으로 문자 전송은 물론이고 사진 촬영이나 길 찾기 등을 할 수 있다.

웨어러블 기기가 정체된 정보기술 시장의 돌파구가 될 것이라는 기대와 함께 라이프 로그 산업을 성장시킬 것이란 점에서 주목된다. '일상의 기록'이란 뜻의 라이프 로그는 개인이 언제 자고 일어나 어디로 이동했으며, 누굴 만나 무엇을 먹었는지, 그리고 무엇을 보고 들었으며 어떤 말을 했는지까지 사생활의 모든 기록을 담을 수 있다.

인간이 직접 몸에 걸치는 웨어러블 기기는 라이프 로그를 가장 효과적으로 수집하고 데이터화할 수 있는 장비다. 예컨대 대표적 웨어러블 기기인

'핏빗 포스'는 걸음 수 같은 개인 활동량부터 섭취 칼로리 같은 식생활 습관까지 데이터화해 사용자가 한눈에 볼 수 있게 그래픽으로 보여준다. 소셜네트워크서비스(SNS) 기능을 적용해 운동량을 지인과 비교해주기도 한다. 나아가 사용자의 수면 효율까지 기록한다. 몇 시에 자고 몇 시에 깼는지, 자는 동안 몇 시에 몇 번이나 어느 정도로 움직임이 있었는지를 센서로 측정해준다. 수집한 데이터는 개인의 운동 상태나 건강을 관리하는 중요한 자료인 동시에 개인의 성생활 패턴까지 유추할 수 있다. 이전엔 전혀 구할 수 없던 새로운 차원의 라이프 로그가 웨어러블 기기를 통해 수집되는 것이다.

앞으로 많은 기업들이 다양한 웨어러블 제품을 내놓으면서 기술혁신이 일어나고 점차 시장이 커질 것이다. 스마트폰을 다양한 웨어러블 기기에 접목함으로써 스마트폰 시장의 한계를 타개하려는 방향으로 전개될 가능성이 크다. 그러나 웨어러블은 스마트폰을 대체할 포스트 제품이 아니라 별개의 새로운 영역으로, 스마트폰이나 태블릿 PC와 연결되는 다양한 웨어러블 기기가 등장할 것으로 보인다.

지금은 스마트폰만 있으면 24시간 모든 사람이 인터넷에 연결 가능한 세상이 되었다. 앞으로는 사람뿐 아니라 모든 것이 연결된 환경이 만들어진다. 소위 '5세대' 이동통신기술은 우리 생활의 변화를 더욱 촉진시킬 것이다. 전자 통신업계에서 불과 5~6년 뒤에 구현될 기가(GIGA) 시대에는 단말기를 손바닥에 올려놓고 홀로그램 영상을 보며 통화하는 휴대폰이 출현할 것이라고 한다. 이는 4세대 이동통신보다 1,000배나 빠르고, 2시간짜리 영화 한 편을 내려받는 데 1초면 충분한 것으로 알려진 5세대 이동통신이 구현해주는 것들이다.

또한 현재의 광랜보다 최대 10배 정도 빠른 인터넷 인프라를 기반으로 초고화질 미디어 콘텐츠와 다양한 사물인터넷 기술을 통해 체감형 융합 서비스를 즐길 수 있다. PC 대 PC, 스마트폰 대 스마트폰으로만 연결된 것에

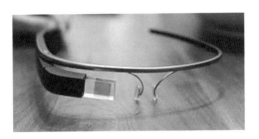

구글 글라스(출처: 위키피디아)

서 진일보하여 사람과 사물이 촘촘히 연결된 네트워크로 연결된다. 따라서 개인의 특성에 맞춰 주변 환경과 사물이 조정되고 필요와 선호를 예측한 상품과 서비스가 제공될 날도 머지않았다.

하지만 홀로그램은 2차원 영상물보다 데이터량이 수백 배나 많기 때문에 아직은 이동통신망을 통해 전송할 수 없다. 하지만 5세대 통신망은 초당 기가바이트를 전송할 수 있기 때문에 홀로그램 영상 통화를 할 수 있다. 따라서 시계나 안경 등 몸에 착용하는 웨어러블 디바이스와 초당 기가급 데이터를 전송하는 초고속 대용량 통신이 결합해 새로운 실감(實感) 미디어 서비스가 출현할 것이다. 스마트폰 하나만 들고 있으면 세계 어디에서든 서울에 있는 자신의 개인 PC에 저장된 자료들을 열어볼 수도 있게 된다. 전 세계 어디에 있든 주위에 항상 네트워크가 있는 환경이 조성되는 것이다.

하지만 라이프 로그 속 데이터 하나하나가 개인의 민감한 삶을 보여주는 자료라는 건 문제다. 예를 들어 '구글 글라스'의 경우 내장 카메라와 마이크, 스피커 등을 통해 사용자가 보고 듣고 말하는 것을 모두 수집할 수 있다. 따라서 이러한 기기를 발전할수록 개인의 내밀한 사생활의 모든 것을 데이터화할 수 있게 될 것이고 이렇게 쌓인 빅데이터는 기업들의 중요 마케팅 자료가 될 것이다. 그러나 법과 규제는 기술의 발전 속도를 따라갈 수 없기 때문에 결국 웨어러블 기기와 라이프 로그 산업은 삶의 질 향상과 사생활 보호라는 두 개의 가치 사이에서 논쟁을 불러일으킬 것으로 보인다.

« 빅데이터의 시대

한국이 세계의 인터넷 데이터가 모이고 나가는 허브로 부상하고 있다. 일본을 대표하는 IT기업인 소프트뱅크에 이어 미국의 대표적인 IT기업인 마이크로소프트(Microsoft) 등이 한국에 인터넷데이터센터를 건설할 예정이다.

빅데이터라는 용어는 2011년 하반기부터 해외 블로그나 저널로부터 나오기 시작했다. 데이터가 생성되는 양과 주기, 형식 등이 기존 데이터에 비해 규모가 너무 커서 종래의 방법으로는 수집이나 저장, 검색, 분석이 어려운 데이터를 말하는 것으로, 각종 센서와 인터넷의 발달로 데이터가 늘어나면서 나타난 용어이다. 2014년 현재 54엑사바이트에 달하는 정보의 양이 향후 5년간 30배가 넘는 1,800엑사바이트 수준으로 증가하고, 2020년 이후 3만 5,000엑사바이트 이상으로 성장할 것으로 예상된다.

빅데이터는 일정 시간에 데이터를 처리, 저장, 관리할 때 흔히 쓰이는 소프트웨어의 허용 범위를 넘어서는 데이터다. 예를 들면 웹 로그, 센서 네트워크, 소셜 미디어, 통신 네트워크에서 저장하는 여러 정보나 천체 관측, 생물학적 시스템, 군사, 의학, 사진과 비디오 아카이브 등이다. 데이터의 양(volume)과 다양한 형태(variety), 그리고 빠른 생성 속도(velocity)라는 뜻에서 3V라고도 불리며, 여기에 네 번째 특징으로 가치(value)를 더해 4V라고 정의한다.

양은 저장할 데이터의 양과 의미 분석과 데이터의 처리 요구량이다. 속도는 데이터를 처리하는 속도와 저장 속도를 말하며 경우에 따라서 수많은 사용자의 요청을 실시간으로 처리한 후 결과를 알려주는 기능도 필요함을 뜻한다. 또한 다양성(variety)은 테이블의 레코드와 같이 정형화되고 사전에 정의할 수 있는 정제된 형태의 데이터뿐만 아니라 텍스트나 이미지와 같은 비정형 데이터의 처리를 뜻한다. 이러한 세 가지 측면에서 데이터를 분석

인터넷 광고의 기원

해야만 가치를 발생시킬 수 있다는 관점에서 가치의 측면이 추가된다.

특히 가치가 중요 특징으로 등장한 것은 데이터의 엄청난 규모뿐만 아니라 데이터의 대부분이 비정형적인 텍스트와 이미지 등으로 이루어져 있기 때문이다. 이러한 데이터들은 시간이 지나면서 빠르게 전파하며 변함에 따라 그 전체를 파악하고 일정한 패턴을 발견하기가 어렵기 때문에 가치 창출의 중요성이 강조되었다.

빅데이터를 매력적으로 만드는 요소는 개인화와 소셜 서비스의 부상으로 기본 인터넷 환경의 재구성에 있다. 검색과 포털 위주였던 인터넷 웹 환경이 통신이나 게임, 음악, 검색, 쇼핑 등 전 서비스 영역의 개인화와 소셜 서비스를 제공하는 환경으로 바뀌고 있다. 그래서 개인의 복잡한 취향을 분석할 만한 저장 크기와 OLTP(online transaction processing)[11] 범위를 넘어서는 데이터 처리 기술이 요구된다. 모바일 환경의 보편화에 의해 기존 데이터가 생성되고 소비되는 환경에 변화가 생기고 있는 것이다.

스마트 기기 등 단말기나 정보통신기술 서비스를 제공하는 대부분의 기업들은 데이터를 수집하고 축적한 비즈니스 플랫폼을 구축하고 있다. 사용자의 이동이나 활동 정보 등을 담은 데이터가 필요하기 때문이다. 기업은 가능한 많은 데이터를 효율적으로 저장하고 처리할 수 있는 능력이 경쟁력이 되었다. 따라서 스마트폰, PC, TV 등과 같은 이종 기기 간 사용자의 이동성을 보장한 클라우드 기반의 정보공유 처리 기술이 현실화되었다. 그러나 빅데이터는 인사이트를 발견하는 데서 끝나는 게 아니라 이를 바탕으로 구체적인 의사 결정과 실행 계획이 제공되어야 성과로 이어질 수 있다.

예를 들어 SK플래닛은 T스토어의 사용 후기를 빅데이터로 활용하여 이를 오피니언 마이닝 기술로 분석해 콘텐츠에 대한 주요 속성을 도출하고

---

11) OLTP는 온라인 트랜잭션 처리, 즉 일반적인 업무 처리를 위한 데이터베이스를 지칭한다. 분석을 목적으로 설계된 OLAP(online analysis processing)와는 다른 개념이다.

있다. 콘텐츠 판매자가 등록한 상품 소개뿐만 아니라 실제로 구매한 소비자의 후기에 근거한 속성을 파악할 수 있어서 콘텐츠의 양과 질이 훨씬 높아졌다. 소비자 입장에서 보면 모바일 콘텐츠의 다운로드 순위나 가격, 출시일뿐 아니라 해당 콘텐츠를 구매한 사람들의 사전 평가를 구매 기준으로 삼을 수 있게 되었다. 따라서 기업은 등록된 게임을 구매한 소비자가 작성한 사용 후기를 분석해 재미와 그래픽, 완성도, 만족도, 게임 요소 등 다섯 가지 카테고리에 대한 소비자 만족도를 계량화하여 축적하고 있다.

« 비트코인, 화폐이자 기술인 비즈니스 플랫폼

비트코인(Bitcoin)은 발행 주체가 없지만 화폐로 작동하는 수학 기반의 가상화폐다. 전 세계 다양한 가게들과 개인 간에 사용 및 거래가 가능하다. 일각에서는 2008년 일본계 미국인 도리언 사토시 나카모토에 의해 만들어져 이듬해인 2009년부터 발행되었다고 하지만, 최초 개발자에 대한 논란은 아직도 계속되고 있다. 어떻든 요즘 들어 미국과 독일 등 전 세계 각국의 정부와 언론으로부터 주목받고 있는 비트코인은 『타임』이나 『블룸버그(Bloomberg)』 등 세계 유명 미디어들이 투자 상품으로 인정하고 있다. 특히 미국의 경제전문 미디어그룹 블룸버그는 종합 금융정보 서비스인 '블룸버그 프로페셔널 서비스'를 통해 비트코인의 시세 정보를 제공하고 있을 정도다.

비트코인은 발행기관의 통제가 없는 분산 구조의 글로벌 가상화폐이기 때문에 누구나 만들 수 있지만, 성능 좋은 컴퓨터로 수학 문제를 풀어야 얻을 수 있다. 수학 문제는 일종의 암호로, 일반 PC 1대로 5년이 걸려야만 풀 수 있다. 이 때문에 문제를 풀고 비트코인을 만드는 과정을 '캔다(mining)'고 한다. 실리콘 밸리를 비롯한 해외 유명 가상기업(virtual corporation)들이

발행 주체가 없는 가상화폐 '비트코인'(출처 : (cc) zcopley at flickr.com)

큰 관심을 보이고 있는 분야로 최근 한국에서도 2건의 글로벌 투자유치 사례가 있다.

사실 그동안 가상화폐는 많았다. 싸이월드의 '도토리', 네이버의 '네이버 캐쉬', 페이스북의 '페이스북 크레딧', 카카오의 '초코' 등 인터넷 서비스마다 자기만의 가상화폐를 만들곤 했다. 그 외에도 자기 서비스 이름 뒤에 '캐시'라는 이름을 붙인 가상화폐를 만든 것도 여러 개 있다. 이렇게 많은데도 비트코인이 특별히 주목을 받은 이유는 작동 방식의 특이성 때문이다.

비트코인은 주인이 없다. 그렇다고 특정 개인이나 회사가 운영하는 '캐시'도 아니다. 작동하는 시스템은 P2P 방식으로 여러 이용자의 컴퓨터에 분산돼 있다. 비트코인을 만들고 거래하고 현금으로 바꾸는 사람 모두 비트코인 발행주이다. 그중 누구 한 사람을 콕 집어서 주인이라고 말할 수 없다.

비트코인에서는 계좌를 '지갑'이라고 부르는데, 이 지갑마다 고유한 번호가 있으며 이 번호는 숫자와 영어 알파벳 소문자, 대문자를 조합해 약 30자 정도로 이루어져 있다. 한 사람이 여러 개의 지갑을 만들 수 있으며 개수의 제한도 없다. 다만 지갑을 만들 수 있는 별도 프로그램이나 웹사이트를 써야 한다.

미국에서 비트코인은 2010년 피자 구매에 처음 사용되었으며 현재 비트코인 가맹점은 대략 500곳에 달하고 있다. 특히 소매점 5만여 곳에서 쓸 수 있는 선불카드 구매에도 비트코인 결제를 허용하고 있어 사실상 미국 전역에서 비트코인 거래가 통용되는 셈이다. 그러다가 2014년 미국 대형 온라인 소매업체 '오버스톡(Overstock.com)'은 비트코인을 이용해 물건을 살 수 있게 했다. 미국 비트코인 중개업체인 코인베이스와 제휴를 맺고 물품 구매에 대한 지불수단으로 받아들였다. 지금까지는 소규모 웹사이트에서만 인정돼왔기 때문에 메이저급 온라인 유통업체로서는 오버스톡이 최초로 공식 화폐로 인정한 셈이다. 그러나 비트코인은 투기 위험성이 있고 자금세탁 등 불법행위에 악용될 수 있다는 우려 때문에 중국이나 인도를 비롯해 애플과 바이두 등 글로벌 업체들이 사용을 반대하고 있다.

한국은 2013년 주식회사 '코빗(Korbit)'이 최초로 비트코인-한화 거래소(www.korbit.co.kr)를 만들었으며, 최초로 결제에 사용된 것은 파리바게뜨 인천시청역점이라고 한다. 최근에는 초기에 4%대였던 거래 수수료를 0.6%로 낮추면서 활성화를 유도하고 있으나, 국내 비트코인 시장은 이제 시작 단계라고 볼 수 있다.

그러나 비트코인 시장은 점차 새로운 비즈니스 모델이자 플랫폼이 될 것으로 보인다. 가장 큰 이유는 애플처럼 기술적으로 매우 획기적이라는 점에서 찾을 수 있다. 초창기 애플은 모든 엔지니어들에게 애플리케이션 개발을 손쉽게 하는 소스 코드를 공개하였다. 그러자 기발한 애플리케이션들이 개발되었고 소비자들은 앱(app)을 쓰기 위해 자연스럽게 아이폰을 구입하였다. 비트코인도 애플과 같은 오픈소스(open source)를 지향한다. 그래서 프로그래머들이 기반을 마련하고 유저들이 따라가는 구조가 재현될 것이라는 전망이다.

현재 국내 포털사이트에서 뮤직비디오 한 편을 내려받는 데 드는 비용은 대략 1,000원 정도로, 휴대전화로 소액 결제가 가능하지만 해외 네티즌들은 돈을 낼 방법이 없다. 이를 해결할 수 있는 것이 비트코인이다. 뮤직비디오는 물론 웹툰, 단편소설에 이르기까지 소액 결제할 수 있는 상품은 무궁

무진하다. 소액 기부와 같은 활동에서는 비트코인의 사용이 더욱 활발해질 것이다.

웨어러블 디바이스에서의 활용도 가능하다. 눈에 보이지 않는 동전을 자판기에 밀어 넣듯 웨어러블 디바이스끼리 비트코인이 서로 오가는 시스템이다. 이를테면 집에 설치해둔 무선 인터넷(wifi)을 이웃이 쓰고 싶어 할 때 사용료를 비트코인으로 내고 스마트워치로 입금 여부를 알려주면 된다. 이와 같은 비트코인 유저들의 상상 속 아이디어들은 현재 북미와 유럽 등지에서 개발 중에 있다.

매력적인 장점을 가진 비트코인은 위험한 단점 역시 가지고 있기 때문에 실제 화폐로 사용할 수 있겠느냐는 논란이 치열하다. 대표적으로 떠오르는 문제가 익명성으로 은행거래처럼 등록을 하지 않아도 사용할 수 있기 때문에 불법적인 자금세탁이나 범죄에 악용될 수 있다. 또한 세금 탈루에 대한 대응 문제도 있다.

3. 광고시장의 구조를 바꿔버린 인터넷 광고

« 일상화된 인터넷 광고

인터넷 광고(internet advertising)는 인터넷을 이용한 광고를 말한다. 인터넷이라는 매체의 특성을 이용한 광고를 통해 적은 비용으로 보다 많은 소비자를 만날 수 있으며, 고객의 반응도 즉시 파악할 수 있다. 24시간 365일 광고를 할 수 있고, 어느 지역에 거주하든 상관없이 소비자의 특성이 확연히 드러나므로 시장 세분화가 용이하다. 또한 일대일이나 멀티미디어 및 가상현실을 이용한 광고도 할 수 있다. TV나 신문, 라디오와 달리 최소의 비용으로 콘텐츠를 제작할 수 있을 뿐만 아니라 수정과 갱신까지 가능하다. 아울러 광고를 보는 데 따른 시간이나 내용의 제한도 없다.

무어의 법칙(Moore's Law)[12]에서 지적하듯 디지털은 시간이 경과할수록

---

12) 마이크로칩 기술의 발전 속도로 저장할 수 있는 데이터의 양이 18개월마다 2배씩 증가한다는 법칙으로, 1965년 페어차일드(Fairchild)의 연구원이었던 고든 무어(Gordon Moore)가 역설했다. '인터넷은 적은 노력으로도 커다란 결과를 얻을 수 있다'는 메트칼프의 법칙과 '조직은 계속적으로 거래 비용이 적게 드는 쪽으로 변화한다'는 가치 사슬의 법칙과 함께 인터넷 경제 3원칙으로 불린다.

가격이 낮아지기 때문에 디지털 매체의 가격 역시 점진적으로 더욱 낮아질 수밖에 없다. 그러나 기존의 매체는 물리적인 자원을 사용하기 때문에 가격이 점차 높아지게 될 것이다. 예를 들어 인쇄 매체는 종이와 전력을 사용하는 데 이것들은 고갈되어가는 자원이기 때문에 가격이 인상될 수밖에 없다.

다만 인터넷 광고는 시장의 크기를 측정하기 어렵고 광고 효과를 측정하는 기준이나 방법이 모호하다는 단점이 있다. 멀티미디어적 요소를 포함한 다양한 방법이 구사되고 있지만 광고만으로 구매로 이끌기에는 한계가 있다. 물론 홈쇼핑 같은 구체적인 채널이 있긴 하지만 아직까지 소비자가 광고용 상품과 실제 구매할 수 있는 상품이 일치하느냐에 대해 의구심을 갖고 있는 것 또한 사실이다.

그렇지만 인터넷 광고가 빠른 시간에 수백만 고객을 확보할 수 있는 커뮤니케이션 수단인 것만은 분명하다. 사이버 상에는 가치를 중심으로 응집된 수많은 공동체들이 존재한다. 만약 소비자에게 진정한 가치를 나눠줄 수 있는 방안이 제시된다면, 광고 메시지는 마치 컴퓨터 바이러스만큼 빠른 속도로 전달되어 단 기간 내에 목적을 달성할 수 있다.

온라인 광고의 역사는 길지 않다. 인터넷 광고는 1994년 이후에야 소비자와 마케터들의 생활 속에 중요한 요소로 자리 잡았다. 『핫와이어드(Hot-Wired)』는 최초의 배너 광고를 게재하였으며, 버튼 광고와 스폰서십 광고를 착안해냈다. 이듬해 웹이라는 상호작용적인 매체가 등장하여 일반인도 폭넓게 웹을 이용하게 되었다. 메이텍(Maytag)이나 유나이티드항공과 같은 주요 브랜드는 자사의 웹사이트를 구축하고 배너를 통해 사이트를 홍보했다. 선 마이크로시스템즈(Sun Microsystems)는 자바를 세상에 내놓음으로써 웹 광고의 혁명을 일으켰는데, 이것은 텍스트로 만들어졌던 광고를 사운드나 비디오가 가능한 애니메이션 광고로 변신시킬 수 있는 마케팅 언어이다.[13]

컴퓨터로 전자정보를 전송하기 위해 만들어진 인터넷은 우리 주변에 편재하면서 지금은 사람들의 에너지와 표현을 무궁무진하게 발산할 수 있는 다면적인 출구로 변신하였다. 인터넷은 무형이며 지속적인 변화 상태에 놓여 매 순간 점점 더 커지고 복잡해지고 있다. 또한 커뮤니케이션 기술은 전례 없는 속도로 확산되고 있다. 2013년 OECD가 '국제성인역량조사(program for the international assessment of adult competencies : PIAAC)'[14]를 발표했는데, 2011~2012년 회원국 24개국에 사는 만 16~24세 국민 15만 7,000명을 조사한 결과 우리나라 만 16~24세 국민의 컴퓨터 활용 능력이 1위로 나타났다. 한국은 성인 6,667명이 조사 대상이었다.

"2025년이 되면 사실상 여과되지 않은 정보에 접근하지 못했던 전 세계 대부분이 손바닥에 쏙 들어가는 기기를 갖고서 온 세상의 모든 정보에 접속할 수 있게 될 것이다. 지금 같은 속도로 기술 혁신이 이루어진다면 그때는 약 80억 명에 이를 것으로 추정되는 세계인구 대부분이 온라인에서 활동할 것이다."[15]라는 지적은 결코 가볍게 넘길 문제가 아니다. 스마트폰에 대한 의존도가 나날이 커져가는 사실만 봐도 머지않아 우리의 사회가 상상할 수 없는 전혀 색다른 형태로 진화할 수 있기 때문이다.

미래창조과학부가 한국인터넷진흥원과 2013년 7월부터 3개월간 전국 3만 가구 7만 7,402명을 대상으로 조사한 '2013 인터넷이용실태조사' 결과에 따르면 국내 인터넷 이용자 수는 4,008만 명으로 2003년 2,922만 명 대비 1,086만 명이 늘었다. 같은 기간 인터넷 이용률은 65.5%에서 82.1%로 증가했다. 조사는 인터넷 이용현황, 인터넷과 커뮤니케이션, 인터넷과 경

---

13) 바바라 K. 케이 · 노먼 J. 메도프, 이명천 · 백승록 역, 앞의 책, 23쪽.

14) 경제협력개발기구(OECD)에서 실시한 '국제성인역량조사'는 국가의 핵심적인 역량이 자국에 어느 정도 분포해 있으며, 직장과 가정에서 어떻게 활용되고 있는지에 대한 이해가 목적이다. 나아가 인적자원의 개발과 활용을 위한 정책을 도출하는 데 있다. 사업은 2008년에 시작하여 2010년에 예비조사, 2011년 하반기부터 2012년 상반기 동안 본 조사가 행해졌다.

15) 에릭 슈미트 · 제러드 코언, 이진원 역, 『새로운 디지털 시대』, 시공사, 2013, 11쪽.

제활동, 가구 인터넷 환경 등의 내용으로 이뤄졌다.

특히 2013년과 2012년을 비교했을 때 중장년층의 인터넷 사용이 크게 늘어난 점이 눈에 띈다. 50대의 인터넷 이용률은 2012년 60.1%에서 2013년 80.3%로 20.2%포인트 급증했다. 또한 스마트폰 사용자가 늘면서 유선 인터넷 사용자는 줄고 무선 인터넷 사용자가 늘어난 것도 특징이다. 보고서에 따르면 스마트폰을 보유한 가구의 비율은 2년 전 42.5%에서 2013년 79.7%로 증가했다. '장소 구분 없이 무선 인터넷을 사용한다'고 답한 응답자가 1년 새 58.3%에서 91%로 급증한 반면 유선 인터넷 접속률은 79.8%로 2012년 82.1%보다 오히려 감소했다.

최근 2년간 스마트폰의 보급이 확대된 결과로 스마트폰을 보유한 가구의 비율은 2012년 65.0%보다 14.7%포인트 높아진 79.7%를 기록했으며 2011년 42.5%보다는 거의 두 배 가까이 성장했다. 스마트폰과 모바일 인터넷의 성장은 관련 산업과 서비스에도 영향을 미친 것으로 나타났다.

인터넷 서비스 분야에서도 플랫폼 주도권의 변화가 두드러졌다. 이메일 사용은 감소하고 모바일 중심의 카카오톡, 라인 등 인스턴트 메신저 사용은 2012년보다 약 22% 증가한 82.7%를 기록하였으며, 인터넷 뱅킹 이용자 중 모바일 뱅킹 이용 비율과 인터넷 쇼핑 이용자 중 모바일 쇼핑 이용 비율은 각각 65.4%, 43.2%를 기록하였다. 인터넷 사용자가 모바일로 급격히 이동하고 있기 때문에 앞으로 새로운 시장 환경에 적절히 잘 대응하는 기업이 보다 높은 성과를 창출할 것이다.

2000년부터 2006년까지 신문 광고비는 지상파 TV로 전이됐다가 이후 지상파 TV와 신문 광고비가 케이블 TV와 인터넷으로 이동했다. 현재는 스마트폰, 태블릿 PC, 3G · 4G 무선네트워크의 진화로 모바일 매체가 주도적인 광고 플랫폼으로 등장했다.

2013년 국내 광고시장 규모는 총 9조 7,706억 원이지만 매체별 점유율로 보면 인터넷이 20.0%로 1조 9,540억 원이고, 다음으로 지상파 TV가 19.8%

로 1조 9,307억 원, 신문이 16.9%인 1조 6,543억 원, 그리고 케이블 TV가 13.5%로 1조 3,218억 원 순이다. 모바일 광고시장은 3,780억 원으로 매년 큰 폭으로 성장하고 있다.

« 인쇄 매체를 넘어선 인터넷 광고

2013년 국내 인터넷 광고시장이 인쇄 매체 광고를 넘어섰다. 2012년까지만 해도 근소한 차이로 인쇄 매체가 앞섰지만 2013년에 역전되었다. 광고주들이 신문, 잡지보다 인터넷 광고를 선호하기 시작한 것이다. 2013년 인터넷 광고비용은 2조 800억 원을 기록했고 그중에서 1조 3,650억 원이 검색 광고비용이다.

미국의 경우 3~4년 전 이미 인터넷 광고시장이 인쇄 매체를 넘어섰다. 인쇄 매체의 광고비용이 큰 폭으로 떨어졌고 대형 신문사와 잡지사가 발행을 중단하고 디지털로 전환하거나 심한 경우 문을 닫기도 했다. 한국도 느리지만 서서히 하락세가 진행되고 있다. 반면에 인터넷 광고시장의 성장은 더욱 가속화할 것으로 예상된다.

인터넷 광고의 역할 중 하나가 광고주의 사이트에 유저를 유도하는 것이다. 그런 의미에서 기업의 홈페이지는 인터넷 광고의 출발점이다. 그렇지만 아직까지도 기업 사이트를 비롯한 브랜드 사이트나 캠페인 사이트를 광고시장으로 보고 있지 않다. 만약 이것까지 더한다면 인터넷 광고시장은 대략 전체 광고시장의 1.5배는 될 것이다. 기업의 브랜드 사이트는 점차 확대되고 있는 추세다.

광고주가 처음으로 갖는 자사 미디어가 웹사이트다. 기업은 자사 미디어를 통해 비로소 브랜딩 활동을 실시하고자 하는 욕구를 분출한다. 인터넷 광고뿐만 아니라 종래의 매스미디어를 이용해 자사의 웹사이트로 액세스를 추구한다. 기업이 소비자와 자유자재로 소통할 수 있는 유일한 공간이기 때문이다. 게다가 인터넷의 인터랙티브한 기능은 무엇이든 가능하게 한다. 웹사이트는 브랜드의 경험 내지 코어 소비자에 대한 밀도 높은 커뮤니케이션 공간으로서의 가능성이 넘친다.

TV 광고의 브랜딩 효과는 도달력에 있어서 타의 추종을 불허하지만 타깃을 세그먼트하기가 쉽지 않다. 15초의 메시지는 예상 고객뿐만 아니라 불특정 다수에게 전달되기 때문이다. 지금까지 TV 광고의 단점으로 지적되어온 것은 타깃이 아닌 층에까지 도달한다는 점이다. 더 큰 결함은 정중하게 커뮤니케이션을 하고 싶은 고객뿐 아니라 그렇지 못한 층에게까지 똑같이 15초의 광고 메시지를 보낼 수밖에 없다는 점이다. 광고주는 구입 가능 층에게는 15초 이상의 정보를 제공해서라도 브랜드 가치를 소구하고 싶어 한다.

그렇지만 모든 소비자에게 단 한 번의 광고 메시지로 브랜드 인지에서 구매까지 이어지게 한다는 것은 불가능하다. 광고로 인해 조그만 반응이라도 보이는 소비자에게 두 번, 내지 세 번 연이어 정보를 전달할 수 있는 구조가 필요하다. 따라서 자사 사이트를 중심으로 브랜딩 활동과 캠페인을 펼치는 것이 효과적이다.

요즈음 소비자는 독점 비즈니스 모델의 대상이 아니다. 직거래 장터처럼 소비자는 시장의 중개 없이도 직접 공급자와 거래할 수 있기 때문이다. 나아가 소비자 스스로 생산자가 되어 공급자와 경쟁할 수 있다. 예를 들어 신인 가수가 자신의 노래를 홍보하기 위해 구태여 EMI나 유니버설 뮤직의 힘을 빌릴 필요가 없다. 유튜브나 마이스페이스를 활용하면 충분히 팬 층을 확보할 수 있다.

또한 창조적인 기업가는 더 이상 제품 출시를 위한 전통적 자금원에 의존하지 않아도 된다. 권력이 소비자에게로 넘어간 시장에서 모든 소비자는 생산자, 즉 프로슈머가 될 수 있다.[16] 인터넷 광고 역시 기업의 브랜드 사이트와 하나가 되어 종래의 매스미디어 광고와 다양한 프로모션, 인터랙티브한 영역과도 링크하는 형태로 변하고 있다.

« 인터넷 광고의 진화와 통합마케팅

오늘날 기업의 마케팅 활동은 자사의 브랜드 사이트처럼 다양한 방식의 인터넷 광고로 구조가 바뀌고 있다. 놀라울 정도의 혁신을 거듭하며 지금까지의 광고라는 개념을 완전 바꾸고 있다. 인터넷 광고의 중심에서 표현과 타기팅, 미디어 플래닝(media planning)이라는 3요소가 진화를 촉발시키고 있다.

첫째, 표현의 진화는 인터넷 광고라고 하면 무심코 떠올리는 배너 광고라는 생각을 근본부터 뒤집는 것이다. 동영상이나 음성, 그리고 유저가 참여하는 인터랙션에 의해 체험에 가까운 것까지도 가능한, 종래의 광고에서는 불가능했던 획기적인 광고 크리에이티브의 실현으로 광고의 표현은 눈부시게 발전했다.

둘째, 광고를 도달시키는 대상을 특정할 수 있는 타기팅의 진화다. 종래의 광고에서 대상자를 좁힐 수 있었던 방식은 오로지 DM(direct mail)이었지만 많은 비용이 들었다. 그리고 기업이 타깃으로 여기는 소비자의 이름과 주소 같은 개인정보를 취득하기 어려웠다. 그러나 인터넷은 컴퓨터의 브라우저를 통해 유저를 특정할 수 있다. 어디의 누구인지까지 알 수 없지만 브라우저가 액세스할 때 특정 정보를 내보내는 것은 가능하다. 뿐만 아니라 웹 유저의 행동을 기반으로 종래의 광고 미디어로서는 불가능했던 타기팅도 할 수 있다.

16) 매튜 프레이저 · 수미트라 두타, 최경은 역, 『소셜 네트워크 e혁명』, 행간, 2010, 24쪽.

실제로 광고 현장에서는 획기적인 타기팅 기법이 몇 가지 차용되고 있다. 예를 들어 IP주소와 액세스 포인트 구역을 설정해 특정 지역만 타기팅하는 것이다. 사전에 받기를 승낙한 옵트인 메일(opt-in mail)이라면 기본 속성으로부터 취미나 관심 카테고리를 좁혀 광고를 보낼 수 있다.

특정 키워드에 대한 검색 결과를 내보내는 것도 인터넷만이 지닌 기술로 이를 활용한 리스팅(listing) 광고가 각광을 받는다. 특정 키워드의 검색 결과에 배너 광고를 전송하는 것은 인터넷 광고의 시작부터 줄곧 시행되어왔다. 사용자의 행동에 따라 광고 소재를 바꿔 전송하는 기술 이외에도 다양한 착안을 해볼 수 있다.

인터넷 홈페이지에서 사용하는 검색엔진 '팩트 파인더(FACT-Finder)'를 개발한 오미크론(Omikron)사는 유럽의 온사이트(on-site) 검색엔진 부문에서 80%의 점유율을 자랑한다. 온사이트는 구글이나 네이버와 같은 웹 검색엔진과는 약간 다르다. 구글이 전 세계 인터넷을 뒤져 관련 정보를 모두 검색하는 것이라면 팩트 파인더는 특정 인터넷 홈페이지, 예컨대 인터넷 쇼핑몰 안에서 소비자가 필요한 상품 정보를 검색할 때 사용한다. 구글과 달리 기술을 인터넷 쇼핑몰 등에 팔아 돈을 버는 B2B(business to business)[17] 기업이라는 것이 특징이다.

만약 여행사 홈페이지에 들어가 '크리스마스 때 딸아이와 함께 놀러 갈 바닷가'라는 검색어로 여행 상품을 찾는다고 하자. 그렇다면 수영을 하게 될 가능성이 크다. 그런데 크리스마스는 한겨울이기 때문에 따뜻한 곳이어야 한다. 뿐만 아니라 조용한 가족 친화적인 호텔도 필요하다. 이럴 경우에 고객이 입력한 정보를 실제 검색에 필요한 정보로 바꾼 다음, 적합한 상품을 보여준다.

팩트 파인더는 이 기술로 구글을 이겼다. 구글 역시 온사이트 검색엔진

---

17) B2B는 기업과 기업 사이에 이루어지는 전자상거래를 일컫는 경제용어이다.

기술을 가지고 있지만 2009년 유럽 시장에 뛰어들었다가 3년 만에 철수하고 말았다. 팩트 파인더의 시장 지위가 워낙 견고했기 때문이다. 직원 수 5만여 명, 매출 600억 달러의 공룡 기업이 직원 수 500명 정도의 회사를 넘지 못했다.

셋째, 미디어 플래닝은 브랜드 메시지의 효과적 전달을 위해 다양한 접점을 소비자 관점에서 구축하는 과정에서 필수적이다. TV를 비롯해 신문이나 라디오, 잡지, 그리고 교통 광고 등의 광고 미디어 중에서 둘 이상을 이용해 리치를 확대하거나 소비자의 생활 시간대에 맞춰 접촉 빈도를 높이는 것을 미디어믹스(media mix)라고 한다. 효율적인 미디어믹스를 위해서는 표적 수용자에게 광고 메시지가 잘 전달될 수 있도록 각 매체의 양적·질적 특성과 기능을 감안해 구성해야 한다. 그 밖에 다른 미디어의 특성을 조합해 크리에이티브의 상승 효과를 노리는 방법도 있지만 기본적으로 미디어믹스는 여러 미디어의 효과를 더한 방식이다. 광고 캠페인 기간 등 특정 기간 동안 구매한 매체의 지면이나 시간에 관한 기록도 미디어믹스라고 한다.

그러나 인터넷 광고를 조합한 경우는 단순하게 더하는 것과 차이가 있다. 인터넷이라는 미디어는 다른 광고 미디어와는 전혀 다른 지점에 위치해 있다. 인터넷 광고와 종래 매스미디어 광고의 조합은 더함이 아니라 곱한다는 의미로 크로스미디어(crossmedia)라고 불린다. 광고 캠페인의 전체상을 설계하는 것을 캠페인 디자인이라고 하는데 이것이 크로스미디어의 성격을 단적으로 말해주고 있다. 최적화(optimization)라는 개념이 필요한 이유이다.

요즘 광고는 TV와 신문 같은 전통적인 4대 매체에서 한 걸음 더 나아가 모바일 기기로의 진화를 거듭하고 있다. 광고와 다이렉트 메일, 판매 촉진, 홍보 등 다양한 커뮤니케이션 수단들의 전략적인 역할을 비교하여 최대의 커뮤니케이션 효과를 거둘 수 있도록 설계된 통합 마케팅 커뮤니케이션(integrated marketing communication : IMC)이 등장했다. 광고 이외 촉진 활동의 중요성이 증가된 것이 그 원인으로, 소비자와 매체의 세분화에 따라 데이터베이스를 통한 고객들과 관계 구축이 절실해졌기 때문이다.

통합 마케팅 커뮤니케이션은 강력하고 통일된 브랜드 이미지의 구축을 통해 소비자의 구매행동을 유발시킨다. 그래서 광고와 같은 단일 커뮤니케이션 외에 표적 청중에게 도달하는 데 효과적일 수 있는 매체나 접촉 수단을 적극 활용하는 것이다. 결과적으로 지속적으로 소비자와의 관계를 구축함으로써 반복 구매를 이끌어내고 브랜드 선호도를 높여준다.

4. 전자상거래의 활성화

« 전자상거래의 급성장

인터넷의 장점은 시간과 거리에 상관없이 정보에 쉽게 접근할 수 있다는 데 있다. 이른바 정보 대중화의 구현이다. 특정 사람들에게만 제공되는 것이 아니라 단말기만 있다면 누구나 간단하게 접속해서 정보를 획득할 수 있다. 이러한 정보 접근의 편리함은 현대인에게 필수 조건이다.

인터넷은 국경이 없는 디지털 신호로 가득 찬 가상공간, 이른바 사이버 스페이스이다. 소프트웨어가 만들어낸 신세계이자 전화, TV 등 모든 전자 매체의 정보가 교환되는 무한대의 가상세계라고 말할 수 있다. 이것은 현대사회가 지향하는 세계화와 맞물려 갈수록 중요도가 높아지고 있다. 더구나 국경을 초월하여 국제적 커뮤니케이션이 가능하다는 측면에서 새로운 상거래의 가능성을 제시해주고 있다.

인터넷을 가장 많이 활용하는 곳은 사이버공간을 이용한 전자상거래이다. 전자상거래 시장이란 생산자와 중개인, 소비자가 디지털 통신망을 이용하여 상호 거래하는 시장으로 실물시장과 대비되는 가상시장(virtual market)이다. 은행이나 증권거래소, 보험, 항공을 비롯해 각종 전자제품과 의류, 서적 등 일상에 필요한 거의 모든 상품이 망라되어 있으며 현재 온라인 쇼핑몰은 100만여 개로 추산되고 있다. 이용 또한 매우 활발하다.

통계청 자료에 따르면 새로 문을 여는 가게 세 곳 중 한 곳은 1년 내 문을 닫는다고 한다. 살아남는다 해도 골목상권의 사정은 팍팍하기만 하다. 특히 연간 매출 1억 원, 직원 5인 미만 규모의 소상공인 한 달 평균 수입은 겨우 100만 원을 넘는 수준이다. 그러나 작다고 어려운 것은 아니다. 작은 가게가 대기업이나 대형 프랜차이즈보다 나을 수 있다. 작기 때문에 디테일에 강하고 빠르게 새로운 시도를 할 수 있기 때문이다.

미국 네바다 주의 작은 마을에 위치한 털실가게 '지미빈스울(Jimmy Beans Wool)'은 2012년 700만 달러 이상의 매출을 기록했다. 작은 기업 수준이다. 이들의 성공 스토리는 『뉴욕타임스』 『포브스』 등에도 자세히 소개되었다. 하지만 처음부터 그랬던 것은 아니다. 2002년 창업 당시 온라인 뜨개질 제품을 취급하는 업체가 없다는 것에 주목하여 온라인 쇼핑몰을 개설하였다. 빠르게 성장하는 온라인 쇼핑 부분에서 뜨개질 제품만 예외가 될 이유는 없었다. 2008년 유튜브에 제품을 소개하는 동영상을 올리자 3개월 만에 매출이 67%나 상승하였다. 이렇게 지난 5년간 만든 동영상만 15,000개가 넘고, 전체 동영상을 본 페이지 뷰가 150만 번이 넘었다. 온라인에서 뜨개질 관련 제품을 판매하는 2,000여 개의 업체와 다른 점이다.

미국과 중국은 지금 거의 광속(光速)으로 제조업체와 유통업체, 그리고 소비자 간 B2B와 B2C(business to consumer)[18] 전자상거래를 다면적으로 진행하고 있다. 반면 한국은 인터넷 쇼핑몰에서 물건 하나 사려면 수십 분간 컴퓨터와 씨름해야 하는데도 새로운 인터넷 서비스는 여러 형태로 규제의 발목에 잡혀 있다. 사이버공간은 현실 세계의 확장이다. 한 나라의 역사와 기질, 선호가 그 나라의 인터넷 시장에 반영되며 이런 면에서 보면 사이버

---

18) B2C는 기업과 소비자 간 전자상거래이다. 온라인 쇼핑 등이 대표적인 사례다.

공간에도 로컬리즘(localism)이 지배하는 국적과 국경이 존재한다.

한국의 2012년 전자상거래 시장 규모는 32조 원으로, 백화점 시장 28조 4,000억 원을 뛰어넘었다. 1위인 미국 시장의 2012년 거래 규모는 2,310억 달러(약 248조 원)로, 전년 대비 14% 증가하였으며, 경제발전에 따른 소비의 확산과 모바일 기기의 보급으로 온라인 시장 규모는 점차 확대될 것으로 예상된다.

2013년 온라인 쇼핑 거래 규모가 처음으로 50조 원을 넘어섰다. 유통업계에 따르면 거래액이 55조 원으로, 2012년 48조 원보다 14.6% 증가하였다. 이처럼 온라인 쇼핑 거래 규모는 매년 큰 폭으로 증가하고 있다. 반면에 같은 기간 백화점과 대형마트 등 오프라인 매장 매출은 경기불황과 영업규제 여파로 감소하였다.

모바일 쇼핑 거래액은 순 방문자 급증 영향으로 2011년 6,000억 원에서 2013년 들어 10조 원에 이르렀다. 온라인 쇼핑 내에서 모바일 거래액의 비중 역시 2011년 1%에서 2014년 15%로, 14%포인트나 상승했다. 온라인쇼핑협회는 2012년과 비교한 2013년 온라인 쇼핑시장 성장률을 10.8%, 모바일 쇼핑시장의 성장률을 129%로 전망했다. 실제로 대형마트 3사 온라인몰 중 모바일 매출 비중이 가장 높은 것으로 알려진 홈플러스의 경우 2013년 12월 모바일 매출 비중이 20.6%를 기록했다. 온라인 마트에서 모바일 비중이 20%대를 넘어선 것은 스마트폰 보급 확산이 전통적인 장보기 습관에 주는 변화가 더욱 가속화되는 현상으로 분석되고 있다.

한국의 대형마트 시장은 1997년 국제통화기금(IMF) 위기를 거치면서 고속 성장을 거듭한 끝에 2002년에 백화점, 2004년에 슈퍼마켓을 제치고 매출액 기준으로 소매시장 1위에 올랐다. 하지만 경제민주화 바람과 맞물린 휴일의 의무휴업, 신규출점 제한 같은 규제 강화 등의 여파로 최근 마이너스 신장률을 보이는 반면 온라인 쇼핑은 꾸준한 성장을 지속하고 있다.

2013년 통계청 소매업태 조사결과에 의하면 소매시장에서 차지하는 온라인 쇼핑 비중은 2012년 13.1%에서 2013년에는 15.0%로 올랐다. 온라인 쇼핑 시장은 스마트폰의 대중화에 따른 모바일 전자상거래 시장의 폭발적인 신장세, 불황형 사업으로 평가되었던 홈쇼핑의 선전, 오픈마켓에 이은 소셜커머스의 잇단 시장 안착, 대형 유통사의 인터넷 투자 확대 등에 힘입어 연평균 20% 안팎의 가파른 신장세를 이어가고 있다.[19]

온라인 쇼핑 시장의 주도권을 놓고 신세계와 롯데 등 대형 유통업계와 오픈마켓, 소셜커머스 등 3개 진영이 2014년 들어 시장 확보를 위한 투자를 확대하고 있다. 신세계백화점과 이마트는 각기 운영해온 인터넷 쇼핑몰을 통합한 'SSG닷컴' 사이트를 오픈하였다. 롯데는 백화점과 마트 등 유통 담당자들이 참여하는 오픈마켓 시장에 진출하고 있다.

오픈마켓 진영도 수성 전략을 본격화하고 있다. G마켓과 11번가 같은 오픈마켓 업계와 티켓몬스터, 위메이크프라이스, 쿠팡 등 소셜커머스 업계도 영역을 파괴하며 적극적으로 뛰어들고 있다. 11번가는 장터와 같은 기존 모델을 넘어 우수 상품만을 대거 선별해 매일 150개씩 집중적으로 선보이는 '큐레이션 커머스'를 만들었다. 대형 유통사나 소셜커머스의 도전에 선제적으로 대응하려는 의도에서 비롯된 것이다. G마켓도 대형마트나 백화점처럼 알뜰 명절선물을 모아 집중 판매하는 방식을 도입하고 있다. 여기에 티켓몬스터와 위메이크프라이스, 쿠팡 등 소셜커머스 업계도 2013년 연간 거래액 1조 원 달성을 발판 삼아 마케팅 공세에 나서고 있다.

최근 들어 온·오프라인 장점을 결합한 소위 'M커머스(mobile commerce)2.0'이 쇼핑의 혁명을 일으키고 있다. 유통업계 첫 번째 혁명은 1990년대 대형마트 시대였다. 저렴하게 대량 구매할 수 있었던 이 시기를 지나 2000년대 E커머스(electronic commerce)와 M커머스 시대를 겪으면서 진화

---

19) 현대경제연구원, 『VIP리포트-소매의 온라인화 동향과 특징』, 2013. 7. 24(통권 535호) 참조.

를 거듭하였다. 전통적인 오프라인 매장 대신 온라인 매장이 급성장하기 시작한 것이다. 하지만 최근 온·오프라인을 결합하고 소비자 경험까지 설계하는 리테일 마케팅(retail marketing)이 등장하면서 M커머스는 새로운 단계를 맞고 있다. 빠르게 이동하는 모바일 시대에 소비자들을 붙잡기 위해서는 단순히 좋은 상품이나 싼 가격만으로는 한계가 있다. 무언가 덧붙여 제공할 만한 것이 있는 리테일 마케팅이 필수이다.

최근 매장이 쇼룸(showroom)화되고 있다. 다시 말해 요즘 소비자들은 물건을 구매하기 전에 매장을 둘러보고 마음에 드는 물건을 온라인에서 최저가로 검색하여 구매한다. 오프라인과 온라인의 가격이 몇천 원, 심지어 몇만 원까지 차이가 나는데 굳이 매장에 갈 필요가 없기 때문이다. 오프라인 매장이 엄청난 구매 욕구를 불러일으키지 않는 한 구매를 위한 장소가 아닌 쇼룸이 되어버린다. 그래서 오늘날 매장은 단순히 물건만을 파는 공간이 아닌 소비자의 경험까지 디자인하는 곳으로 진화하고 있다. 단순한 구매 행위를 넘어, 매장을 둘러보는 재미와 함께 제품 또는 서비스를 돋보이게 할 체험을 제공하고 있다.

리테일 마케팅은 매장 내 구매자의 니즈나 구매 행태, 반응 등 구매자의 행동 이해를 기반으로 판매 전략을 기획하고 실행하는 활동이다. 실제적인 판매가 이뤄지는 매장 내에서 구매 활성화를 위한 모든 방법을 모색하는 것이다. 스웨덴의 가구 브랜드 이케아(IKEA)의 경우 매장 내 고객들의 동선을 복잡하게 디자인해 매장 안을 돌아다니는 시간을 가능한 길게 만들어 충동구매를 유도하고 있다. 고객들이 매장 안을 둘러보다 저렴한 가격의 물건을 발견하고 사고 싶은 유혹을 이기지 못하게 만드는 것이다. 실제로 이케아를 찾는 고객들이 매장 안에 머무르는 평균 시간은 3시간이 넘는다고 한다. 이 전략은 현재 다른 많은 소매점에서 차용하는 부분이기도 하다.

또한 글로벌 리테일 브랜드로 잘 알려진 스타벅스(Starbucks)의 경우를 보자. 스타벅스는 전 세계 어디를 가더라도 비슷한 분위기를 풍기지만, 요

인터넷 광고의 기원

즘 들어 어떤 점포는 천장에 나무 조각들을 이어붙이는 등 혁신적이고 과감한 디자인을 선보이고 있다. 고객에게 '전 세계 어디를 가나 비슷하지만 여긴 특별한 스타벅스'라는 느낌을 부여하는 것이다. 고객들은 재미있어하며 매장 인테리어를 스마트폰으로 찍어 SNS로 퍼뜨리고, 기존과 다르게 디자인된 매장은 자연스럽게 기업의 리테일마케터로 기능하게 된다.

이러한 점포들의 공통된 특징은 구매자들에게 새로운 경험을 선사한다는 점이다. 기존 점포가 갖고 있는 진부한 속성을 과감히 버리고 색다른 경험을 안겨주자 고객들이 스스로 찾아오기 시작하였다. 따라서 상품을 생산하거나 유통하는 업체들은 소비자 수요나 구매 행태, 반응 등을 면밀히 분석하여 판매 전략을 기획하고 실행하는 리테일 마케팅 기법을 도입하고 있다.

« 점차 늘어나는 해외직구족

인터넷이 처음 등장했을 때 사용자들은 국경과 언어에 구애받지 않고 지구촌의 모든 사람이 서로 연결되는 세상을 꿈꾸었다. 상업적으로 보면 어느 나라의 어떤 물건도 온라인으로 구매할 수 있는 기업과 개인 간의 전자상거래가 그것이었다.

실제로 요즘 일각에서는 인터넷을 통해 자국 내 거래가 국경 간 거래로 옮겨가고 있는 추세이다. 유통 비용이 저렴하고 누구나 쉽게 창업할 수 있어, 중소기업과 영세업체들의 수출 창구로서 기대를 모은다. 특히 해외 소비자를 타깃으로 하는 제조업체나 소상공인, 무역업자에게 새로운 기회가 되고 있다. 국내에서 쇼핑몰을 열듯이 간단한 작업만 하면 미국이나 중국 등 어디서나 손쉽게 온라인 매장을 열 수 있기 때문이다. 회사는 운영을 비롯해 결제, 애프터서비스 등을 통합적으로 지원하면 된다.

국내에는 상품 경쟁력을 비롯해 노하우가 축적된 운영자가 많으며, 인터넷 환경 또한 잘 구축되어 비교적 해외 진출이 용이한 편이다. 하지만 해외 업체들과 경쟁을 피할 수 없기 때문에 치밀한 계획과 관련 제도 정비 등 풀어야 할 과제가 많다. 전자상거래가 본격화되면 관세가 국가 간 분쟁을 초래할 소지도 있다.

이렇게 인터넷을 통해 해외에서 제품을 직접 구입하는 소위 '해외직구'가 인기를 끌고 있다. 대한상공회의소가 2013년 온라인 쇼핑족 1,650명을 대상으로 실시한 '해외 직접구매 이용실태 조사'에 따르면 전체 응답자의 24.3%가 "해외 인터넷 쇼핑몰이나 구매대행 사이트를 통해 상품을 구매한 적이 있다"고 밝혔다.

요즘은 과거와 달리 모바일에 익숙해진 30~40대도 해외직구를 이용한다. 가족 단위의 소비자들은 아이를 위한 옷이나 장난감을 비롯해 건강식품이나 주방용품까지 해외직구를 통해 구매하고 있다.

관세청 자료에 따르면 해외 직접구매는 2010년 318만 회, 2억 4,200만 달러에서 2011년 500만 회, 4억 3,100만 달러로 크게 증가했다. 한·미 자유무역협정FTA이 발효된 2012년에는 720만 회, 6억 4,200만 달러로 급증했다. 국내 최대 규모의 배송대행업체로 알려진 몰테일(Malltail)의 2012년 매출은 200억 원을 넘었다. 금융감독원에 따르면 몰테일의 법인인 메이크샵앤컴퍼니의 매출은 2011년 114억에서 211억으로 2배 가까이 늘었다. 또한 2013년의 매출액은 무려 400억 원에 육박했다. 매년 2배 가까이 성장하고 있다는 얘기다. 국내에 불고 있는 해외직구 열풍을 보여주는 단적인 예이다.

외국에서 결제할 때 비자나 마스터 브랜드에 붙는 국제카드 수수료 1%를 내지 않아도 되는 비씨글로벌카드가 폭발적인 인기를 끈 것도 이런 이유 때문이다. 2011년 발급되기 시작한 이 카드는 2013년 11월 기준으로 400만 좌를 돌파했다. 최근에는 아마존(Amazon)에서 결제하는 건에 한해 배송비 무료행사를 진행하여 큰 호응을 얻었다.

이러한 상거래가 왜 생겼을까. 해외 브랜드 제품은 국내에만 들어오면 가격이 비싸진다. 국내 소비자들에게는 비쌀수록 잘 팔린다는 잘못된 인식 때문이다. 하지만 요즘 소비자는 가만히 있지 않는다. 원하는 제품을 원하는 가격에 살 수 있을 때까지 움직인다. 이것이 해외 직접 구입, 즉 해외직구가 늘고 있는 이유이다.

소비자들이 인터넷 사이트에서 물건을 구입할 때 가장 일반적인 방법은 인터넷을 이용한 결제 서비스인 페이팔(Paypal)을 통해 지불하고, 국내 배송대행업체에서 제품을 받는 방식이다.

해외 웹사이트 중에는 한국어로 표기가 되어 있거나 한국으로 직접 배송을 해주는 곳도 적지 않다. 일정 금액 이상 구매하면 무료 배송까지 해준다. 가격은 국내 수입 가격과 비교하면 절반 이상 저렴하다. 간혹 해외에 거주하는 유학생이나 한인들의 블로그나 카페를 통해 구매하기도 한다.

해외직구가 늘어나는 가장 큰 이유는 가격 때문이다. 한ㆍ미 FTA, 한ㆍ유럽연합(EU) FTA 발효로 관세 장벽이 낮아졌음에도 국내에 들어오는 수입 제품 가격은 여전히 높다. 2013년 대한상공회의소가 소비자 1,650명을 대상으로 실시한 설문조사 결과에 따르면 응답자 91.3%가 "FTA 체결 이후에도 해외브랜드 상품 가격은 동일하거나 증가했다"고 밝혔다. 최근에 유럽 명품업체들이 일제히 가격을 올려 소비자의 원성을 사기도 했다.

이런 상황에서 해외직구를 통한 제품 구입은 물류 배송비를 감안하더라도 실보다 득이 많다. 해외 유명 브랜드 제품을 현지 온라인 사이트에서 직접 구매하면 절반 또는 그보다 저렴하게 구매할 수 있어서이다. 요즘은 해외직구와 관련한 다양한 커뮤니티가 생기고 있다. 그곳에서는 사전에 제품을 미리 사용해본 소비자의 후기와 해외 사이트의 '핫딜', '마감세일(clearance sale)' 등의 할인 정보가 빠르게 업데이트되고 있다.

해외직구로 인해 국내 오프라인 유통업체는 온라인몰과 가격 경쟁을 넘어 해외직구라는 경쟁자까지 의식해야 한다. 아직까지 그다지 심각한 수준은 아니지만 추후 해외직구가 더욱 확산되면 국내 소매시장이 일정 부분 잠식될 수 있을 것이다. 해외직구나 모바일 쇼핑, 홈쇼핑, 아울렛 등은 모두 같은 개념이기 때문에 가치 소비가 인기를 끌수록 수입 브랜드나 정통 오프라인 업체가 영향을 받는다.

이런 와중에 아마존의 국내 진출이 진행되고 있다. 해외직구가 가장 많이 이루어지는 해외사이트 중 하나가 아마존이기 때문에 어떤 형태로 진출하든 국내 유통업계가 타격을 입을 수밖에 없다. 간소한 환불 절차라든가 별다른 프로그램 설치가 필요 없는 결제시스템은 국내 업체들이 따라가기 어려울 정도다. 2012년 기준으로 아마존 회원 수는 1억 7,000만 명을 돌파하였다. 미국에서만 매달 1억 1,000만 명이 방문하고 있는데, 이는 미국 인구의 약 3분의 1 정도가 아마존을 방문한다는 얘기이다. 이외에도 유통시장을 흔들 변수는 수없이 많다. 모두 해외직구로 인해 파생된 변수들이다.

또한 중국의 알리바바(Alibaba) 역시 전자상거래 분야에서 미국 아마존에 버금가는 속도와 경쟁력을 갖춘 글로벌 기업이다. 플랫폼 자체가 영어로 되어 있고, 궁금한 것을 물어보면 공급자가 웹 메신저 채팅을 통해 실시간으로 대응해준다. 고객도 중국에만 한정되지 않고 세계 곳곳에 퍼져 있다. 주력 서비스인 알리바바닷컴에서 중국 고객 비중은 40% 미만이고, 나머지는 미국이나 일본, 한국 등이 차지하고 있다. 2012년 말을 기준으로 세계 280만 개의 기업이 이곳을 통해 제품을 판매 중이며, 세계 3,670만 명이 이 사이트를 통해 거래하고 있다. 또한 미국의 이베이나 한국의 G마켓과 비슷한 소비자 간 직접 전자상거래(C2C) 사이트인 '타오바오'가 있다. 중국인 대상 브랜드 쇼핑몰인 '티몰(TMall)'도 운영 중이다.

« 아마존의 인터넷 광고시장 진출

아마존은 광고업계의 잠자는 거인으로 불린다. 인터넷 최대 쇼핑몰을 운영하면서 엄청난 소비자 쇼핑 패턴 데이터를 보유하고 있지만 그동안 광고에 적극 활용하지 않았기 때문이다. 오늘날 기업 마케팅에서 데이터는 무시할 수 없는 자산이며 아마존은 그 보고라고 불린다. 아마존은 그간 광고 비즈니스에 별 관심이 없었지만 앞으로는 보다 적극적으로 진출할 것으로 전망된다.

아마존은 지금껏 자사 웹사이트에서만 광고를 게재해왔지만 최근에는 일부 대규모 광고주를 위해 축적한 데이터를 이용한 타깃 광고 서비스를 제공하면서 인터넷 광고대행사로 발돋움할 수 있는 초석을 마련하였다.

아마존이 2013년 착수한 모바일 광고 네트워크는 애플 아이폰과 구글 안드로이드 단말기 등 스마트폰이나 태블릿 PC 전용 앱을 통해 광고를 전개하고 있다. 광고 비즈니스는 인터넷 쇼핑보다 이익률이 높아 새로운 수입원이 되기에 충분하다. 인터넷 광고 수익률은 20~30%로 아마존 인터넷 쇼핑 수익률인 5% 이하보다 훨씬 높다. 구글이나 페이스북 등 인터넷 광고계의 선도 기업에게도 오랜 쇼핑 데이터를 축적하고 있는 아마존은 위협적이다. 어떤 고객이 언제 무엇을 구입했다는 데이터는 광고주의 관심을 끌기에 충분하기 때문이다.

미국의 시장조사기관인 이마케터(eMarketer)의 통계 자료에 따르면 2013년 미국 인터넷 광고시장은 TV광고 매출을 앞질렀다. 미국의 신문 광고는 2005년 이후 매출이 지속적으로 하락했다. 2010년 인터넷에 순위를 내준 이후에도 저하가 계속되어 2012년에는 전년 대비 6.3% 감소하였다.

반면에 인터넷 광고시장에서는 구글이 매출액 점유율 39.9%를 획득해 1위를 차지했다. 이어서 페이스북의 점유율은 7.4%이다. 그리고 마이크로소프트가 5.9%, 야후 5.8%, 인터액티브코퍼레이션(IAC) 2.5%의 순이다. 미국 인터넷 광고업계는 이들 5개사가 전체 광고시장의 3분의 2를 점유하고 있지만 앞으로 쇼핑 패턴 데이터를 갖춘 아마존이 이러한 시장 판도에서 빠르게 두각을 나타낼 것으로 보인다.

아마존은 지금껏 인터넷 광고 사업 부문 실적을 발표하지 않고 있지만 아마존의 광고 부문 매출은 2013년 10억 달러에 이를 것이라고 추측된다. 한 해 매출 750억 달러에 비하면 미미한 숫자이지만 시장 점유율을 늘리면 중요한 수입원이 될 수 있다.

아마존의 독특한 기술은 제3자 사이트에 리얼타임으로 광고를 게시할 수 있다는 데 있다. 아마존은 소비자의 검색 및 쇼핑 정보를 15년간에 걸쳐 축적하여 이것을 바탕으로 제품을 판매하고 있는데 이러한 데이터를 이용하면 광고 범위는 물론 최적의 사이트를 통해 맞춤 광고를 게재할 수 있다.

예를 들어 미국의 대형 영화사는 2012년 아마존과 함께 개봉에 맞춘 광고를 전개하였다. 아마존은 자신들이 소유한 DVD나 책, 음악 등의 구입 이력을 바탕으로 영화를 볼 만한 고객을 조준한 결과 광고의 노출 횟수(impression : IMP)[20]나 클릭 수에서 평균을 웃도는 효과를 보였다. 이처럼 고객 정보로 무장한 아마존은 광고범위 거래에서 강한 면모를 드러낸다. 또한 광고주에게 광고 범위 내에서 클릭 수가 많다는 확신을 줄 수 있고, 타깃 광고의 수준이 높기 때문에 높은 광고료를 받을 수 있다.[21]

나아가 아마존은 갈수록 커지는 모바일 인터넷 쇼핑몰 시장을 위한 모바일 애플리케이션 광고를 강화하고 있다. 소비자가 특정 모바일 앱에 실린 광고를 보고 상품을 구매했을 경우 해당 앱 개발자에게 최대 6%의 수수료를 지급하도록 하는 광고 프로그램이다. 스마트폰을 이용한 온라인 쇼핑

---

20) 임프레션은 노출 수로 웹사이트 방문자에게 배너 광고가 보여진 횟수를 말한다. 배너 광고를 보고 난 후 재접속해도 계속 노출 수가 추가된다.

21) KT경제경영연구소, 『국내 모바일 커머스 시장 규모에 대한 예측』, KT경제경영연구소 연구보고서, 2011 참조.

비중이 갈수록 커지면서 온라인 쇼핑의 최대 격전지로 부상한 모바일 시장을 잡기 위한 방안으로 풀이된다. 최근 아마존이 새롭게 선보인 광고 프로그램은 구글의 안드로이드 운영체제를 이용하는 모바일 기기의 앱에 적용되도록 설계하였다. 자체 개발한 킨들 파이어(Kindle Fire) 태블릿 PC도 마찬가지다. 아마존은 태블릿 PC뿐 아니라 전용 스마트폰도 개발 중인 것으로 알려졌다.

2

인터넷 광고 개론

1. 새로운 광고 미디어로 출현한 인터넷

2. LTE와 광고 접촉 태도의 변화

3. 인터넷 광고의 특징

4. 광고 효과의 증대가 가능한 타기팅 기법

인터넷 광고

—

Internet Advertising

1. 새로운 광고 미디어로 출현한 인터넷

« 인터넷 광고의 영향력 확대

인터넷 광고는 인터넷을 통해 소비자에게 직접 도달하는 광고이다. 기존의 TV나 신문, 라디오를 통한 광고와는 달리 최소 비용으로 차별화된 광고가 가능하다. 소비자가 인터넷에 접속하고 있을 때 노출되기 때문에 더욱 상세한 정보를 알고 싶다면 즉시 광고주 웹 사이트에 접속할 수 있다. 이처럼 순간적인 행동을 취할 수 있다는 점이 다른 미디어에서는 찾아볼 수 없는 특징이다. 이러한 이유로 인터넷 광고는 넷 비즈니스나 넷 광고 캠페인의 현관으로서의 역할을 다하고 있다.

기업은 적은 비용으로 많은 소비자를 만날 수 있으며 고객의 반응도 파악할 수 있다. 그리고 광고주와 소비자가 상호작용을 할 수 있을 뿐 아니라 수시로 수정이 가능하고 광고의 빈도나 효과를 측정하기도 용이하다. 인터넷 광고는 인터넷 인구의 급증에 따라 미디어로서 가치가 높아져 시장이 급성장하고 있다.

KT 경제경영연구소의 연구보고서[1]에 따르면 한국의 인터넷 광고시장은 점차 성장하는 추세다. 국내 광고시장 규모는 2011년 9조 6,000억 원, GDP

의 약 0.8%이며, 그중 인터넷 광고시장은 2007년 13%에서 2011년 20%로 성장했다. 2011년 대표적인 포털 네이버를 운영하는 NHN의 광고 매출은 1조 4,000억 원으로 국내 매체사 중에서 유일하게 1조 원 이상의 매출을 달성했다. 보고서는 향후 모바일과 인터넷 광고시장이 4대 매체를 능가할 것으로 전망하고 있다. 이는 결국 모바일과 인터넷 광고의 성장세가 두드러지고 있음을 보여주는 것으로, 앞으로 기업이 모바일과 인터넷 광고시장에 더욱 적극적으로 참여할 것으로 예측된다.

인터넷과 모바일 광고시장의 성장을 견인하는 힘은 크게 세 가지다. 첫째, 소셜 웹을 활용한 참여형 소비로의 이용이 확산되면서 미디어 이용 시간과 광고비 지출 간 불균형이 해소될 것이다. 국내 매체별 소비 시간과 광고 취급액의 비중에서 인쇄 매체와 모바일 사이에는 심한 불균형이 존재하며, 향후 균형을 맞춰간다면 모바일 광고시장에서 약 1조 5,000억 원 이상의 시장이 창출될 수 있다.

둘째, 미디어믹스의 변화로 대중매체 내지 대안매체(paid media)와 온드 미디어(owned media), 언드 미디어(earned media)가 각광받고 있다.

셋째로, 광고 플랫폼의 기준에서 중요시되는 투자 수익률(return on investment : ROI)이 높아졌다. 크로스미디어 광고 효과에 대한 광고주의 니즈가 증가했는데, 모바일의 광고 ROI가 케이블 TV에 비해 최대 10배 이상 우수한 것으로 나타났다.

한국언론진흥재단(Korea press foundation)[2]의 조사 발표에 의하면 2012년 국내 광고시장 규모는 전년 대비 2.2% 성장한 9조 7,706억으로 그중에

---

1) KT경제경영연구소, 『국내 모바일 커머스 시장 규모에 대한 예측』, KT경제경영연구소 연구보고서, 2011 참조.

2) 한국언론진흥재단은 신문발전위원회, 한국언론재단, 신문유통원을 통합하여 2010년 2월 출범한 문화체육관광부 산하 준정부기관이다. 국내 신문 · 방송 · 통신 · 뉴미디어 등 언론매체에 종사하는 언론인들의 전문성 제고, 언론 산업 발전을 위한 조사 · 연구, 언론인의 복지증진 등을 목적으로 한다.

서 인터넷 광고는 점유율 19.8%인 지상파TV를 누르고 전년 대비 5.3% 증가한 1조 9,540억, 점유율 20.0%로 1위의 광고매체가 되었다. 모바일 광고 시장은 250% 증가한 2,100억으로 점유율 2.1%로 나타났다. 인터넷을 이용한 광고는 소비자와 기업 사이의 의사소통을 쌍방향과 개인 대 개인, 그리고 낮은 비용으로 해결할 수 있는 새로운 수단으로 제시되고 있다.

소비자를 대상으로 한 인터넷의 활용은 크게 두 가지로 볼 수 있는데, 하나는 인터넷을 활용해 제품이나 서비스를 판매하는 판매 채널이고, 다른 하나는 소비자와 기업을 연결하는 인터랙티브 미디어(interactive media)로서의 활용이다. 후자는 소비자와 기업 간 일대일의 강도 높은 커뮤니케이션을 통해 개인의 정보를 수집하고 분석하여 광고주에게 제공하는 유통정보 서비스이다.

« TV 광고의 소구력을 보완하는 인터넷 광고

급속하게 빠른 진화를 거듭하고 있는 인터넷 광고를 언급하기에 앞서 먼저 그 구조에 대해 살펴볼 필요가 있다. 인터넷 광고의 발전은 결코 우연 때문이 아니라 애초부터 지닌 구조적인 요인에서 비롯된 것이다.

인터넷 광고를 분류하면 크게 배너 광고, 텍스트 광고, 이메일 광고, 스폰서십, 온라인 이벤트 등으로 나눌 수 있다. 그러나 광고매체로서 가치가 있는 웹사이트, 즉 인터넷 미디어는 여덟 개 정도이다. 브라우저 표준 페이지, 검색 사이트, 뉴스 사이트, 전문정보 사이트, 엔터테인먼트 사이트, 커뮤니티 사이트, 프로바이더계 사이트, 그리고 최근 관심이 높아지고 있는 애드 네트워크 사이트이다. 이것들은 모두 방대한 수의 사용자를 확보하고 있거나, 문장 내용 지향의 타기팅이 가능하다든가, 아니면 이용자의 시청 시간이 길다는 등 광고 미디어로서 저마다 독특한 특징을 가지

고 있다.[3]

한편으로 최근 들어 대다수 광고주들이 TV 광고의 효과가 예전만큼 못하다고 느끼고 있다. 물론 원했던 프로그램의 시청률이 높게 나오지 않을 수도 있지만 아직도 TV이 광고 매체로서 가장 강력하고 효과적인 것만은 부인할 수 없다. 그럼에도 불구하고 대부분의 광고주는 효과가 줄어들고 있다고 여긴다.

TV 스폿의 구매는 GRP(gross rating point)라는 지표를 이용해 1포인트당 요금을 설정하는 것이 일반적이다. 그러나 10년 전과 비교하면 비용 대비 효과가 많이 떨어지고 있다. 다시 말해 도달하는 양은 비슷하지만 상당수가 TV 광고를 시청하지 않는다는 사실이다. 확실한 원인은 입증되지 않았지만 몇 가지 추정이 가능하다.

가장 큰 이유는 인터넷의 생활화이다. 하나의 전송매체에 여러 개의 데이터 채널을 제공할 수 있는 광대역(broadband) LTE의 보급으로 더욱 현저해졌다. 현재 통신사마다 소비자의 생활 패턴에 맞춘 다양한 상품을 내놓고 있다. 통신사에서 단독 혹은 결합 요금제로 만든 다양한 상품을 선정하면 저렴한 비용으로 다양한 콘텐츠를 실시간 이용할 수 있다. 또한 다양한 기기들로 인해 인터넷의 접촉 시간대가 바뀌고 있다. 그래서 가정에서 인터넷으로 접촉하여 웹페이지를 열람하거나 메일을 주고받는 시간대는 TV의 이른바 골든타임과 겹칠 수밖에 없다.

요즘 대부분의 가정이 TV와 컴퓨터를 소유하고 있고 스마트폰은 손닿는 곳에 있다. 뿐만 아니라 다양한 모바일 기기를 통해 인터넷으로 방송을 시청할 수 있다. 일종의 더블윈도 현상이다. TV의 수동적인 시청과 능동적인 인터넷 시청이 동시에 이뤄지면 사용자의 마인드는 어느 한 쪽으로 전환된다. 그래서 광고가 이전의 토일렛 타임에서 웹이나 메일 타임으로 변해버

3) 인터넷마케팅연구회, 이명수 역, 『인터넷 광고 2000』, 중앙 M&B, 2000, 115쪽.

렸다고 볼 수 있다. TV 광고 역시 소리로는 듣겠지만 눈으로는 보지 않는 현상이 되었다.

TV 시청 태도가 소파에 앉아 리모컨만 누르던 시대를 지나 연결과 융합으로 확장되고 있는 것이다. 요즘은 출근길에 휴대전화로 보던 드라마를 점심시간에 직장 PC로, 퇴근 후 TV로 계속 이어서 보는 N-스크린을 이용한다. 또한 인터넷 스트리밍을 통해 다양한 콘텐츠를 TV로 불러내 시청하는 오버더톱(over the top : OTT)과 휴대전화를 큰 화면의 TV에 연결해 사용하는 미러링(mirroring)도 있다.

시청률이라는 데이터에 대해서도 보다 높은 질을 추구하자는 요구가 많다. 하지만 질을 어떤 지표로 나타내야 하는지는 어려운 문제이다. 그리고 프로그램과 광고의 시청 태도가 다른 점도 어떤 관점으로 봐야 하는지 방향성조차 명확하게 제시되어 있지 않다. 세대별 시청률과 개인의 시청률을 비교하면서 단순하게 세대별 시청률만을 기준으로 하고 있다는 문제점이 드러났을 뿐이다.

한때 가족 전원이 거실에 모여 TV 프로그램을 즐겼던 시대와 비교하면 지금은 가족들이 제각각 TV이나 카카오톡, 인터넷 게임, 이메일을 하는 풍경이 일상화한 지 오래다. TV는 켜져 있지만 실제로 잘 전달되고 있는지 의문이 드는 것은 당연하다. 현재 일어나고 있는 이러한 현상을 결코 가볍게 취급할 문제가 아니다.

프로그램 단위 시청률은 매주 등락을 거듭하지만 전체 시청률은 꾸준히 하락하고 있다. 2013년 닐슨코리아가 분석한 지난 시청률 10년의 추이를 보면, 2002년에 비해 2012년의 평균 시청률이 9.6%포인트 떨어진 것으로 나타났다. 특히 20대의 시청률은 10년 전에 비해 거의 60%나 하락했다. 20대는 방송사와 광고주 모두에게 양질의 시청자다. 그런데 그들의 절반 이상이 어디론가 증발해버린 것이다. 30~40대 시청률도 크게 떨어졌다. 이제 제시간에 TV 앞에 남아 있는 사람들은 50대 이상 중장년층과 주부들 정

인터넷 광고 개론

도이다.

외국의 상황도 마찬가지이다. 2012년 말『뉴욕타임스』는 미국의 18~49세 그룹의 TV 시청률이 사상 최저 수준으로 떨어졌다고 보도했고, 방송사는 수익 악화로 골머리를 앓고 있다. 예전에는 청소년들이 TV를 지나치게 시청하는 것을 우려해 '바보상자'라고 부르기도 했다. 하지만 지금은 TV만 쳐다보는 10대야말로 시대에 뒤떨어진 문맹 취급을 당한다. 그 자리를 컴퓨터나 모바일의 페이스북, 카카오톡이 대신하고 있다.

요즘 지상파 TV의 시청률은 바닥이 없다. 평일 황금시간대 프로그램 중에서 3%대를 기록하는 사례도 흔하다. 종편이나 다수의 케이블 채널 등으로 볼거리가 많아진 요즘은 지상파 프로그램도 한순간에 시청률이 무너질 수 있다.

2014년 초 시청률 조사업체 닐슨코리아에 따르면 '한국방송(KBS)' 예능 프로그램의 평균 시청률은 3.1% 정도였다. 아무리 인기 있는 출연자를 내세워도 좀처럼 5%를 넘지 못한다. 다른 방송사의 예능 프로그램들도 마찬가지이다. 이런 현상은 케이블 채널 등으로 인해 볼거리가 많아진 데다 스마트폰과 태블릿 PC를 이용한 동영상 시청 수단인 N-스크린 이용이 늘고 있기 때문이다. 그리고 시청자의 선택 폭이 넓어지면서 프로그램 선택에 냉정해졌다고 볼 수 있다. 볼거리가 많지 않던 과거에는 재미없어도 마냥 TV를 틀어놓고 보는 경우가 있었지만 대체재가 많아진 요즘은 사정이 다르다. 다시 말해 지상파 채널이라는 프리미엄이 퇴색하고 있는 것이다. 다양한 프로그램들이 경쟁하면서 최고라는 프리미엄 또한 약해지고 있다.

『파이낸셜타임스(Financial Times : FT)』[4]는 국제 광고시장에서 30년간 꾸준히 성장세를 지속해온 TV의 영향력이 약해지고 있다고 보도했다. 최근 몇 년간 마케팅 담당자들이 인쇄매체 대신 디지털 광고에 집중해온 와중에

---

4)　영국『파이낸셜타임스』의 2013년 12월 9일자 기사 참조.

도 대중에의 접근성 때문에 TV이 자기 몫을 지킬 수 있었지만 상황이 변했다는 지적이다. 미국의 미디어 전문 대행사인 제니스옵티미디어(Zenith Optimedia)는 세계 광고시장에서 TV가 차지하는 몫이 2013년에는 지난 30년간 최고점인 40.2%였지만, 2016년에는 39.3%로 떨어질 것으로 전망했다. 디지털 미디어가 TV의 독보적 위상을 조금씩 떨어뜨리고 있다.

현재 미국에서는 약 500만 세대가 하드디스크드라이브(HDD)레코더를 소유하고 있으며, 그중 68%가 타임시프트(time shift)를 실행하여 77%가 TV 광고를 지나치고 있다. 따라서 700억 달러에 달하는 미국 TV 광고비 중에서 대략 3%에 해당하는 12억 달러가 무용지물이 되었다는 계산이다. 타임시프트는 방송시간에 관계없이 시청할 수 있는 것을 말하며, 녹화하여 원하는 시간에 보거나 녹화하면서 시청할 수 있다. 예를 들어 8시 뉴스를 본다면 정시에 녹화를 시작해 8시 10분경 녹화한 것을 본다. HDD레코더는 녹화하면서 재생도 가능하기 때문에 몇 분 정도 늦게 보며 광고만 넘겨버리는 것이다. 그렇게 하면 마지막에는 거의 리얼타임으로 같은 시각의 방송을 다 볼 수 있다.

미국의 시장조사기관인 라이라 리서치(Lyra Research)사가 실시한 HDD 레코더 사용자에 대한 조사에 따르면 10%의 사용자가 33% 이상의 프로그램을 녹화하면서 본다고 하였다. 그리고 38%는 모든 광고를 그냥 넘기고 있다고 한다. 설문조사 전문기관인 인사이트 익스프레스(Insight Express)사의 조사에서도 유사한 결과가 있다. 처음 보는 TV 광고는 넘기지 않지만 이전에 본 적이 있는 광고는 그냥 지나치려는 경향이 있다는 분석이다. 특히 45.4%는 처음 보는 TV 광고를 2~3초 동안 넘기지 않기 때문에 광고를 보도록 만들기 위해서는 항상 새로운 광고를 내보내야 한다는 지적이다.

그렇다면 프리퀀시(frequency), 즉 접촉 빈도를 지표로 하는 TV 광고 효과 모델은 쓸모없는 것이 된다. 두 번째부터는 봐주지 않기 때문에 어쩔 수 없다. 그렇다면 광고 효과를 무엇으로 대체할 수 있을까. 일부에서는 간접 광고(product placement : PPL)를 거론한다. 광고가 직접적인 전달 효과가 없다면 차라리 프로그램 속에 상품을 등장시키자는 쪽이지만 광고라는 스케일로 봤을 때 무모한 발상이다.

따라서 TV 광고의 대체 미디어로 내놓을 수 있는 것이 '인터넷 광고'이다. TV 광고가 지닌 표현력을 인터넷으로 옮길 수 있다면 대체 미디어로서 충분하다. 인터넷은 커뮤니케이션 미디어로 트랜잭션한 성격 때문에 다이렉트 마케팅으로 활용되지만 엄청난 가능성을 지닌 광고 미디어임에는 부인할 수 없다.

《 광고 효과를 최적화하는 옵티마이즈

같은 예산으로 광고 효과를 최대화하는 옵티마이제이션(optimization)은 인터넷 광고에서 나온 단어이다. 그동안의 실적을 기초로 이후의 출고를 개선할 뿐만 아니라 캠페인 도중에도 실시간 수정을 거듭하여 효과와 효율을 높일 수 있다. 또한 캠페인의 효율을 최대화하기 위해 잘못된 임프레션에 투하하지 않도록 프리퀀시를 제한하거나 광고 매체의 선택이나 타기팅, 출고 패턴 등을 최적화할 수 있다.

옵티마이즈 전송기술을 가진 기업 중에 포인덱스터 시스템(Poindexter System)사가 있다. 이곳은 소비자의 IP주소와 지역, 관심과 기호, 그리고 라이프스타일 등과 같은 사이코 그래픽 정보로 온라인 캠페인을 최적화하는 프로그레시브 최적화(progressive optimization) 서비스를 제공한다. 광고주는 데이터를 분석하여 미디어와 브랜드에 따라 광고 캠페인을 최적화할 수 있다.

미디어 최적화(media optimization)를 하면 타깃을 사전에 몇 가지의 세그먼트로 분류하여 리스폰스가 가장 높은 세그먼트에게 광고를 전송할 수 있는 매체나 광고 스페이스를 선택할 수 있다. 구매도가 높은 사용자가 액세스하는 미디어나 시간대, 지역, 적정 프리퀀시 등을 분석하여 타기팅된 매체 구입이 가능하다. 그래서 광고주는 보다 높은 리스폰스를 기대할 수 있다.

최적화를 통한 타기팅 방법의 하나로 접촉 시간대별 광고 전송이 있다. 기본적으로 TV 스폿의 출고 방법과 같다. 통상 인터넷 미디어의 시간대 구분으로 데이파트(daypart)가 있다. 온라인 데이파트는 각기 특징적인 접촉 사용자층과 모드를 갖고 있다. 만약 인터넷을 고객 획득 채널로서 활용하면서 연속적인 사용자 행동을 기대한다면 사용자의 모드를 고려한 시간대는 타기팅의 중요한 요소이다.

그 밖에도 아틀라스 DMT(Atlas DMT)는 잘못된 임프레션을 전송하지 않도록 외부의 전송 프리퀀시 리포트를 분석하여 악의적인 노출을 봉쇄할 수 있는 전송 빈도의 제한, 즉 프리퀀시 캡(frequecy cap)을 설정하고 있다. 그 결과 사용자에게 같은 광고를 반복하여 전달하는 낭비 없이 새로운 사용자에게 보낼 수 있다. 그러나 같은 업종이라도 원하는 프리퀀시가 다르기 때문에 광고주별로 데이터를 분석하여 각기 최적의 프리퀀시를 이끌 필요가 있다. 그래서 비용 대비 효율이 가장 좋은 프리퀀시와 수익이 최대치가 되는 프리퀀시와의 비교 검증을 실시하는 것이다.

광고 접촉 빈도 측면에서 보면 배너와 플로팅 광고도 나름의 프리퀀시 컨트롤을 하고 있다. 광고 접촉 빈도를 조절하는 것은 어떤 광고에 대해 한 명의 시청자가 보는 횟수를 2회까지 등으로 한정하는 것을 말한다.

애드서버에서는 광고를 전송하는 브라우저를 개별로 인식하게 되어 있다. 광고의 리퀘스트를 건 브라우저가 처음 광고를 전송하는 것인지 아니면 2회나 3회째인지 스스로 인식하여 만약 한 사람에게 2회까지라고 제한을 걸면 3회째의 광고 전송은 이루어지지 않는다. 결국 광고 접촉자는 프리퀀시가 1회와 2회인 사람에게 한정된다. 이것을 임프레션 보증 형태로 매입하면 한 사람에게 같은 광고를 몇 번이나 보여주는 낭비 없이 많은 사용자에게 전달할 수 있다.

최근 들어 인터넷 광고에서는 고화질의 동영상을 많이 활용하기 때문에 사전에 리치와 프리퀀시를 설정하면 특정된 예산에서 최대한 효과를 높일 수 있다. 만약 프리퀀시 컨트롤을 1회로 설정하면 모든 광고 접촉자의 접촉 빈도를 1회씩으로 하거나 리치의 최대 투하도 가능하다. 이럴 경우 평균 빈도라는 개념은 무시된다. 이론적으로 광고 표시 횟수가 광고 도달 횟수가 되기 때문이다.

종래 미디어에서는 인위적으로 리치와 프리퀀시를 컨트롤한다는 것은 불가능했다. 그런 의미에서 인터넷 광고는 가히 혁명적이다. 처음 배너 광고가 출연했을 때만 해도 별다른 관심을 끌지 못하였다. 그러나 점차 광고의 표현력과 TV 정도의 출고 목적을 가지게 됨에 이르러서야 획기적인 기능으로 주목받기 시작하였다.

2. LTE와 광고 접촉 태도의 변화

« 매체 가치가 상승하는 인터넷

인터넷은 광대역 LTE, 즉 4세대 이동통신의 상용화로 미디어로서의 자리를 공고히 하고 있다. 광대역 LTE는 초고속 인터넷의 동의어로 주파수가 넓을수록 속도가 빨라지지만 주파수 대역의 개수에 따라 다르다. 1개의 주파수 대역의 폭은 10mHz이며, 속도는 최대 75Mbps이다. LTE-A는 CA(carrier aggregation)라는 주파수 집성 기술을 통해 서로 떨어져 있는 2개의 주파수 대역을 하나로 묶어 사용하는 것이다. 따라서 각 75Mbps 속도의 대역 2개를 묶어 최대 150Mbps의 속도를 내는 것이다.

LTE 주파수를 고속도로, 대역폭을 차선, 그리고 데이터를 차량이라고 생각하면 이전에 비해 단위시간당 취득 정보량이 증가할 수밖에 없다. 1명당 접속 빈도는 이전보다 50배 이상 빠르고, 700MB 용량의 영화 1편을 1분 안에 내려받을 수 있다. 고화질 영상과 게임 등 온라인 환경에서 즐길 수 있는 모든 서비스를 이동 중에 이용할 수 있다.

인터넷은 어느새 TV에 이어 두 번째의 미디어가 되었다. 요즘 들어 계층을 불문하고 압도적인 2위를 차지하고 있다. 인터넷은 광대역 LTE로 인해 신문이나, 잡지보다 접촉률이 100배 정도 높아졌다. 그렇지만 LTE의 보급이 일상화된 요즘 이 수치는 큰 의미가 없다. 그러나 능동적 사용자와 1명당 접촉량, 그리고 단위시간당 정보량의 증가로 인터넷의 가치가 증대된 것만은 분명하다. 광고 미디어는 도달량이 중요하기 때문에 사용자의 확대만으로도 가치의 상승으로 이어질 수 있다. 인터넷 이용자도 초창기의 20대, 30대에서 점차 모든 연령층으로 확대되고 있는 추세이다.

미래창조과학부와 한국인터넷진흥원이 한국의 인터넷 이용 현황과 환경 등을 분석한 '2013 인터넷이용실태조사' 결과에 따르면 2013년 이용자 수가 4,008만 명을 기록했다. 그중에서 스마트폰을 보유한 가구는 전체 가구의 79.7%에 달했다. 2012년 65.0%보다 14.7%포인트 높아졌고, 2011년의 42.5%보다는 2배 가량 성장하였다. 특히 장소에 구분 없이 인터넷을 사용하는 비율은 91.0%로 작년보다 32.7%포인트 급증하였으며, 스마트폰과 스마트패드 등 스마트 모바일 기기 보유율은 71.6%로 7.9%포인트 증가했다. 반면 컴퓨터 보유율은 80.6%로 1.7%포인트 떨어져 2004년 이후 처음으로 하락하였다.

흥미로운 것은 인터넷 서비스 분야도 모바일 중심으로 재편됐다는 점이다. 이메일 이용률은 60.2%로 24.6%포인트 떨어진 반면, 카카오톡, 라인 등 모바일 중심의 인스턴트 메신저 이용률은 82.7%로 22.6%포인트나 늘었다. 인터넷 뱅킹 이용자 중 모바일 뱅킹 이용 비율이 2012년 29.2%에서 2013년에 65.4%로 증가했고, 인터넷 쇼핑 이용자 중 모바일 쇼핑 이용 비율도 23.8%에서 43.2%로 나타났다.

인터넷은 광대역 LTE의 등장으로 종래 매스미디어와 비교해 접촉 시간이 크게 증가하였으며 결과적으로 미디어로서의 가치 측면에서도 주목을 받고 있다. 인터넷 이용자가 지속적으로 증가하는 가운데 인터넷 이용도 모바일로 급격히 전환되고 있기 때문에 새로운 시장 환경에 적절히 잘 대응하는 기업이 보다 높은 성과를 창출할 것이다.

매년 광고시장의 성장에도 불구하고 방송이나, 신문, 라디오, 잡지 등 기존 미디어의 하향세는 뚜렷해졌다. 문화체육관광부와 한국콘텐츠진흥원이 광고 산업 현황을 분석한 '2013년 광고산업통계' 조사에 따르면 우리나라 광고 산업 규모는 12조 4,838억 원으로 집계되었다. 이는 2011년 12조 1,727억 원보다 2.6% 증가한 수치이다. 광고산업시장은 지난 2006년 이후 9조 원대를 유지하다가 2008년 세계 금융위기를 맞으며 잠깐 주춤하였지만, 2010년부터는 10조 원대로 올라서면서 꾸준한 상승세를 보이고 있다. 매체별 광고비는 8조 7,280억 원으로 전체 광고산업의 70%를 차지하고 있다. 이 가운데 TV를 비롯한 신문이나 라디오, 잡지 등 이른바 4대 매체의 취급액이 3조 5,168억 원으로 나타났다. 2011년의 3조 6,421억 원과 비교할 때 점유율이 3.4%포인트 줄었다. 반면에 온라인과 모바일, 케이블, 위성, IPTV, DMB 등 이른바 뉴 미디어의 취급액은 3조 2,905억 원으로 2011년의 2조 8,794억 원에 비해 14.3%포인트나 증가하였다.

« 인터넷의 도달력

2000년대에 들어 인터넷메트릭스(Internet Metrix)사는 한·중·일 세 나라의 이동전화 이용실태를 조사하였는데, 무선 인터넷 접속 빈도는 일본이 48.5%로 가장 높았고, 한국 34.7%, 중국 20.9%인 것으로 나타났다. 일본의 경우 주 1회 이상 무선 인터넷 접속자의 비중이 전체 이용자의 80.1%를 차지하였으며 한국 64.8%, 중국 39.2% 등의 순이었다. 무선 인터넷을 날마다 사용하는 데일리 사용자는 일본 17.0%, 중국 15.3%, 한국 13.3%의 순이다. 무선 인터넷 이용은 한국의 경우 승차나 외출처럼 이동(35.8%) 중일 때 주로 이루어졌고, 일본은 가정(64.3%)에서 대부분 사용하였다. 이용하는 무선 인터넷 콘텐츠는 음악이 가장 많았지만 게임이나 영화, 대중교통 안내 등도 인기를 끌고 있다.

무선 인터넷의 성별 이용률 격차는 거의 없는 것으로 나타나 유선 인터넷 발전 초기를 남성이 이끌어온 점과는 대조되는 양상을 보이고 있다. 연령별 이용도는 고연령층으로 갈수록 하락하고 있으나 일본의 경우 그 하락폭이 한국에 비해 훨씬 작은 것으로 조사되었다. 이는 무선 인터넷 이용이 매우 보편화된 것으로 평가된다.

한국과 중국의 무선 인터넷 유료 사이트 이용 경험은 각 9.7%와 9.8%로 매우 낮은 것으로 나타났다. 하지만 일본은 무선 인터넷 이용자 중 절반 수준인 50.6%가 유료 사이트를 이용하고, 무선 인터넷 쇼핑 경험률은 한국이 1.2%, 일본은 11.6%였다.

무선 인터넷 이용에 따른 가장 큰 불만 요인으로는 3개국 공통으로 가격과 접속 및 데이터 전송 속도 등을 꼽았다. 전반적인 만족도는 한국이 상대적으로 높았으며, 중국이 가장 낮은 것으로 조사되었다. 아직까지 화면 구성이나 충실성 등 서비스의 질에 대한 구체적인 요청보다 인프라 측면에서 요구가 높았다. 만족하는 무선 인터넷 콘텐츠는 음악 듣기와 사진, 화상전화 등인 것으로 나타났다.

그렇다면 미디어 전체의 접촉 시간과 평가뿐만 아니라 실제 광고 도달과 원가당 성능, 그리고 투자 대비 효과를 비교한 코스트 퍼포먼스(cost performance)는 어떨까. 다음커뮤니케이션의 2013년 2분기 실적 발표에 의하면 매출은 전년 동기 대비 13.7% 증가했다. 그러나 영업이익은 21.3% 감소했고 당기순이익 역시 21.4% 감소했다. 다음의 매출 증가와 이익 감소는 검색 광고의 자체 플랫폼 전환 효과 때문이다. 따라서 검색 광고 매출이 확대되고 모바일 광고가 성장하였지만 영업비용 역시 증가하여 전년 동기 대비 26%나 늘었다. 검색 광고 매출은 자체 검색 광고 플랫폼 '클릭스'의 광고 영역 확대, 네트워크 사업 매출 증가, 모바일 검색 광고 성장에 힘입어 전년 대비 42.1% 성장을 기록하고 있다. 게임 매출도 채널링과 퍼블리싱 매출에 힘입어 3.5% 증가하였지만, 반면에 디스플레이 광고는 전년 대비 매출이 5.5% 감소하였다.

한국의 웹 브라우저 시장은 아직도 인터넷 익스플로러(Internet Explorer : IE)에 많이 의존하고 있다. 한국의 브라우저 시장에서 IE의 점유율은 76% 대로 세계 평균인 28%대에 비해 두 배 이상 높은데, 이는 금융거래의 경우 IE에만 있는 액티브X 기술이 필요하기 때문이다.

마이크로소프트의 윈도 시리즈가 모바일을 제외한 전 세계 PC 운영체제의 90%가량을 점유하고 있는 상황에서 일부 사용자들을 제외하고는 대부분이 윈도에 끼워 제공되는 IE를 쓰고 있다. 그리고 스탯 카운터(Statcounter)는 조회 수를 브라우저별 페이지뷰로 따지는 방식인 반면 넷 애플리케이션(Net Applications)은 사용자 수를 측정하는 순 방문자 수 방식이다.

그러나 요즘 대다수의 은행들은 구글의 브라우저 크롬(Chrome)과 모질라(Mozilla)의 파이어 폭스(Fire Fox)를 이용해 '오픈뱅킹 사이트'를 두거나 부가 프로그램을 설치하는 방법을 지원하고 있다. 옥션, YES24 등 온라인 거래 사이트도 마찬가지이다. IE에 비해 크롬은 속도 면에서, 파이어 폭스는 각종 부가 기능이 뛰어난 것으로 평가받고 있다. 다만 금융거래 등이 개선되었어도 일부 서비스는 여전히 IE만 지원하는 액티브X를 활용하고 있기 때문에 아직까지 100% 크롬이나 파이어 폭스만 쓰는 데는 한계가 있다. 기업체들이 보안 강화를 위해 쓰는 일부 가상 사설망(virtual private network : VPN) 서비스 역시 여전히 크롬이나 파이어 폭스로 쓸 수 없다.

한국은 월간 평균 700만의 브라우저를 액세스하고 226억 5,800만 페이지뷰를 소비하고 있다. 한 명당 평균 3시간 4분 54초간 접촉하면 평균 290.48페이지뷰라는 계산이 나온다. 이는 네이버나 다음 등 국내 인터넷 포털사이트 전체의 숫자인데, 톱 페이지만 보더라도 1주일에 3,160만 브라우저를 액세스하고 있다.

그러나 사이트 측이 서버의 액세스 로그로 파악하는 사용자 수는 브라우저의 수이기 때문에 동일인이 자택과 사무실 양쪽에서 액세스하면 별도의 사용자로 카운트된다. 그래서 다른 미디어와 비교하려면 중복 또한 고려해야 하겠지만 그렇다고 해도 월간 5,000만 명 아래로는 내려가지 않을 것으로 계산된다. 이 숫자를 TV와 신문으로 단순 비교한다는 것은 무리겠지만 도달력을 기준으로 본다면 1,000만 부가 발행되는 일간지와 비교해도 손색이 없다. 참고로 한국ABC협회는 국내 140개 일간 신문의 2012년도 현황 조사에서 『조선일보』가 발행 부수 176만 9,310부로 1위임을 발표하였다.

한편으로 TV 시청률 조사 방식도 획기적으로 달라질 전망이다. TV 수상기를 통한 실시간 시청률만 반영하는 현재 방식의 한계를 넘어서자는 뜻에서다. 방송통신위원회는 2015년부터 기존의 TV 시청률에 모바일 등 스마트 기기를 통한 시청률을 합산하는 통합시청률(total screening rate : TSR) 조사를 실시할 예정이다. 스마트폰과 PC를 통한 실시간 시청, 프로그램별 주문형 비디오(video on demand : VOD)에 의한 다시 보기를 아우르는 방식이다.

미디어 환경 변화에 따른 통합시청률 조사는 세계적인 추세이다. 노르웨이를 비롯한 덴마크, 스위스 등 유럽의 3개국은 2014년부터 통합시청률 조사를 실시하고 있으며, VOD를 시청률 조사에 포함시키는 나라가 21개국에 이른다.

영국의 시청률조사회사 칸타 미디어(Kantar Media)는 통합시청률 도입을 추진 중인 영국을 사례로 조사한 결과, BBC의 인기 드라마 〈닥터 후(Doctor Who)〉의 경우 전체 시청자의 58%가 본 방송, 42%가 다시 보기로 시청했다고 한다. TV를 비롯한 PC, 태블릿 PC와 모바일 등을 합산해 통합시청률 조사를 실시 중인 노르웨이에서도 인기 드라마의 본 방송 시청자는 18%에 불과했다. 나머지 82%는 스마트 미디어나 VOD를 통해 시청하였다.

국내에서도 기존 시청률 조사의 한계가 끊임없이 지적되어왔다. 스마트폰과 초고속 인터넷 보급률이 세계 최고 수준인 한국에서 단순 TV 시청률은 프로그램의 인기를 제대로 평가하지 못한다는 이유에서이다. 예컨대 젊은 층으로부터 큰 인기를 끈 드라마의 경우 본 방송 시청률은 1%대에 머물렀으나 케이블방송사 씨앤엠(C&M)의 VOD 순위에서는 1위를 차지한 사례도 있다.

구매력 있는 젊은 세대가 많이 이용하는 스마트 미디어를 통한 시청률이 집계되면 보다 효율적인 광고 집행이 가능해지고 광고 매출도 늘어날 수 있다. 그렇지만 정확한 리치를 측정하기 위한 조사 대상자의 수를 선정하는 데 있어서 직장과 자택 모두에서 액세스한 더블 카운트가 문제이다. 제 3의 기관에 의한 웹 시청률 데이터는 자택 사용자의 도달량만 측정할 수밖에 없다.

인터넷을 다른 4대 매체와 비교해도 접촉시간에 있어서 신문이나 잡지를 압도한다. 따라서 광고 게재면이 어느 정도 도달할 것인지는 미디어플랜을 설정하여 광고가 도달하기가지의 구체적인 비용을 비교해볼 필요가 있다. 광고 매체를 이용해 1,000명 또는 1,000 가구에 광고 메시지를 전달하는 데 소요되는 CPM(cost per mile, cost per thousand impression)[5]의 비용 계산에는 매체에 따라 여러 방법이 있다. 인쇄 매체의 발행 부수가 기준이면 광고 단가/발행 부수×1,000으로 얻는다. 방송매체의 시청률이 기준이면 광고 단가/(시청률×타깃 오디언스)×1,000이다. 그러나 인터넷 광고의 페이지 뷰를 기준으로 한다면 광고 단가/페이지뷰×1,000으로 산출한다.

그러나 게임업계는 2010년 이전까지 주로 게임전문 웹진, 포털사이트 등에 배너 광고를 진행하면서 CPM을 방문자 대비 광고 단가 책정의 수단으

---

5) CPM은 광고메시지를 매체를 통해 1,000명 또는 1,000가구에 전달하는 데 소요되는 비용을 말한다. 온라인 광고에도 적용되며 웹페이지를 1,000광고 뷰(Ad view) 하는 데 필요한 요금이다.

로 사용하였다. 그리고 2010년 이후 점차 스마트폰이 대중화되어 모바일 플랫폼으로 확장되면서 가장 많은 이용률을 보이는 스마트폰의 게임 내 광고(in game advertising : IGA) 모델에서 사용하고 있다.

대표적인 사례가 로비오(Rovio)에서 개발한 모바일게임 앵그리버드(Angry Bird)의 안드로이드 버전을 무료로 이용할 수 있는 대신 광고를 게재한 것이다. 게임을 하는 도중 게임 화면이 사라지면서 전체 화면으로 광고가 나오는 경우가 대표적인 CPM의 사례다. 주로 온라인 매체를 중심으로 진행되는 게임 광고의 경우 일반적으로 배너의 노출에 따른 광고 단가 책정 기준으로 사용된다.

온라인게임과 모바일게임의 광고는 게임전문 웹진의 배너, 자사 게임의 종료 후 노출되는 게임 광고, PC방에서 사용되는 전용 프로그램에 특정 게임의 광고 노출로 집계되는 경우가 많다. CPM은 해당 광고가 게재된 게임이나 웹사이트에 접속한 이용자의 수에서 중복 접속을 제외하고 측정한다. 이때 IP주소나 쿠키(cookie)와 같은 기록을 활용한다.

« 인터넷과 TV를 조합한 커뮤니케이션

인터넷 광고가 마케팅에 영향을 끼치는 가장 큰 이유는 광고 캠페인의 혁신과 인터넷 광고의 진화 때문이다. 광고가 인터랙티브해짐에 따른 표현의 혁신과 인터넷에 의해 실현되는 타기팅, 그리고 크로스미디어로 인한 미디어 플래닝에서도 영향을 주었다.

이것은 기업의 마케터가 참고해야 할 중요한 측면으로 광고서비스를 제공하는 대행사의 미래와도 관련된 문제이다. 그래서 인터랙티브한 미디어나 커뮤니케이션, 프로모션의 이해와 경험이 없는 광고인은 마케팅 활동에 참여하기 어렵게 되었다. 요즘 대부분의 기업은 인터랙티브한 영역을 기본으로 마케팅을 진행하고 있다.

인터랙티브한 시대의 마케터와 광고인은 웹사이트를 코어로 하고 있지만 그 주변에 매스미디어와 프로모션, 그리고 커뮤니케이션 개발 등의 발상을 덧붙일 필요가 있다. 인터넷을 부차적으로 활용하는 것이 아니라 캠페인 구조의 핵심을 대화식에 두고 고객과의 접점을 탐색해야 한다.

요즘 온라인 광고대행사는 웹을 포함해 보다 포괄적인 지원이 가능한 체제로 구성되어 있다. 인터랙티브한 미디어 내지 장치를 통해 광고 효과를 높이기 위한 매스미디어 프로모션 활동을 지원하는 서비스로 전환하는 것이다. 즉 디지털 커뮤니케이션 내지 쌍방향 활동이 가능한 커뮤니케이션이라고 말할 수 있다.

특히 커뮤니케이션의 2대 미디어인 TV와 인터넷을 어떻게 조합할 것인지가 중요한 과제이다. 그래서 미디어 플래닝뿐만 아니라 크리에이티브도 TV와 웹사이트, 인터넷 광고의 표현을 조화롭게 만들 소재를 개발할 필요가 있다.

종전에는 TV용으로 만든 광고를 멋지게 가공하는 것만으로 가능했지만, 15초의 광고 포맷으로 인터넷 광고를 만드는 것은 무리이다. TV 광고는 상당한 고액의 비용을 들여 출고하기 때문에 그에 맞는 광고물을 제작하게 된다. 그래서 TV 이외의 크리에이티브에는 큰 비용을 들이지 않는다. 하지만 15초의 영상 메시지로는 크리에이티브를 충족시키기 어렵다. 만약 인터넷을 통해 소비자가 연상하는 키워드를 수집하는 방법으로 메시지를 개발한다면 지금껏 미처 생각지 못했던 것을 발견할 수 있을 것이다. 따라서 TV와 기업 웹사이트, 인터넷 광고에 어떠한 표현이 적절한지 종합적으로 검토한 이후에 아이디어를 구체화시킬 필요가 있다.

인터넷에서는 쇼핑과 여행 등 일상의 모든 정보를 손쉽게 얻을 수 있다. 그것이 때때로 구입할 상품과 서비스를 선택하는 계기가 되기도 한다. 비교적 집중하여 접한다는 점도 신문보다 효과적인 매체가 되는 이유이다.

그러므로 요즘은 전통적인 4대 매체를 앞질러 TV와 인터넷의 2대 매체 시대라고 한다.

매체를 TV와 인터넷으로 좁혀 접촉 시간과 상품 카테고리를 살펴보면 TV와 인터넷이 중요한 위치를 차지하고 있다. 사실 소비자가 TV와 인터넷 이외의 매체 접촉만으로 구매에 이르는 경우는 거의 없다. TV에 의하거나 인터넷, 그렇지 않으면 TV와 인터넷 쌍방에 의해 구매를 하고 있다.

미국의 TV 방송사들은 인터넷의 활용에 적극적인 행보를 보이고 있다. 2009년 국제전자제품 박람회에서는 여러 업체들이 위젯(wizet)을 이용한 위젯 TV를 발표하여 화제가 되었다. 일종의 인터넷과 TV를 융합시킨 기술로 콘텐츠 주공급자인 TV 방송사의 온라인 전략이 주목받았다.

디즈니-ABC TV그룹(Disney-ABC television group)은 자사의 인터넷 전략에 모바일과 TV, 인터넷이라는 3개의 스크린 콘텐츠를 제공하는 것을 목표로 하고 있다. 모든 시청자들을 크로스 플랫폼으로 끌어들여 광고를 통해 미디어의 부가가치를 높이는 전략이다. 그래서 인기 드라마와 뉴스를 적극적으로 모바일과 인터넷에 제공하고 있다.

예를 들어 드라마 〈로스트(Lost)〉는 방송에 미처 공개되지 않은 장면들을 새롭게 제작하거나 게임 형태로 제공하여 시청자 커뮤니티를 통해 보여준다. 〈굿모닝 아메리카(Good Morning America)〉라는 뉴스 동영상은 인터넷은 물론 모바일 뉴스로도 서비스하고 있다. 뿐만 아니라 페이스북을 통해서도 제공한다. 주머니가 얇아진 시청자들은 무료 콘텐츠를 선호하기 때문이다. 불특정 다수에게 프로그램을 보여주고 제품을 판매하던 시대에서 광고 자체의 노출이 중요한 시대가 된 것이다.

경쟁사인 NBC유니버설(NBC Universal)은 미디어 강화를 위한 '3 스크린 콘텐츠(3 screen contents)' 전략의 일환으로 'TAMi(total audience measurement initiative)'라는 새로운 광고 지표를 발표하였다. TAMi는 TV와 인터넷, 모바일 그리고 VOD의 콘텐츠 시청자 수를 합친 수치이다.

예를 들어 베이징 올림픽에서 TV 시청자 수는 2억 1,358만 명으로 집계되었지만 인터넷을 비롯한 모바일과 VOD를 합계한 수치는 이보다 많은 2억 7,333만 명으로 나타났다. 종합하면 TV를 시청한 수치보다 다른 플랫폼을 통해 시청한 시청자 수가 28%나 많았다. 이런 추세를 반영하듯 TV를 통한 일방적인 홍보에서 벗어나 자사의 인터넷 동영상 사이트 훌루(Hulu)를 비롯하여, NBC디지털의 모바일 TV까지 다양한 플랫폼을 선보이고 있다.

미국의 거대 미디어들이 내놓은 일련의 인터넷 전략들은 대중을 대상으로 한 광고가 세분화된 행동 타깃 광고로 변화하고 있음을 보여준다. 앞으로 새로운 광고 지표와 세그먼트 콘텐츠(segment contents) 전략 등으로 더욱 구체화할 것으로 보인다.

인터넷은 작금의 미디어 플래너에게 필수적인 항목이다. 온라인 서비스와 인터넷 시청이 본격화하고 있기 때문에 시청자 사이의 연결을 촉진하는 프로그램 마케팅이 중요한 시대가 되었다. 따라서 광고의 미디어 플래닝에 있어서 TV와 인터넷이라는 2대 미디어를 어떻게 다룰 것인지가 중요한 과제이다.

최근 일반 TV를 스마트 TV처럼 만들 수 있는 구글의 '크롬캐스트'가 출시되었다. 스마트 TV는 인터넷을 통해 영화나 드라마, 예능 프로그램 등을 원할 때 언제든 VOD 방식으로 시청할 수 있는 TV를 말한다. 크롬캐스트는 USB메모리처럼 생긴 일종의 소형 셋톱박스로 크기는 성인 엄지손가락 정도이다. TV에 꽂으면 인터넷 동영상 시청 등 스마트 TV 기능을 사용할 수 있다. 또한 스마트폰에 크롬캐스트 지원 앱을 설치해 '동영상 내보내기' 버튼을 누르면 TV에서 동영상을 볼 수 있다. 기본적으로는 구글과 계약한 동영상 서비스만 볼 수 있지만 별도 유료 앱을 설치하면 스마트폰에 저장한 동영상도 TV로 보낼 수 있다. 앞으로 TV 시청 환경에 적지 않은 변화를 불러올 것으로 보인다.

저렴한 크롬캐스트가 보급되면 일명 '다시 보기'로 불리는 주문형 비디오

인터넷 광고 개론

를 볼 수 있는 기기가 많아지는 만큼 전체 시장이 커질 것이다. 기존 인터넷 동영상 서비스는 사용법이 복잡해 TV에서 사용하기 어려웠으므로 큰 화면을 쓰는 케이블 TV와 경쟁할 수 없었지만, 크롬캐스트를 쓰면 쉽게 큰 화면으로 볼 수 있어 경쟁력이 생긴다. 정보통신정책연구원(KISDI)에 따르면 미국은 전체 가구의 14%가 주문형 비디오 방식으로 TV를 본다고 한다. 하지만 국내의 경우 이 비율은 2.2%에 불과하다. 이 시장이 성장하면 새로운 동영상 콘텐츠 시장이 열릴 수 있다.

3. 인터넷 광고의 특징

« 15초에서 30초로의 혁신

　리치미디어의 몇 가지 방법 중에서 음성과 동영상, 인터랙션을 구사할 수 있는 플래시 비디오형의 광고 포맷은 TV 이상의 광고 표현이 가능한 기능을 내포하고 있다. 가히 표현의 혁명이라고 불리는 다섯 가지 요소에는 어떤 것이 있을까.

　먼저 다양한 음향과 영상으로 구성된 동영상 광고가 15초로부터 해방된 점이다. 인터넷 광고에서 중요한 것은 데이터의 양이지 초 단위가 아니다. 광고주나 광고대행사도 미처 파악하지 못한 부분이다. 사실 지금까지 TV 광고는 초라는 단위에 묶여 자유로운 광고 메시지의 개발이 어려웠다. 그렇다고 광고 임팩트를 위해 유명 연예인을 기용하거나 엔터테인먼트적인 요소가 필요하다고 웃음을 자아내는 콘티로 짧은 15초짜리 광고를 만든다면, 애초에 어필하고자 했던 메시지는 사라져버린 것 같은 아쉬움을 남긴다.

　인터넷 사용자에게 소구하고자 하는 것은 구매시점에 다다른 타깃에 대한 정보나 소비자에 대한 일방적 메시지이다. 따라서 TV 광고를 인터넷 광고로 이용하기 위해서는 시청 환경의 차이를 고려하기 이전에 마케팅적 사고를 갖출 필요가 있다.

광고로서 소구하고자 하는 정보를 길이, 즉 초수에 지나치게 묶이지 않고 만들 수 있다는 것은 폭넓은 상품의 이해나 브랜드 이미지의 표현을 가능하게 한다. 비록 TV 광고가 불특정 다수를 대상으로 하고 있지만, 그렇다고 시청자 모두가 구매 기대치가 높은 예상 고객은 아니다. 인터넷을 통한 광고는 이보다 구매 기대치가 높은 층으로의 접근이 가능하기 때문에 새로운 메시지 개발의 장이 될 수 있다.

광고 메시지는 광고 커뮤니케이터가 특정 상품이나 서비스의 판매 촉진을 위해 권유나 안내 등의 정보를 언어나 그림, 사진, 그래픽, 음악 등의 각종 기호를 사용하여 표현한 것이다. 그리고 광고물로 만들어 소비자들에게 전달할 수 있도록 인쇄하거나 혹은 오디오나 비디오테이프, 필름, CD-ROM 등에 담아놓은 것이다.[6] 구체적으로 말해 광고 커뮤니케이터가 소비자들에게 전달하고자 하는 정보나 지식, 권유 등의 메시지를 기호로 사용하여 어떻게 표현할 것인지 구성과 요소를 종합해 하나의 광고물을 만든다.

인터넷 광고에 동영상을 도입하여 처음 선보인 것은 1984년 스티브 잡스가 만든 '슈퍼볼 애플 매킨토시(Apple computer Macintosh commercial)' 광고이다. 그렇지만 이후 인터넷의 동영상 광고는 본격화하지 못했는데, 이는 영상 퀄리티의 문제 때문이었다. 동영상이었지만 화상이 고작 1초에 7컷 정도를 움직이는 조잡한 것이었기 때문에 TV 광고와 차이가 컸던 것이다. 그러나 현재 플래시 비디오 광고는 초당 20컷에서 최대 30컷을 사용한 동영상 재생이 가능하다. 비디오 및 오디오의 품질에 가장 큰 영향을 주는 것이 비트 레이트(bit rate)이다. 비디오나 오디오를 인코딩할 때 사용되는 데이터의 양으로 이 수치가 높을수록 화질이 좋다. 물론 화면 크기도 용량에 영향을 끼치지만 비트 레이트가 훨씬 더 큰 영향을 주기 때문에 결과

---

6) 임동욱, 『설득 커뮤니케이션의 이해』, 커뮤니케이션북스, 2003, 139쪽.

적으로 화질과 용량이 이것에 좌지우지된다고 말할 수 있다. 요즘은 광고에 허락되는 데이터의 양도 수십 테라바이트(terabyte : TB)에서 페타바이트(petabyte : FB) 수준으로, 그만큼 세밀한 동영상과 자연스런 로딩도 가능하다.

초당 30컷이라는 프레임 수는 DVD플레이어와 같지만 영상의 질 측면에서 보면 컴퓨터 액정화면의 투과광이 브라운관의 반사광보다 훨씬 정교하다. 따라서 맥주의 거품이 글라스에서 실감나게 넘치는 시즐 효과(sizzle effect)를 재현할 수 있을 만큼의 정교한 영상 퀄리티를 얻을 수 있다.

한국의 통신장비 업체가 2014년 들어 '기가 인터넷(giga internet)' 구축에 쓰이는 '대용량 L3 스위치'를 공동 개발했다. 앞으로 지금의 유선 인터넷보다 100배 빠른 기가 bps(giga bit per second : Gbps) 이상의 속도를 지원하는 차세대 고속 인터넷으로 고품질 대용량 콘텐츠를 전송할 수 있게 되었다. 기가 인터넷 시대에는 일반 고화질(HD)보다 4배 높은 해상도의 초고화질(UHD) 콘텐츠가 인터넷 TV를 통해 서비스된다.

이런 대용량 콘텐츠를 각 가정에 분배하려면 그만큼 큰 용량을 감당하는 스위치 장비의 구축이 필요하다. 그래서 미국의 네트워크 통신장비 회사인 시스코시스템스(Cisco Systems)와 주니퍼네트웍스(Juniper Networks) 같은 다국적 기업은 일찌감치 개발에 착수하였다. 하지만 국내 업체들은 그간 투자에 선뜻 나서지 못하고 있었다. 그렇지만 이제 지금보다 훨씬 뛰어난 해상도의 실감형 콘텐츠를 즐길 수 있게 되었다.

요즘의 인터넷 광고는 보다 정교한 상품의 이미지 소구까지 실감시킬 수 있는 표현 매체로서의 새로운 단계를 맞고 있다. TV와 잡지 등의 주요 매체가 중심이던 상품도 타깃의 질량과 접촉 태도, 인터랙티브 환경 등을 생각하면 인터넷 광고에 어떤 표현이 적합할지 한 번쯤 깊이 숙고해볼 시대가 되었다.

인터넷 광고는 컴퓨터를 디바이스로 이뤄지기 때문에 인터넷 사용자의 광고 시청은 TV와 전혀 다르다. 앵글이 겨우 3인치 정도지만 거리는 30~ 40cm로, 다시 말해 모니터에 집중하여 응시하는 도중에 재생되는 것과 같다. 또한 능동적인 시청 태도로 비교적 광고 임팩트가 크다. 이론적으로 보면 TV보다 광고에 의한 인지 비율이 훨씬 높다고 말할 수 있다.

뿐만 아니라 신문이나 잡지처럼 사용자의 읽을거리에 광고가 삽입된 형태이다. 콘텐츠와 광고가 시간적으로 분리된 TV 광고와는 달리 애초부터 능동적인 접촉 태도로 전달된다. 한마디로 광고가 지닌 푸시의 힘이 강한 모델이기 때문에 표현의 퀄리티가 중요하다. 그렇지만 지나치게 저렴한 광고물은 시청자의 반감을 살 수 있다. 대부분의 네티즌은 광고 수입으로 콘텐츠가 제공되고 있음을 이해하고 광고를 용인한다기보다 정보나 엔터테인먼트로 수용하려는 경향이 강하기 때문이다. 그래서 어떤 정보를 목적으로 웹사이트를 열람하든 간에 보여지는 광고 표현은 퀄리티가 높을 필요가 있다.

《 광고 표현의 변모

요즘 인터넷을 통해 동영상을 보는 사람은 이전과 다른 사용 양태를 보이고 있다. 지금껏 짧은 광고나 뉴스 등만 인터넷으로 보았지만, TV 프로그램부터 단편 영화까지 웹브라우저에서 시청하는 비중이 늘어나는 추세이다. 특히 태블릿 PC, 스마트폰 등의 화면 해상도가 높아지면서 고화질의 동영상을 시청하는 수요가 증가하고 있다. 브라우저 업체들도 고효율의 압축률과 더욱 선명한 고화질로 대응하고 있다. 일각에서 IT업체들이 HTML (hypertext markup language)5 동영상을 두고 의견이 분분한 것도 동영상 포맷, 재생 플레이어 자체가 플랫폼으로 활용될 수 있기 때문이다.

어도비 플래시와 마이크로소프트 실버라이트가 대표적인 방식이다. 그

동안 두 업체는 자사의 방식으로 재생되는 동영상이 많을수록 많은 로열티와 영향력을 확대할 수 있어서 주도권을 잡기 위해 치열한 경쟁을 벌여왔다.

고화질의 동영상으로 실현되는 인터넷 광고에는 표현의 진화라고 말할 수 있을 정도의 인터랙션이 있다. 플래시를 이용한 배너 광고는 온마우스에 의해 다양한 액션을 보여준다. 온마우스로 광고 스페이스를 확대하거나 동영상을 재생할 수 있다.

배너 광고가 GIF 파일에 의한 간단한 화상이었던 시대를 지나 지금은 정교한 음향과 동영상을 구사할 수 있다. 뿐만 아니라 인터랙션 요소까지 더해지면서 하나의 광고 영상을 각 사용자가 좋아하는 각도와 속도로 재생시킬 수 있다. 준비된 몇 개의 광고 스토리를 선택하여 시청자가 직접 광고 표현에 참여하는 것도 가능하다. 마치 게임처럼 직접 참여함으로써 광고의 인지와 제품 관여도를 높이는 것도 어렵지 않다. 광고주와 대행사가 인터랙티브 광고에 보다 많은 관심을 가져야 하는 이유이다.

배너 광고는 최초의 인터넷 광고 포맷으로 인터넷 광고라고 하면 가장 먼저 떠올리게 된다. 1994년 미국의 디지털 첨단 잡지인 『와이어드』의 웹진 『핫와이어드』가 배너라는 형식으로 광고를 넣은 것이 시초라고 전해지고 있다. 무엇보다 독특한 표현력을 담고 있다는 점에서 주목되었지만 지금껏 문자와 저렴한 화상으로 구성되어 있던 배너 광고는 동영상과의 인터랙션을 이룬 혁신적인 형태로 변화하고 있다.

미국에서는 초기의 미숙한 배너 광고에 비해 표현력이 뛰어난 광고 포맷을 리치미디어라고 했다. 대표적인 것이 떠 있는(floating) 광고, 확장형(expandable) 광고, 풀 스크린(full screen) 광고, 스트리밍(streaming) 광고, 플래시(Flash) 비디오 광고 등 다섯 가지였다.

떠 있는 광고는 2002년 말부터 등장하기 시작한 인터넷 광고의 일종으로 사이트 전체 또는 일부를 뒤덮는 광고이다. 모니터 화면 전체를 뒤덮는 전

인터넷 광고 개론

면 광고와 달리 콘텐츠 위에 떠 있는 돌출형 광고로 플로팅은 떠 있다는 뜻이다.

확장형 광고는 구글이 자사 광고 서비스 애드센스(ADSense)[7]에 이용자의 조작에 따라 광고를 팝업으로 확장하여 볼 수 있는 기능을 추가한 것으로, 확대된 부분에 동영상을 표시할 수 있다. 이를테면 영화 예고편이나 비디오 게임, 비디오 클립 등을 재생시킬 수 있다. 다른 광고처럼 가격이 클릭당 과금(cost per click : CPC)[8] 또는 정액제(CPM)이다. 광고는 이용자의 오동작을 방지하기 위해 단순히 마우스를 댄 것만으로 확대되지 않고 클릭해야만 나타나며 크기는 2배까지이다.

풀 스크린은 규격 화면에서 재현할 때 화면의 빈 곳이 없도록 화면 비율에 맞추어 디자인한 이미지를 지칭하는 용어이다.

스트리밍은 인터넷에서 음성이나 영상, 애니메이션 등을 실시간으로 재생하는 기술이다. 스트리밍 광고는 대상이 정해진 광고를 제공하므로 광고주의 입장에서 효과적인 광고의 하나가 되고 있다. 또한 전통적인 TV 및 라디오 방송의 도달 범위를 확장할 수 있다. 스트리밍 광고는 스트림 내(in-stream) 광고, 스트리밍 배너, 윈도 미디어 플레이어(Windows Media player) 내 배너 광고, 윈도 미디어 플레이어 내 테두리 광고 등 네 가지 유형이 있다.

플래시 비디오 광고는 인터넷 동영상 제작 소프트웨어 플래시를 이용해 만든 동영상 광고로, 1997년 미국 매크로미디어사가 만든 동영상 제작 소프트웨어 플래시를 이용해 만들어진다. 파일 크기가 일반 동영상의 16분

---

7) 애드센스는 구글에서 운영하는 광고 상품으로, 웹사이트 소유자가 애드센스에 가입하면 구글에서 광고비를 지불하고 광고를 자동으로 그 사람의 웹사이트에 올려준다. 해당 웹사이트를 찾은 방문자가 광고를 클릭하면 구글이 광고주로부터 비용을 받아 그 일부를 웹사이트 소유자에게 나눠주는 방식이다.

8) CPC는 인터넷 이용자가 한 번 배너를 클릭할 때마다 지불하는 비용으로 전체 클릭 수에 소요 비용을 나눈 것으로 야후에서 처음 사용하였으나 CPM에 비해 널리 사용되지 않는다.

의 1에 불과하여 전송 속도가 빠르고 확대해도 이미지가 깨지지 않는다는 장점이 있다. 제작 방법이 간단하여 아마추어들이 다양한 소재를 바탕으로 상상력과 극적인 반전 등의 묘미를 제공한다. 최근에는 사회 이슈를 담은 작품들도 제작되고 있다.

이것들은 모두 광고로서의 임팩트가 강하다. 화면 전체를 점거하거나 재미난 동영상과 소리로 표현되기 때문에 종래의 인터넷 광고와 비교해 더욱 강한 인상을 심어줄 수 있다. 동영상에 접근한 인터넷 사용자를 전부 광고 인지자라고 말할 수 없지만 리치미디어형 인터넷 광고를 통해 어느 정도 인지율을 높일 수 있다. 특히 동영상 광고는 볼거리가 많아 사용자가 무심코 빠져드는 효과도 적지 않다. 리치미디어 중에서도 가장 표현력이 뛰어난 것이 플래시 기술을 이용한 동영상 광고이다. 그리고 윈도 미디어 플레이어를 이용한 스트리밍 광고가 있지만 이것은 TV 광고를 인코딩하여 사용한다.

새로운 인터넷 광고 포맷은 보다 많은 기업 사이트로의 유도라는 역할도 있지만 광고를 보는 것만으로도 충분한 효과가 있다. 클릭률은 크리에이티브의 능력을 평가하는 중요한 지표지만 클릭시키는 것만이 목적은 아니다. TV와 목적은 같지만 웹사이트 유도에 따른 고객 리스폰스를 기대할 수 있다. 배너 광고보다는 비용이 많이 들기 때문에 TV와 유사한 광고 효과를 기대하고 이용하는 것이 바람직하다.

최근 들어 인터넷의 접속 속도가 빨라지면서 화면의 대부분이 리치미디어 광고로 채워졌다. 리치미디어는 마치 TV 광고처럼 웹페이지를 가득 채운 채 스테레오 음향과 다이내믹한 동영상을 통해 광고주의 웹사이트로 연결되는 하이퍼링크를 갖고 있다. 미국에서 리치미디어 광고로 주목받는 기업으로는 유니캐스트(Unicast)의 슈퍼스티셜(Superstitials), 아이비엠(IBM)의 핫미디어(Hot Media), 웹 파트너스(Web Partners)의 사이버스팟스(Cyber Spots) 등이 있다.

그러나 문제도 없지는 않다. 아직까지 전문적인 광고를 만드는 수준에 이르렀다고 보기에는 무엇인가 부족하여 TV 광고와 유사하게 만드는데, 이것을 인터넷의 커머셜로 사용해도 괜찮을지가 의문이다. 인터넷은 구매에 필요한 의사 결정 과정으로 보면 구입 결정에 가까운 미디어이다. TV와 소구 내용이 달라도 상관없다. 광고주도 유용성에 있어 약간의 부족함을 느낄지 모른다. 대략 3미터 정도 떨어져 30인치 이상의 화면으로 보기 위해 만들어진 것을 30센티미터 정도 떨어져 2~3인치의 화면으로 본다는 것에는 무리가 있기 때문이다. 예를 들어 15초짜리 음료 광고의 마지막에 "사랑은 언제나 목마르다"라고 텔롭 표시가 있어도 인터넷의 스트리밍에서는 볼 수 없다.

또 다른 문제로 미디어 플레이어는 버퍼링타임이 필요하고 동영상의 재생이 시작되기까지 꽤 많은 시간이 걸린다는 점이다. 동영상 광고의 재생 기술은 마이크로미디어사의 플래시를 사용한 쪽이 월등하게 좋다. 사용자의 마우스만으로 다양한 인터랙션과 액션을 누릴 수 있기 때문이다.

그리고 광고가 게재되어 있는 페이지에 액세스했을 때 갑자기 동영상이 재생되는 것보다 온마우스에 음성을 동반한 광고가 사용성에 있어 더 우수하다. 게다가 온마우스라는 인터랙션으로 시청자가 직접 표현에 참여하거나 체험하게 한다는 점에서 지금과는 다른 크리에이티브의 출현으로 볼 수 있다. 나아가 광고 스토리의 결말을 자유롭게 선택하게 하거나, 광고 음악 등을 효과의 차원이 아닌 방식으로 만들 수 있다.

《 인터랙티브한 리치미디어

미국은 오래전부터 다양한 광고 표현을 할 수 있는 광고 전송 시스템을 갖추고 있다. 대표적인 것이 아이블래스터(Eyeblaster)라는 리치미디어 광고 전문회사이다. 아이블래스터사는 사전에 몇 개의 리치미디어 광고의 포맷을 준비하여 광고대행사의 크리에이티브 담당자가 표현을 시뮬레이션해볼 수 있는 시스템을 갖추고 있다.

크리에이터가 ID와 패스워드로 시스템에 들어가면 포켓별로 광고 영상 파일을 업로드하여 실제 게재면에서의 동작 상황을 볼 수 있다. 이후 광고주와 매체사가 조건에 합의하면 이 시스템으로 광고를 전송하게 되며, 상세한 실시 리포트를 출력할 수 있다. 특히 눈길을 끄는 것은 다양한 광고 포맷과 광고의 크리에이터가 사용 가능한 시스템으로 준비되어 있다는 점이다.

온라인 광고 가운데에서는 웹페이지 상단에 붙은 플로팅 광고의 인기가 높다. 그래서 그래픽 애니메이션과 플로팅 형태의 오디오와 비디오, 원래의 화면을 가리는 오버레이 및 페이지 전면 광고 등을 비롯한 각종 미디어 기법이 동원된 리치미디어 광고가 상승세를 타고 있다.

웹 포털사인 아이블래스터는 2013년에 소비자와 웹 방문자들을 대상으로 막대한 광고 효과를 누릴 수 있는 리치미디어 광고 기법을 인수했다. 이 회사는 야후, MSN, AOL을 비롯한 400여 개 이상의 기업 고객을 위한 광고 관리 툴을 제공하고 있다.

그러나 리치미디어 광고들은 모두 IAB(internet activities board)[9]가 승인한 광고 기준에 부합해야 한다. 그래서 광고에 관한 4개의 명확한 지침을 마련해놓고 있으며, 페이지 상단에 가로로 위치하는 광폭 배너 광고와 기존 페이지의 오른쪽이나 왼쪽에 위치하는 세로형 배너(skyscraper) 광고, 그리고 웹페이지 중앙에 놓이는 커다란 정사각형 광고와 작은 정사각형 광고를 15초짜리 애니메이션 형태로 제작할 수 있게 했다.

요즘 들어 한국도 인터넷 광고에 크리에이터가 적극적으로 참여하고 있

인터넷 광고 개론

9) IAB는 인터넷의 기술적 방침이나 기준에 대한 검토를 수행하는 인터넷학회(internet society)의 하부 조직 중 하나이다.

다. 인터넷 광고와 기업의 브랜드 사이트는 큰 시장이며, 이른바 인터랙티브 에이전시뿐만 아니라 전통적인 크리에이터의 상당수도 인터넷 광고와 연관되어 있다. 그러나 전송 실적에서 보면 아쉬운 점도 많다.

미국은 아이블래스터사를 중심으로 몇 개의 리치미디어 광고 전송 기업이 있으며 그 기술을 광고주와 대행사, 매체사에게 제공하고 있다. 즉, 전문적인 광고 전송 기술을 제공하는 기업에 의해 이른바 리치미디어 광고 점유율이 급속도로 증가하고 있다. 2002년 인터넷 광고 전체의 1.7%에 지나지 않았던 점유율은 불과 1년 후에 7.9%로 늘어났으며, 매년 이러한 추세로 급성장하고 있다. 최근에는 플래시 비디오 광고가 눈부시게 성장하여 2013년에 아이블래스터사가 전송하는 인터넷 광고의 약 90%가 동영상 광고였다.

리치미디어 광고가 신장할 수 있었던 배경에는 확실한 효과가 있다고 확신하는 클라이언트들의 경험이 자리하고 있다. 아이블래스터사가 전송한 리치미디어 광고의 클릭률은 평균 5.99%에 달하며 배너 광고의 통상 기준인 0.25%를 웃돌고 있다. 클릭률은 인지도를 반영한 임프레션 효과를 말한다. 물론 다이렉트 리스폰스 기능도 있다. 일각에서는 리치미디어의 컨버전이 통상적인 광고 효과의 4배에 이른다고 한다.

리치미디어의 전송 시스템이 필요한 이유는 광고 포맷이 TV와 신문처럼 단일화되어 있지 않기 때문이다. 인터넷 광고는 다양한 포맷의 광고를 전송하지만 나름의 규정이 있다. 각 미디어별로 여러 가지 레귤레이션이 있는 상황에서 매체사와 미디어 바이어, 크리에이터 3자가 의견을 일치하지 못하면 빠른 시간에 전송할 수 없다. 따라서 인터넷 광고의 삼위일체를 실현하기 위해 리치미디어 시스템이 존재하지만, 하나의 목적을 위해 3자가 서로 협력을 이뤄나가는 것이 중요하다. 이러한 시스템으로 전송할 수 있는 광고 포맷은 다음과 같다.

- **중간광고(commercial break)** : 뉴스 등 각종 콘텐츠 중간에 삽입되는 광고로 광고 게재면에 액세스하면 일정시간 동안 화면 전체에 TV 커머셜과 같은 광고가 전개된다.
- **확장형 배너(expandable banner)** : 온마우스로 동영상이 개시되며 시청 의향이 있는 사용자에게만 전송된다. 기본적으로 정형 배너 광고지만 온마우스로 광고 스페이스가 확대되거나 동영상 재생이 가능하다. 사용성에 있어서 매우 세련된 광고 포맷이다.
- **확장형 플로팅 배너(expandable floating banner)** : 배너 광고지만 사용자의 액션에 의해 온마우스로 나타내는 플로팅 광고이다.
- **떠 있는 광고(floating advertising)** : 광고 게재면에 액세스하면 일정 시간 동안 페이지 상에 광고화상이 나타나는 기법이다. 반투명 레이어를 이용하여 사이트의 콘텐츠 위에 광고가 떠 있는 형태로 노출된다. 광고물이 사이트 전면을 돌아다니며 사용자의 액션에 따라 인터랙티브하게 반응한다.
- **전체 페이지 오버레이(full-page overlay)** : 광고 게재면에 액세스하면 일정 시간 동안 페이지 전체가 덮이고 동영상이 나타나는 기법이다. 사용자가 시작하면 전체 페이지 오버레이는 10초 동안 나타낸다. 전체 페이지 오버레이를 구입하는 광고주는 728×90px 크기의 배너 광고를 게재할 수 있다.
- **폴라이트 배너(polite banner)** : 플래시 배너로 대용량을 전송하는 방법이다. 정형 스페이스로 전송되는데 플래시에 의한 동영상 광고가 가능하다. 파일을 다운로드하기 전에 광고가 전개되는 폴라이트 기능에 의해 속도가 그다지 높지 않아도 거부감 없이 광고를 표시할 수 있다.
- **바탕화면 광고(wallpaper advertising)** : 웹 페이지의 배경 전면에 브랜드 로고 등을 배합한 벽지 형태로 전개되는 광고로 백그라운드 광고라고도 한다.

◄◄ **윈도 광고(window advertising)** : 팝업 광고라고도 불리며 페이지 상의 작은 창을 통해 광고 동영상을 나타낸다.

아이블래스터사는 각 광고 포맷 안에 플래시 비디오를 넣거나 비교적 쉽게 스트리밍 기술을 이용할 수 있게 만들었다. 예를 들어 익스팬드 배너가 확대되면 동영상이 나오거나 플로팅 스크린이 페이지 상에 노출되어 전개되는 등의 표현이 가능하다. 요즘은 이러한 플래시 비디오 광고가 보편화되었다. 광고 동영상을 그대로 사용하는 것이 아니라 웹 환경에 어울리게 메시지를 가공한 플래시 영상이다. 또한 회선 속도 판정 기능도 있다. 대용량 광고 파일을 전송할 때 광고 게재면에 액세스하는 사용자의 회선 속도를 즉시 판독하여 용량이 작은 파일을 내보낸다. 사용자는 거부감 없이 광고에 접할 수 있다. 이러한 광고 포맷을 기반으로 크리에이터들이 만든 것이 실제 게재면에서 어떻게 표시되며 동작하는지 시뮬레이션할 수 있다.

인터넷 광고가 웹페이지 상에서 표현될 때는 게재면과 유사한 콘텐츠 안에 별도 광고 공간이 마련된다. TV는 물론 신문이나 잡지도 웹 광고와 비교하면 광고 스페이스가 독립적이다. 그래서 인터넷 광고는 게재된 광고가 대중들에게 어떻게 보일지 사전에 면밀히 검토해볼 필요가 있다. 콘텐츠와 융화되어 눈에 잘 띄지 않으면 곤란하고 지나치게 돋보이면 오히려 역효과가 난다. 그래서 크리에이터는 자신이 제작한 표현이 실제로 사용자의 눈에 어떻게 비칠지 사전에 확인하고 걸맞도록 수정을 거듭해야 한다. 표현 플랜이 확정되고 미디어 출고 계획이 승인되면 비로소 광고를 전송할 수 있다.

아이블래스터사는 임프레션 수나 특정 방문자가 광고에 노출되는 것을 제한하는 프리퀀시 캡은 물론이고 상황에 따라 도메인이나 지역별로 나눈 타깃 전송도 가능하게 개발하였다. 광고 포맷 선택과 캠페인 설정 → 광고 콘텐츠의 업로드와 기동 테스트 → 광고 표현과 트래픽의 승인 → 광고 전송에 따른 링크 상황의 확인 → 광고 전송 → 트래킹의 최적화로 이어지며, 이러한 전송 오퍼레이션을 현재 1,000개 이상의 사이트에서 실시하고 있다. 광고 전송을 실시한 이후에는 다양한 리포트를 출력할 수 있다. 뿐만 아니라 결과가 매일 클라이언트에게 보고된다.

주된 리포트 항목은 전송된 광고의 임프레션 수와 클릭 수 등의 결과물과 온마우스 등을 카운트하는 인터랙션 리포트, 그리고 사용자의 각 프리퀀시별 퍼포먼스 분석 자료, 시간이나 요일별 분석 자료, 광고 시청자의 도메인 분석 자료 등이다.

퍼포먼스 리포트로서 포스트 클릭과 포스트 임프레션은 쌍방의 트래킹이 가능하다. 특히 리치미디어 광고보다 효과가 높은 포스트 임프레션, 즉 광고를 보고 나서 일정 시간이 지난 뒤 상품을 구입하는 수치의 확인도 가능하다. 아이블래스터사의 특징적인 리포팅 기능으로 플래시 비디오를 대상으로 삼은 인터랙션 리포트도 있다. 비디오 광고를 전송할 때 평균 재생 시간이나 인터랙션 수, 다시 말해 온마우스의 횟수와 리플레이율 등을 파악할 수 있다.

인터넷 광고의 리포팅은 표현의 개선과 데이터의 파악이 목적이다. 종래 윈도 미디어 플레이어를 통해 재생하는 스트리밍 광고는 스트리밍이 되어도 사용자가 얼마나 보았는지 알 수는 없었다. 이왕이면 시청 상황을 확실히 밝혀둠으로써 크리에이티브를 어떻게 개선하면 좋을지, 최적화를 위한 시간을 얻을 수 있다.

4. 광고 효과의 증대가 가능한 타기팅 기법

« 창의적 발상에 의한 타깃의 선정

마케팅은 광고 메시지를 각종 미디어를 적절히 잘 활용하여 효율적으로 전달하는 것이 목적이다. 예상 고객, 즉 타깃을 엄선하여 광고 메시지를 보내는 것을 타기팅이라고 한다. 미디어 타기팅에는 세 가지 원칙이 있다. 타깃이 열람이나 시청을 많이 하는 시간과 콘텐츠를 선택하여 광고를 내보내는 것이다. 그래서 타깃이 시청하는 시간대와 일상적인 생활 동선에 맞춰 접촉하기 쉬운 광고 매체의 선택이 중요하다.

이러한 기본적인 요소에 혁명적 변화를 초래한 것이 상호작용이 가능한 인터랙티브 미디어 인터넷 광고이다. 그 독특함은 인터넷 광고가 소개된 초기부터 발휘되었다. 텍스트를 비롯해 그래픽, 애니메이션, 동영상, 소리와 같은 콘텐츠가 사용자의 동작에 의해 반응하게 했다. 광고를 전송하는 애드서버는 광고 화상의 리퀘스트를 거는 사용자의 도메인이나 IP주소, 사용 OS, 브라우저, 브라우저 ID 등을 통해 전달된다.

검색어로 광고를 내보내는 검색 결과 연동형 광고는 1996년경부터 시작되었다. 타기팅 메일이라 불리는 메일 광고는 메일링 리스트를 통해 소비자의 연령이나 성별, 거주지, 직업 등과 같은 속성과 흥미나 관심 등의 카테고리를 파악하여 전송 대상을 좁힐 수 있게 되어 있다. 그런 점에서 인터넷 광고는 획기적인 타기팅 미디어라고 할 수 있다. 예를 들어 신입 직원의 채용광고 배너를 특정 대학의 학내 도메인으로 나타나게 할 수 있다. 뿐만 아니라 사용자의 IP주소로부터 액세스 포인트를 특정한 지역별 타기팅도 가능하다.

인포시크(Infoseek)는 미국의 인포시크사가 제공하는 종합검색 서비스 사이트이다. 일반적인 웹사이트 이외에도 기사나 기업체 소개, 이메일 주소록, 증권정보 등 다양한 검색을 지원한다. 1994년에 처음 설립되었을 때 기술자들은 이스라엘에서 개발된 셀렉트캐스트(Select Cast)라는 분석 기술을 이용해 대상 사용자의 흥미나 관심 영역을 나누어 배너 광고의 타기팅 전송을 시도하였다.

처음에는 자사에 액세스하는 사용자의 브라우저에 ID를 할당하여 개별 확인을 거친다. 그리고 사이트 내의 콘텐츠를 약 400개의 정보 카테고리로 나눠 개별 브라우저가 열람하는 페이지별로 각 흥미 분야에 벡터를 붙인다. 사용자가 페이지 열람을 하면 할수록 정밀도가 높은 관심 영역을 개별 브라우저별로 데이터화할 수 있다. 이것을 기초로 특정 집단의 브라우저가 액세스하면 매치되는 배너 광고를 전송한다.

배너 광고의 판매 방법은 사전에 일정 기간의 광고 표시 횟수, 즉 임프레션 수를 보증해야 한다. 그러나 집단을 특정하면 그 집단에 속한 사용자가 어느 정도 액세스하는지 예측하기 어려워 한때는 광고 상품이 되지 못하였다. 여기서 착안된 사이코그래프(psychography), 즉 개인의 심리적 발달을 기록한 심지(心誌)의 연구는 20년 가까이 이루어져왔으며, 지금도 광고에 의한 상품화에 응용되고 있다. 이것 외에 일반적으로 행해지는 기법으로 행동 타기팅(behavioral targeting)과 콘텍스트 타기팅(context targeting)이 있다.

« 온라인 행동을 기반으로 한 타기팅

사용자의 특정 페이지 열람 이력을 기준으로 광고를 전송하는 방법을 행동 타기팅이라고 한다. 주피터 리서치(Jupiter Research)사의 조사에 의하면 온라인 행동에 근거하여 광고 전략을 채택하는 기업이 매년 큰 폭으로 증가하고 있다.

사실 온라인 광고시장이 커지면서 최상의 광고 효과를 가져다줄 수 있는 사이트 선정의 중요성이 매우 커졌다. 그래서 특정 제품에 가장 많은 관심을 보일 것 같은 소비자 집단을 겨냥한 이른바 행동 타기팅 광고가 주목을 받고 있다. 광고주가 특정 검색어에 동반되는 링크를 구매하고 사람들이 해당 검색어로 검색할 때 광고가 뜨도록 하는 검색엔진 광고와 유사하다. 디스플레이, 동영상, 각종 리치미디어 등 모든 온라인 광고에 적용할 수 있다. 예를 들어 펩시콜라는 신상품의 인터넷 광고를 내보낼 사이트를 무작위로 선택하는 것이 아니라, 건강한 라이프스타일을 추구하는 사람들이 많이 찾는 사이트를 선별해 싣는 행동 타기팅 전략을 채택하고 있다.

행동 타기팅 광고는 마케터들이 소비자들의 웹 서핑을 추적해 해당 제품에 가장 관심을 보일 것 같은 소비자들을 추려서 이들이 주로 찾는 사이트에 광고를 싣는 것이다. 소비자의 온라인 행동을 추적하는 기술은 수년 전부터 이용되었지만 최근 타코다(Tacoda)처럼 행동 타깃 광고를 전문으로 하는 회사들이 생기면서 활성화하는 추세이다.

펩시는 한 달간 건강 관련 사이트의 트래픽을 분석해 타깃 소비자들을 파악하고 이들이 방문할 때마다 광고가 뜨도록 한 결과 저칼로리 비타민 강화 음료인 '아쿠아피나 얼라이브(Aquafina Alive)' 광고 조회 수가 기존 온라인 광고 캠페인 대비 3배나 증가하는 효과를 거두었다. 이마케터의 조사에 따르면 2006년 행동 타깃 광고 지출이 3억 5,000만 달러였으며 2008년에는 10억 달러, 2011년에는 4배 증가한 38억 달러에 달하는 등 매년 큰 폭으로 증가하고 있다. 구글과 마이크로소프트가 인수한 더블클릭과 어퀀티브 (aQuantive)도 행동 타기팅 광고를 중점적으로 추진하고 있다.

미국의 텍사스 주 지역신문인『댈러스 모닝뉴스(the Dallas Morning News)』 는 자사의 인터넷 판(DallasNews.com)에서 최근 한 달 이내에 자동차 섹션 사이트를 방문한 사용자를 대상으로 배너 광고를 전송하였다. 그런데 타깃 오디언스의 리스폰스율이 707%나 되었다. 통상 광고 리스폰스율의 0.33% 와 비교했을 때 무려 220배에 달했다. 타코다는 '타코타 타깃(Tacoda Tar-gets)'이라고 부르는 22개의 타깃 카테고리를 제안하고 있는데 통계에 의한 행동분석 타깃을 표준화한 것이다.

그 밖에도 매체사가 독자적으로 행동 타기팅을 이용한 광고 판매를 실시 하고 있다.『월스트리트저널(WSJ)』은 아메리칸 항공의 캠페인에서 행동 타 기팅 광고를 실시하였다. 자사 사이트에서 여행에 관한 페이지를 열람하면 즉시 트래킹이 개시되어 아메리칸 항공의 광고가 전송된다. 뿐만 아니라 사이트 내에서의 체재 시간과 열람 내용 등의 행동이 데이터베이스로 축적 된다. 그 결과 연간 1회 이상 출장하는 비즈니스맨의 광고 접촉이 2.15배, 연간 5회 이상은 2.45배나 늘었다.

다이나믹 로직(Dynamic Logic)사의 광고 실시 이후의 조사에 의하면 아 메리칸 항공은 소비자에게 만족스러운 서비스를 인지시키는 데 성공했다 고 보고 있다. '서비스에 충실한 항공회사는?'이라는 질문에 '아메리칸 항 공'이라고 회답한 비율이 26%나 증가하였고, 브랜드 인지도 역시 3%나 상 승하였다.

이처럼 타기팅에 의해 광고를 출고하면 그렇게 하지 않은 때보다 비용은 더 들지만 효과나 효율 측면에서 만족도가 높다. 업종과 브랜드에 따라 타 깃을 좁히는 방법이 각기 다르겠지만 캠페인의 목적이나 기간에 따라서 오 히려 효과적일 수 있다.

애드버타이징닷컴(Advertising.com)은 이러한 시스템을 이용해 미국 타임워너 산하의 글로벌 인터넷 미디어 회사인 AOL의 사이트에 행동 타기팅 광고를 전송하여 광고 효과 조사를 실시했다. 결과적으로 행동 분석형 타깃 온라인 광고는 클릭률(click through ratio : CTR)과 전환율(conversion rate)이 각기 상승하고 1,000회 광고를 노출시키는 데 필요한 비용인 CPM도 향상되는 것으로 나타났다.

« 관심 문맥을 이용한 타기팅

원래 인터넷이라는 미디어는 사용자가 자신이 관심을 갖는 문맥을 찾아 하이퍼링크로 연결하는 것이다. 그래서 문맥, 즉 콘텍스트를 의식한다는 것은 광고에 대한 반응을 보다 많이 획득하기 위해서 상당히 중요하다. 행동 타기팅을 중심으로 하는 오디언스 타기팅은 사용자 한 사람을 브라우저 ID로 인식하여 속성과 관심 영역별로 광고를 전송하지만 사용자의 관심은 때마다 다르다. 따라서 요청에 맞는 문맥에 링크시켜 광고를 전송하여 높은 리스폰스를 획득하고자 하는 것이 콘텍스트 타기팅(context targeting)이다. 현재 콘텍스트 타기팅을 실시하고 있는 곳은 바이브런트 미디어(vibrant media)와 구글에서 운영하는 애드센스이다.

바이브런트 미디어는 사전에 광고와 관련된 키워드나 문구를 결정하여 선택한 키워드가 매체사의 콘텐츠에 등장했을 때 표시된다. 기사 내에 관련 워드가 있으면 링크 이벤트에도 나타나며 온마우스하면 팝업 형식의 광고가 표시된다. 그러나 페이지의 사용성을 고려하여 몇 가지 룰에 의해 표시하게 되어 있다. 1페이지에 5링크 이내이고, 사용자가 새로운 브라우저를 열 필요가 없으며 링크에 흥미를 가졌을 때만 작동한다. 자사의 발표에 의하면 통상 배너 광고의 24배 정도 클릭률을 높일 수 있다고 한다. 애드센스는 광고 상품으로 웹사이트를 소유한 사람이 가입하여 비용을 지불하면 자동으로 광고를 올려준다. 해당 웹사이트를 찾은 방문자가 광고를 클릭하면 구글이 광고주로부터 돈을 받아 일부를 웹사이트 소유자에게 나눠주는 방식이다.

한편으로 미국의 광고 마케팅 관련 정기간행물에 가장 빈번히 등장하는 단어 중 하나가 네이티브 광고(native advertising)이다. 조금은 모호한 이 용어는 오래전에 뜨거운 이슈를 제공했던 '선영아 사랑해'라는 캠페인을 떠올리게 한다. 한동안 서울 전역에 가득 붙은 플래카드를 보며 모두가 궁금증을 자아낸 적이 있다. 나중에 한 여성 포털사이트의 광고로 밝혀진 그 캠페인은 광고 같아 보이지 않게 한 기발함으로 주목을 끌었다.

광고에 대한 회의적 태도(skepticism)는 새로운 개념이 아니다. 다양한 마케팅 기법이 발달한 미국도 광고에 대한 소비자들의 태도와 신뢰도가 그다지 높지 않다. 이런 상황에서 광고를 통해 사람들의 태도를 바꾸는 것이 어렵기 때문에 광고를 광고 같아 보이지 않게 하는 다양한 기술들이 발달하였다. 초기 게릴라 마케팅은 물론이고 간접 광고, 게임 속 광고, 스텔스 마케팅(stealth marketing), 코버트 마케팅(covert marketing), 스폰서십(sponsorship), 그리고 한때 유행했던 인포머셜(informercial)과 애드토리얼(advertorial)까지, 꼼꼼히 따져보지 않으면 광고인지 인식하기 어려운 광고들이 많다. 따라서 이러한 기법들은 일반적인 광고에 비해 훨씬 높은 주목도와 기억은 물론, 태도 변화까지 유도할 수 있다.

이러한 현상은 디지털 미디어 시대에도 예외가 아니어서 다양한 타기팅 기술을 통해 클릭률을 높이려 노력해왔다. 하지만 대표적인 온라인 광고인 배너의 클릭률 하락은 작금의 문제가 아니다. 좁아진 화면의 모바일 기기에 이르러서 더욱 심각해졌다. 이런 상황에서는 페이드 미디어나 온드 미디어보다 언드 미디어를 통해 전달되는 정보나 광고가 훨씬 소비자들의 공감과 참여를 유도할 수 있다. 이런 배경 하에서 광고의 콘텐츠화라고 할 수 있는 네이티브 광고가 탄생했다.

네이티브 광고는 마치 콘텐츠의 일부처럼 자연스럽게 노출하는 광고이다. 예를 들어 날씨 애플리케이션이 자외선 지수가 높다고 알려주면 날씨 정보 바로 밑 자외선차단로션 광고를 보고 자외선 차단 로션이 떨어진 것을 생각해낸다. 최근 들어 봇물을 이루면서 배너 광고를 대체할 것으로 주목받고 있다.

페이스북, 트위터 등 SNS나 핀터레스트(Pinterest), 플립보드 등 큐레이션 사이트에서 게시물처럼 보이는 광고가 대표적이다. 게임이나 음악, 날씨 등의 앱에도 콘텐츠 내용에 맞춰 맞춤형으로 광고가 나타난다. 사용자가 반응해야 광고가 시작되어 거부감을 줄이는 형태도 네이티브 광고로 분류된다. 페이스북은 소리 없이 재생되다가 이용자가 클릭하면 소리까지 제공하는 광고를 하고 있다. 글로벌 모바일 광고 기업 인모비(InMobi)가 전 세계 35개국에서 조사한 결과 배너 광고에 비해 효율성이 4~5배 높은 것으로 나타났다. 그러나 일각에서는 실제 콘텐츠와 광고를 혼동하게 한다는 비판의 목소리도 있다.

네이티브 광고의 형태 및 적용 범위는 지금도 확장이 계속되고 있어서 정확한 정의를 내리기 어렵다. 하지만 웹사이트 이용자에게 방문 목적에 가장 잘 어울리는 콘텐츠를 제공함으로써 사용자의 경험을 극대화시키는 광고임에 틀림없다. 그런 점에서 콘텍스트 타기팅(context targeting)과 비슷한 개념이다.

그렇다면 광고와 관련된 키워드는 어떻게 추출하면 좋을까. 링크를 클릭하면 원하는 검색어의 화면으로 연결된다. 그래서 어떤 문구의 검색 결과 페이지에 광고를 게재하면 좋을지 효과적인 문구를 찾게 된다. 광고주는 자신의 상품과 서비스의 어필 포인트를 알고 있기 때문에 적절한 광고 카피를 찾을 때 카피라이터를 통해 구체화시키는 경우가 많다. 그래서 일단은 관련 키워드가 있는 모든 문구를 모아본다. 종래 미디어의 광고는 카피가 결정되면 그 자체로 만족할 수밖에 없었다. 그러나 인터넷 광고는 보내는 측의 일방적인 생각만으로 사용자의 리스폰스를 획득할 수 없다. 소비자의 머릿속에 상품과 서비스의 아이템별로 연결된 키워드를 광고주가 알 수 없기 때문이다.

그러나 인터넷 시장 조사의 진화에 따라 불특정 다수와 특정 상품이나 서비스 사이에 어떤 관련 문구가 있는지 추출할 수 있게 되었다. 지금껏 인터넷을 이용한 조사는 사용자가 대상이었기 때문에 바이어스가 개입되는 등 부정적인 평가도 적지 않았다. 그러나 웹상에서는 자동으로 입력되기 때문에 낮은 비용으로 단기간에 집계할 수 있다.

무엇보다 획기적인 것은 프리랜서의 분석이 가능해진 점이다. 종래 페이퍼 조사를 통한 분석 결과는 개별의 의견 내지 감상 정도였다. 아무리 우수한 마케터라도 200명의 자유 기술로 전체 견해를 추출한다는 것은 무리이다. 그러나 웹에서 입력한 기술은 텍스트 데이터가 되기 때문에 가능하다. 즉 텍스트 마이닝(text mining)을 걸어 하나의 테마를 중심으로 어떤 키워드가 존재하는지 해석하여 분석할 수 있다. 만약 조사 대상자가 200명이라면 200명 분의 머릿속을 한 장의 맵으로 파악하는 것이 가능하다.

텍스트 마이닝은 텍스트로부터 고품질의 정보를 취득하는 것이다. 영화 속에서 첩보 당국은 그들이 추적하는 대상의 위치를 파악하거나 어떤 집단의 동향을 알기 위해서 지구상에서 발생하는 모든 메시지를 실시간으로 분석한다. 이것은 비록 상상만이 아니다. 일상에서도 인터넷 검색을 통해 특정인의 사생활에 대해 알려고 한다. 이런 일은 많은 분량의 언어 데이터를 컴퓨터로 짧은 시간에 분석할 수 있기 때문에 가능하다. 대중들이 수많은 데이터를 끊임없이 생산해낸 결과이기도 하다.

미디어의 뉴스뿐만 아니라 블로그, 이메일, 문자메시지를 통해 만들어내고, 보내는 언어들은 모두 컴퓨터에 저장된다. 이렇게 생산된 엄청난 양의 언어 데이터, 소위 '빅데이터'를 컴퓨터로 빠른 시간에 분석하여 가치 있는 정보를 찾아내주는 기술이 '텍스트 마이닝'이다. 마이닝이 광산에서 귀중한 금속을 찾아서 추출해내는 일인 것처럼 텍스트 마이닝 기술은 다량의 텍스트 속에 묻혀 있는 가치 있는 정보를 찾아준다. 텍스트 분석은 단순히 세간의 일시적 관심이 되는 특정인의 사생활 정보를 찾아 주는 데에만 쓰이는 것이 아니라, 텍스트로부터 고품질의 정보를 취득하는 역할도 한다.

고품질의 정보는 통계로 패턴과 트렌드를 구하지만 참신성과 흥미의 조합으로 나타낸다. 전형적인 방법으로 텍스트 분류나 텍스트 클러스터링, 개념 추출, 세분화된 분류, 정서 분석 등이 있다. 목표는 텍스트를 통해 트렌드를 분석하고 이를 바탕으로 예측 모형을 만드는 것이다. 결과적으로 콘텍스트, 즉 문맥을 추출하고 그에 맞는 광고 카피를 개발하여 높은 리스폰스를 획득하는 것이 인터넷 마케팅의 중요한 요소이다. 그런 점에서 종래 감각적인 카피라이팅뿐만 아니라 과학적인 광고 카피의 개발도 가능해졌다.

콘텍스트 타기팅인 검색 연동형 광고는 구글이 선두에 있다. 검색결과 화면에 키워드 연동형 광고를 내보낼 뿐만 아니라 뉴스사이트 같은 콘텐츠에 키워드가 출현하면 자동으로 광고를 전송하는 애드센스라는 상품에는 텍스트 마이닝 기술을 이용하고 있다.

3

인터넷 광고의 전략

1. 크로스미디어에 의한 미디어 플래닝

2. 인터넷 광고의 효과 예측과 측정 방법

3. 재미있는 콘텐츠를 통한 커뮤니케이션

4. 브랜드 커뮤니케이션으로서의 웹사이트

인터넷 광고

Internet Advertising

1. 크로스미디어에 의한 미디어 플래닝

« 미디어 플래닝의 변화

기업이 적지 않은 비용을 투자해 홍보나 마케팅을 진행할 때는 깊은 고심을 하게 된다. 크게는 온라인과 오프라인 중 어떤 채널을 통해 소비자들과 소통할 것인지 결정해야 한다. 홍보와 마케팅에 필요한 예산이 무한정이라면 상관없겠지만 그런 기업은 어디에도 없다. 예산은 언제나 한정되어 있기 마련이라 숙고를 거듭할 수밖에 없다.

요즘 소비자들은 지나칠 정도로 지혜롭다. 이전에는 기업이 전달하는 메시지를 액면 그대로 받아들였지만 요즘은 그렇지 않다. 정보의 홍수 시대에 살고 있어서인지 기업이 전달하는 메시지가 광고나 홍보 때문인지, 아니면 자신에게 필요한 것인지를 쉽게 구분한다. 만에 하나라도 자신에게 필요 없다고 판단되면 페이지를 넘기거나 닫아버린다. 그 순간 소통은 단절되고 기업의 노력은 허사가 된다. 얼마나 많은 시간과 노력, 비용을 투자했는지는 중요하지 않다.

따라서 제한된 광고 예산 내에서 최대의 효과를 얻기 위해 표현과 매체를 어떻게 조합할 것인지 고심해야 하는 것이 '미디어 플래닝'이다. 어느 광고 매체를 사용할 것인지 미디어, 즉 비이클의 선택에서 출발하는데 이는 TV 광고의 적정 프리퀀시 이론이 대두됨으로써 보다 명확해졌다. 사전에 타깃 리치와 프리퀀시를 가정함으로써 광고에 의한 브랜드 인지는 물론 구입 의향률까지 예측할 수 있는 모델이 만들어졌기 때문이다.

그리고 상품이나 서비스의 광고를 위해 둘 이상의 매스미디어를 이용하는 미디어믹스라는 개념이 등장했다. TV와 라디오, 신문, 잡지, 교통광고 등의 미디어를 어떻게 조합해 타깃 리치를 최대화할 수 있을지가 미디어 플래닝의 결정이다. 가능한 중복을 피해 TV 같은 주력 매체가 닿지 않는 곳을 다른 미디어로 보완하는 것까지 포함된다. 한마디로 매체 계획의 중심으로 표적 수용자에게 메시지가 효과적으로 전달될 수 있도록 각 매체의 양적, 질적 특성과 기능 등을 감안하여 구성해야 한다. 미디어믹스를 위해서는 각 매체의 도달과 빈도 등의 관련 자료가 필요하다.

1950년대 후반 이후 컴퓨터를 이용한 미디어믹스 모델은 영 앤드 루비캄(Yong & Rubicam), BBDO, 톰슨(Thomson), 덴쓰(Dentsu : 電通) 등에 의해 개발되어왔고 2000년대 중반부터 TV와 인터넷을 활용한 다양한 형태의 크로스미디어 광고 캠페인이 진행되었다. 인터넷의 급속한 확산으로 TV와 인터넷 미디어를 패키지로 묶는 크로스미디어가 등장했으며 가장 많은 형태가 TV 광고 소재를 포털의 검색창에 노출하여 브랜드와 관련된 세부 정보를 제공하는 것이었다. 시청자는 제품에 관한 궁금한 사항을 인터넷 검색을 통해 해소하며 브랜드와 소비자를 이어주는 매개 역할을 한다. 결과적으로 광고 도달 범위의 확대로 소비자와의 효과적인 커뮤니케이션 기회를 얻을 수 있다.

현재 방송에서 노출되고 있는 대부분의 TV 광고는 특정 포털과 제휴하여 크로스미디어를 진행하고 있다. 특히 주요 포털들은 자사의 검색창을 타 매체에서 일정 기간 노출시켜주면 2~7%에 정도의 광고비를 지원한다. 광고주는 추가적인 인터넷 마케팅 효과를 얻을 수 있기 때문에 TV 광고와 포털을 활용한 크로스미디어 마케팅에 호의적이다.

크로스미디어 프로모션의 대부분은 단순히 검색창에만 노출하는 것보다 인터넷상에서 소비자 참여 이벤트를 진행하면서 TV 광고로 유도하는 방식이 많다. 온라인 프로모션을 홍보하기 위해 프로모션 명을 특정 포털의 검색창에 넣어 노출함으로써, 시청자가 인터넷 검색을 통해 브랜드 사이트로 이동할 수 있게 한다.

그러나 인터넷이라고 하는 기존 미디어와 차원이 다른 구조와의 조합은 지금까지의 미디어 플래닝 방식을 완전히 바꿔놓았다. 애초부터 인터넷은 커뮤니케이션 미디어이자 마케팅 툴이었다. 광고 메시지를 하나의 방향으로만 보내는 종래 미디어와는 방식과 성격에서 많이 다르다. 이것을 조합한다는 것은 차원이 다른 문제이다.

다시 말해 복수의 미디어를 조합하여 효과적인 캠페인을 전개하는 것이 미디어믹스이다. 인터넷을 포함해 만든 미디어 플랜을 크로스미디어라고 한다. 온라인과 오프라인 등 다양한 매체를 결합하며 일관된 메시지를 전달하는 덧셈의 미디어믹스와는 달리 곱셈의 개념이다.

인터랙티브 미디어는 기본적으로 레이어(layer)가 다르다. 그래서 인터랙티브를 중심으로 주변에 매스미디어 광고와 프로모션, 트랜잭션 시스템 그리고 브랜딩을 인터랙티브 활동에 맞춘 마케팅 모델이 부상하고 있다. 기업 마케터가 인터넷 광고의 미디어 플래닝과 인터넷과 매스미디어를 조합한 크로스미디어의 장점을 미리 파악해두는 이유이다.

《 인터넷의 미디어 데이터

크로스미디어를 논하기에 앞서 실제로 인터넷 광고의 미디어 플래닝이 어떻게 진행되는지 살펴보자. 현재 인터넷 광고의 미디어 플랜은 많은 데이터에 의해 실로 과학적인 방법으로 전개되고 있다. 비이클, 광고 스페이스, 출고 패턴, 타기팅 등에 관한 각각의 플랜을 뒷받침할 만한 미디어 데이터는 기존 매체가 생각할 수 없을 정도로 많다.

인터넷 광고의 매체사는 각기 자신들만의 미디어 데이터를 보유하고 있는데 기본적으로 서버의 로그와 자사 사이트의 앙케트 등에 기초한다. 간혹 전문 조사기관의 데이터도 이용하지만 인터넷 사이트 정도이다. 인터넷 광고에는 사이트 전체의 매체력은 물론이고 광고 게재면의 데이터가 필요하다. 예를 들어 TV의 특정 프로그램에 광고를 싣고 싶은데 방송국 전체의 높은 시청률을 운운해도 의미가 없는 것과 같다.

뿐만 아니라 컴퓨터의 모든 데이터가 디지털 형태로 변환되어 있어야 한다. 멀티미디어는 '멀티(multi)'와 '미디어(media)'라는 두 단어의 합성어로 멀티는 여러 가지라는 뜻이고 미디어는 문자나 그림, 소리, 애니메이션, 동영상 등과 같이 정보를 표현한 매체이다. 이러한 구성 요소를 두 가지 이상 사용해 디지털 방식으로 변환하여 대화 형태로 제공해야 한다. 두 가지 이상의 매체를 사용하여 하나의 시스템으로 통제해 사용자와 시스템 간에 상호작용을 가능하게 하는 것이다. 그래야만 만족할 만한 정보를 얻을 수 있다.

인터넷의 미디어 데이터를 광고 게재면 베이스로 쉽게 출력할 수 있는 시스템을 '애드바이저(AD-visor)'라고 하며, 파악할 수 있는 데이터만 해도 엄청나다. 현재 수많은 광고 메뉴와 실시간 정보가 보완되는 데이터베이스가 구축되어 있어 각 사이트의 카테고리별로 분류된 다양한 검색 항목에 의해 효율적인 데이터의 추출을 기초로 한 미디어 플랜이 가능하다.

또한 비이클 선정과 게재면 분석도 할 수 있다. 조사기관인 넷트레이팅(Netratings)사는 오디언스 데이터를 활용해 타깃의 웹 시청 동향을 다양한 각도로 분석함으로써 효율성 높은 비이클 선정을 지원하고 있다. M1이나 F1이라는 구분뿐만 아니라 성별이나 연령, 직업, 지역 등을 임의로 설정할 수 있기 때문에 보다 명확하게 핵심 타깃에게 지원할 수 있다.

사이트 접촉자 수나 접촉자율, 접촉자 구성, 체재 시간, 평균시청 페이지, 임프레션 등 다양한 방면으로 사이트 랭킹을 작성할 수 있다. 나아가 도메인이나 게재면별 중복을 분석하여 도달률이 높은 비이클을 쉽게 조합할 수도 있다. 예를 들어 국내에서 접촉자 수가 가장 많은 네이버나 다음 등의 톱 화면에 게재하면 최적의 리치를 획득할 수 있는지 혹은 사용자 중복은 없는지 등을 파악할 수 있는 것이다. 자동차 관련 면에 게재하고자 할 때 효율성 높은 포털사이트의 면과 자동차 전문 사이트를 조합하는 최적의 방법도 구할 수 있다.

« 매스미디어와 인터넷의 크로스미디어 전략

크로스미디어 혹은 크로스미디어 플래닝의 개념과 방향성에 대해 짚어보자. 크로스미디어, 즉 미디어 플래닝의 성립에는 두 개의 상황이 존재한다. 하나는 광대역 LTE의 보급으로 미디어 접촉 범위가 넓어져 인터넷과 종래의 미디어라는 레이어가 다른 미디어를 조합할 필요성이 커졌다.

일반적으로 오전 출근 시간대에는 라디오 이용률이 높고 근무시간에는 인터넷, 퇴근 후 프라임 타임에는 TV 시청률이 급증한다. 이처럼 시간에 따라 미디어 이용 행태가 변하기 때문에 광고주의 입장에서는 단일 매체 중심의 광고 캠페인보다 여러 매체가 유기적으로 결합된 광고 캠페인을 선호할 수밖에 없다.

그리고 최근 소비자들은 하나의 작업을 하면서 동시에 여러 개의 미디어를 이용하는 '멀티태스킹(multi-tasking)'에 익숙하다. 미국의 시장조사 업체 다이나믹 로직의 조사에 따르면 70%의 소비자가 동시에 두 가지 이상의 미디어를 이용한 경험을 가지고 있다고 한다. TV 시청자의 경우 74%가 TV 시청과 동시에 신문을 읽고, 66%는 인터넷을 이용한다. 신문 독자의 경우

52%가 동시에 TV를 시청하며, 49%는 라디오를 듣는다. 온라인 이용자의 경우 파일을 다운로드 받으면서 52%가 라디오를 듣고, 62%가 TV를 시청하며, 20%가 신문을 읽는다. 하나의 광고 메시지가 여러 매체로 전달될 경우 커뮤니케이션 효과가 증가할 수밖에 없다.

요즘의 소비자는 다양하고 상세한 정보를 자유자재로 취득할 수 있는 인터넷을 생활화하고 있다. 그 결과 넓고 얇은 정보와 좁고 깊은 정보 니즈를 함께 갖게 되었다. 소비자의 미디어 접촉에 따른 변화는 데이터로 확인이 가능하다.

인터넷은 TV에 이은 두 번째 미디어로 급성장하고 있다. 광대역 사용자에게는 특히 인터넷이 압도적인 위치를 차지하며 이 점유율이 머지않은 시대의 전체상이라고 봐도 무방하다. 구미(歐美)에서도 소비자의 인터넷 이용 시간이 점차 늘고 있다. 한국의 2013년 PC 인터넷 사용률은 세계 7위이고 모바일 인터넷 사용률은 4위로 나타나 점차 PC에서 모바일로 패러다임이 전환하고 있음을 보여준다.

인터넷 광고를 하는 이유는 인터넷이 아니면 도달할 수 없는 독특한 리치 때문이다. 크로스미디어는 리치를 보완할 뿐 아니라 상승효과까지 있다. 또한 인터넷이 아니면 도달할 수 없는 계층이 확대되고 있는데 이 층까지 소구할 수 있다는 데 의미가 있다. 일견 리치를 보완하는 종래의 미디어 믹스 개념과 같아 보이지만 브랜딩 효과뿐만 아니라 크로스미디어적인 작용도 있다. 나아가 매스미디어와의 중복 접촉자에게 상승효과까지 기대할 수 있다. 매스미디어와 중복 접촉에 의한 상승효과는 구매 시점이 가까워진 예상고객에게 메시지의 소구와 광고 출고 패턴에 따른 효과를 가속화한다.

2. 인터넷 광고의 효과 예측과 측정 방법

« 실시간 효과 측정이 가능한 인터넷 광고

광고 효과를 측정할 수 있다는 것은 광고주들의 오랜 꿈이었다. 인터넷 마케팅 커뮤니케이션이 가져온 혁신적인 변화의 하나는 효과를 실시간으로 측정할 수 있다는 점이다. 인터넷에서는 모든 행동들을 실시간 측정할 수 있다. 서버에 실시간으로 쌓이는 로그만 분석해도 소비자가 광고를 몇 번이나 클릭했으며, 어떤 광고를 가장 선호하고 많이 보는 시간은 언제인지 등의 내용을 별도 조사하지 않고도 측정할 수 있다. 이러한 이유로 인터넷 광고의 매체 판매에는 광고주가 원하는 행위가 발생했을 때만 비용을 지불하는 방식(pay per performance : PPP)이 생겼다.

인터넷 광고의 효과는 두 가지로 분류할 수 있다. 임프레션 효과는 광고 임팩트 효과는 물론이고 브랜딩과 태도변화 효과를 말한다. 트래픽 효과는 포스트 임프레션(post impression)과 포스트 클릭으로 일종의 리스폰스 효과이다.

임프레션 효과는 광고를 노출하여 유저가 시청한 단계부터 얻을 수 있는 광고 효과이다. 기본적으로 지금껏 광고 미디어에 기대하는 효과와 같다.

문자로 표현되는 텍스트 광고와 작은 스페이스의 화상에 의존한 배너 광고는 TV와 같은 광고 효과를 얻기 어려웠다. 그러나 플래시 동영상 기술에 의한 광고 표현이 가능해지면서 인터넷 광고의 임프레션 효과를 재인식하게 되었다. 특히 플래시 비디오라고 불리는 비디오 및 오디오의 양방향 스트리밍을 사용하는 동영상 파일 포맷이 등장하면서 사용자의 온마우스 등에 의한 인터랙션도 획기적으로 변했다.

임프레션 효과를 세분하면 임팩트와 브랜딩, 태도변화 세 가지로 나눌 수 있다. 광고의 임팩트 효과는 단순 상기나 인지, 호의, 이해 등의 측면에서 정도를 측정할 수 있다. 브랜딩 효과는 상품이나 브랜드의 단순 상기나 인지, 호의, 이해, 흥미, 이미지 등에 의해 나타나는 효과이다. 그리고 태도변화 효과는 광고의 클릭 의향과 웹사이트 방문 의향, 브랜드 정보취득 의향, 브랜드 구입 의향으로 얻을 수 있는 효과이다.

트래픽 효과는 사용자를 유도하는 효과를 말한다. 중요한 것은 유도 효과가 오로지 광고의 클릭에 의한 것만이 아니라는 점이다. 광고를 봄으로써 유저의 기억 속에 남게 되지만 광고에 접촉했을 때 즉시 기업 사이트에 액세스하지 못했을 때는 나중에 검색에 의해 광고를 게재한 사이트를 방문하는 경우도 있다. 이를 포스트 임프레션 효과라고 한다. 다시 말해 광고에 의해 웹사이트로 유도하는 효과는 클릭에 의한 포스트 클릭 효과에 포스트 임프레션 효과를 더한 것이라고 말할 수 있다.

포스트 임프레션을 측정하는 지표는 광고를 시청한 뒤 30일 이내에 특정 광고주 사이트의 페이지를 방문한 횟수를 임프레션 수로 나눈 비율, 즉 VTR(view through rate)이다. 상호작용에 의해 지원되는 배너 광고는 디지털 미디어와 검색엔진, SNS로 수익을 창출한다. 광고의 응답 측정은 광고의 성공 여부를 결정하는 데 있어 상당히 중요하며 그 응답으로는 즉각적인 응답과 잠재 응답(view through)이 있다.

인터넷 광고를 이용하는 한국의 광고주 대부분은 트래픽에 있어 포스트 임프레션 효과를 무시하는 경향이 있다. 즉, 클릭을 통한 임프레션 유도가 더 많다고 생각한다. 그러나 지나치게 클릭을 통한 유도에 집착하면 광고 크리에이티브와 게재 매체, 스페이스의 효과 내지 효율을 평가하는 데 한쪽으로 치우칠 우려가 있다. 그래서 광고 출고의 최적화를 위해 미리 포스트 임프레션을 측정해둘 필요가 있다.

광고주는 가능한 한 많은 소비자가 고객이 될 수 있게 등록을 유도하는 광고의 힘을 기대한다. 리스폰스 효과 측면에서 보면 웹사이트를 통한 고객 획득과 등록 행위는 광고주가 기대하는 유저 액션의 효과이다. 그렇기 때문에 액션 효과라고 하거나 인터넷을 통한 구매 행동을 포함한 등록 행위로 에퀴지션스(acquisitions)라고 한다. 그래서 리스폰스 효과를 인터넷 광고가 가진 또 하나의 효과로 본다. 물론 일각에서는 리스폰스를 인터넷 광고의 효과로 보지 않는 견해도 있다. 게재 사이트와 광고 스페이스에 따라 리스폰스에 이르는 사용자의 수에서 차이가 나기 때문이다. 리스폰스에 이르기까지는 브랜드와 광고 크리에이티브의 역할, 유도 사이트 등 여러 요소가 관련되어 있다.

뿐만 아니라 인터넷은 마케터가 별다른 비용을 들이지 않고 고객의 정보와 마케팅 효과를 측정할 기회를 준다. 마케팅 효과를 측정할 수 있다는 점은 인터넷이 다른 매체와 구별되는 중요한 특징이다.

예컨대 TV를 비롯한 라디오나 신문, 잡지 등은 개략적이나마 전체 시청자 및 독자의 크기를 예상할 수 있지만 얼마만큼 광고를 보았으며 그 영향이 어떤지 구체적으로 알려주지 못한다. 그러나 인터넷의 마케터는 사용자의 클릭 수, 페이지 뷰의 양, 구매상황 등을 실시간으로 추적할 수 있다. 또한 인터넷에서의 측정은 다른 어떤 수단보다 정확하고 유익한 정보를 제공해준다. 이와 같은 측정 방식은 마케터 및 광고 에이전트의 업무에 유익한 도움을 준다.

보다 정확한 측정 결과는 마케팅 투자 대비 효과까지 알 수 있다. 효과가 있거나 없는 마케팅을 쉽게 구분해주고 원인까지 파악할 수 있다. 마케팅의 방법도 소비자들의 반응에 따라 보다 나은 방향으로 갱신이 가능하다. 뿐만 아니라 초기에 어느 정도 마케팅의 결과를 예측할 수 있다. 대규모의 영업이나 광고 캠페인에 대한 투자가 이루어지기 전에 효과적인 의사 결정을 할 수 있는 기초 자료를 얻을 수 있다.

인터넷 마케팅의 효과를 측정하는 방법은 트래픽 분석과 히트, 방문자 접속이 있으며 그 밖에 브라우저 수나 표출 수, 거래 수 등이 있다. 요즘 들어 검색 광고시장이 급성장하고 있다. 기존 배너 등의 광고에 비해 광고 효과가 높을 뿐 아니라 저렴한 비용에 광고가 가능하기 때문이다.

광고의 경제성과 효과 측정에는 CPM 방식이 있다. 천 번의 광고 노출에 대한 비용, 즉 광고가 천 번 고객에게 노출될 때마다 그 비용을 계산하는 방법으로 주로 클릭 수를 기준으로 산출한다.

CTR은 클릭률로 인터넷상에서 배너 하나가 노출될 때 클릭되는 횟수를 뜻한다. 구하는 공식은 클릭 수 ÷ 임프레션×100이다. 어떤 사이트를 열었을 때 노출되는 광고는 여러 가지가 있지만 그중에서 사이트 방문자가 클릭하여 열어보는 광고 방문 횟수를 기준으로 한다. 예컨대 특정 배너가 100번 노출됐는데 3번 클릭되었다면 CTR은 3%이다. 일반적으로 1~1.5%가 광고를 할 만한 수치이다.

상호작용성(interactivity)은 광고를 보는 데 소요되는 실제 시간 등을 웹로그 파일 등을 이용하여 역산해내는 방법이다. 그 외에도 총 방문객 수의 측정이나 일정 기간 동안 한 사이트를 방문하는 개별 사용자 수, 고정 월간 비용 기준 등이 있다. 오버추어는 다양한 툴을 활용해 광고 효과를 측정한다. 그러나 일반적인 온라인 광고의 효과를 측정하는 방법에는 다음의 세가지가 있다.

① 광고를 클릭한 수 ÷ 광고를 통한 사이트 방문 수 = 구매 전환율

구매 전환율(conversion rate : CVR)은 사이트 방문을 통한 판매나 회원 가입, 등록 등의 특정 동작으로 전환된 횟수이다.

② 광고를 통한 매출 ÷ 광고비 = 광고 수익률

광고 수익률(return on ads spending : ROAS)은 특정 광고에 지출한 광고비용당 얻어진 수익이다.

③ 광고를 통한 판매 이익 ÷ 광고비 = 투자 수익률

투자 수익률(return on investment : ROI)은 광고에 지출한 비용당 얼마의 수익을 거두었는지 나타낸다.

광고에 의한 사이트의 방문 횟수는 각 광고를 통해 얻은 클릭 수에서 얻을 수 있다. 오버추어의 대다수 클릭은 오버추어 파트너 네트워크에서 발생하므로 오버추어에서 클릭 수를 기록할 때는 반드시 추적 URL을 사용하여야 한다.

그리고 전체 광고비를 각 광고의 수단별로 세분화하여 계산해볼 필요가 있다. 클릭에 의해 발생한 판매 횟수와 전체 금액을 계산해보자. 오버추어에서 제공하는 투자수익률 계산기를 통해 사전에 CPC로 투자수익률을 측정해볼 수 있다. CPC는 PPC(pay-per-click)와 마찬가지로 광고단가 기준이 클릭 횟수이기 때문에 별다른 구분 없이 사용된다. 해당 온라인 광고의 임프레션이 얼마인지와 상관없이 오로지 클릭 횟수가 광고 단가를 산정하는 기준이다.

만약 광고주가 광고비를 CPC방식으로 책정하면 클릭 한 번당 가격이 얼마인지를 매체사와 협의하여 해당 온라인 광고에 대해 일어난 횟수만큼 비용을 지불하면 된다. 반면에 CPM은 배너 등의 온라인 광고가 방문자에게 임프레션된 횟수, 즉 노출된 횟수를 기준으로 삼은 단가 산정 방법이다. 이럴 경우 1,000번의 임프레션을 한 패키지로 광고 단가를 산정한다.

« TV와 인터넷의 크로스미디어 효과

크로스미디어 프로모션을 진행하는 대부분의 광고주는 다양한 매체를 어떠한 조합으로 이용하는 것이 높은 효과와 효율을 가져올 수 있는지를 궁금해한다. 미국 광고 효과 조사기관 밀워드 브라운(Milward Brown)은 그간 수많은 크로스미디어 효과 연구를 수행하였다. 결과적으로 개별 미디어 마케팅보다는 2개의 미디어를 결합한 크로스미디어가 효과적이었으며, 3개의 미디어를 결합하면 한층 증대된다고 발표했다.

리서치 전문회사인 코리안클릭은 2004년 인구 통계학적 표본 추출을 통해 10~49세 인터넷 이용자 1천 명을 상대로 크로스미디어 마케팅의 효과를 조사하였다. 조사결과 TV 광고를 통해 상품의 브랜드나 이미지를 알린 후에 인터넷을 통해 세부정보를 제공하는 크로스미디어 기법이 광고 효과가 높은 것으로 나타났다. 네티즌의 광고 이용 형태를 분석한 결과, 전체의 40%가 TV 광고를 본 뒤 추가 정보를 위해 인터넷을 이용한다고 응답하였으며, 특히 남성과 20~30대 이용자가 유사한 이용 행태를 보였다.

크로스미디어에 관한 효과의 실증 연구 역시 지금껏 국내외에 걸쳐 수없이 많이 발표되었다. 대표적인 것 중 하나가 미국의 온라인출판협회(online publishers association : OPA)의 자료이다. 이 협회는 온라인에 콘텐츠를 가진 미디어 업체들에 의해 2001년에 결성되었다. 그간 방송사나 신문, 잡지 등의 웹사이트를 중심으로 광고 효과와 유저의 미디어 접촉 행동을 연구했다. 가맹 회원사로 CBS, MSNBC, CNN,『월스트리트저널』,『워싱턴포스트』등의 유력 미디어가 있다.

OPA의 'TV와 온라인 미디어믹스 연구(TV/online media mix study)'는 TV 광고와 인터넷 광고의 중복 접촉이 각각의 광고 인지에 미치는 효과의 측정을 실시한 것이다. 지정된 TV 프로그램의 웹사이트를 시청하게 하고 다음 날 광고 인지를 조사하여 TV 광고 접촉 그룹과 인터넷 광고 접촉 그룹, 쌍방 접촉 그룹, 쌍방 비접촉 그룹 등 네 그룹의 회답을 서로 비교했다. 평가 대상은 회답자별 이해 수준의 차이가 별로 없는 광고로 했다.

그 결과 TV 광고와 인터넷 광고를 중복 접촉시킴으로써 인지율을 높일 수 있다는 결론을 얻었다. TV 광고와 인터넷 광고 양쪽에 접촉한 소비자의 TV 광고 인지율(32%)은 오로지 TV 광고 접촉(23%)보다 9%나 높게 나왔다. TV 광고와 인터넷 광고 모두 접촉한 소비자의 인터넷 광고 인지율(78%)도 인터넷 광고 접촉자(65%)보다 13%나 높게 나왔다.

협회의 최근 조사에 의하면 온라인 브랜드는 온라인 광고가 걸린 웹사이트의 질에 따라 크게 좌우된다는 결론이 나왔다. 좋은 평가를 받는 콘텐츠 사이트에 광고를 올리면 그 광고를 낸 기업의 이미지까지 좋아진다는 뜻이다. 따라서 온라인에서 브랜드를 키우고 싶다면 먼저 질적으로 우수한, 그리고 사용자로부터 평판이 좋은 사이트를 골라 계약이나 제휴를 맺는 것이 바람직하다.

요즘 들어 한국에서 가장 두드러진 TV 소비 행태는 다양한 멀티스크린(N-스크린)을 사용한다는 점이다. TV를 보면서 SNS로 타인과 대화하는 '소셜 TV'가 보편화되었다. 한국은 1인당 평균 3.8개의 기기를 이용하고 있다. 또한 TV나 PC보다 스마트폰, 태블릿 PC 등 모바일 기기 사용에 좀 더 많은 시간을 할애하는 것으로 조사되었다.

광고대행사 HS애드는 2014년 3월 국내 소비자 1,000명을 대상으로 '3스크린 미디어 이용실태'를 조사한 결과 하루 평균 모바일 기기 이용시간이 3시간 34분으로 집계되어, TV(3시간)와 PC(48분)를 크게 앞섰다고 발표했다. 아마도 세계 최고 수준의 스마트폰 보급률과 LTE로 대변되는 이동통신 네트워크의 고도화, 스마트폰 화면의 대형화 등으로 음악, 게임, 동영상 및 TV 프로그램 시청 같은 TV나 PC의 기능을 상당 부분 대체했기 때문으로 보인다.

전 세계 미디어 소비 기기 보유 개수는 평균 3개이며 미국과 영국이 1.8개인 것을 감안할 때 한국의 소비자들이 다양한 기기를 소지하고 활용하고 있음을 알 수 있다. 그렇지만 주된 스크린인 TV를 통해 시청하는 시간은 다른 나라에 비해 적다. 멀티스크린의 보편화로 TV는 주당 13.5시간, 스마트폰은 6시간, 태블릿은 4.6시간, 노트북은 5시간, 데스크톱은 8.5시간 이용하고 있다.

이유는 Pooq, Tving, Olleh tv now와 같이 N-스크린에서 지상파나 케이블 방송을 볼 수 있는 서비스가 많아서다. 그중에서도 특히 데스크톱으로 많은 시간을 보내는 것은 아마도 웹하드를 통해 방송을 보는 이용자가 많기 때문이다. 인터넷을 기반으로 서비스하는 IPTV와 케이블 사업자들도 인터넷으로 동영상을 볼 수 있는 다양한 주문형 비디오 상품을 내놓으면서 이용자가 폭발적으로 늘게 되었다. 사용 방법도 쉬워 중장년층의 접근성도 높아졌다.

하지만 중장년층은 여전히 TV 시청에 많은 시간을 할애하고 있다. 반면에 젊은 층은 모바일 기기 선호가 월등하다. 연령별로 사용 미디어의 차이도 있다. 20대에선 모바일 기기 이용시간이 하루 평균 5시간 15분으로 가장 길었으나, 50대 이상에선 이것의 절반에도 못 미치는 2시간 7분에 그쳤다. 반면 TV 이용시간은 50대 이상에서 하루 평균 5시간 39분이었으나 10대에선 1시간 46분으로 연령이 낮을수록 이용시간이 적었다.

유럽인터랙티브광고협회(european interactive advertising association : EIAA)는 인터랙티브 광고의 계몽을 위해 유럽에서 2002년 설립된 단체로 인터넷 매체사와 광고대행사가 회원으로 가입되어 있다. 협회의 '팬 유럽의 크로스미디어 리서치 조사(the pan european cross media research study)'는 크로스미디어에 의한 캠페인이 리치의 확장과 브랜드 평가에 미치는 영향을 측정한 것이다. 독일, 영국, 프랑스 3개국에서 7개 카테고리의 15개 브랜드를 평가했다. 일주일 동안 미디어 접촉을 15분 단위로 회답하는 일기식 조사 방식으로 광고 접촉의 유무에 따른 광고 효과와의 관계를 분석한 것이다.

결과적으로 TV 광고보다 인터넷 광고의 도달률이 두드러진다는 것을 확인할 수 있었다. 이른바 인터넷의 독특한 리치이다. 이것으로 인터넷 광고가 매스미디어 광고의 리치를 보완한다는 것이 입증되었다. 덧붙여 매스미디어 광고와 인터넷 광고를 중복 접촉시킴으로써 광고 인지율과 브랜드 평가가 높아짐을 알 수 있다. 또한 TV 광고와 인터넷 광고 쌍방에 접촉했을 때 광고와 브랜드 인지율과 호의도, 이미지, 구입 의향이 어느 한쪽의 미디어에만 접촉한 사람보다 높았다. 잡지 광고와 인터넷 광고에서도 마찬가지였다.

협회가 최근 유럽 내 15개 시장에서 모바일 사용량을 조사한 결과 모바일 인터넷이 유럽 지역 소비자들의 인터넷 사용에 변화를 주고 있으며 일상생활에 미치는 영향도 증가했다. 매주 평균 7,100만 명에 달하는 유럽인들이 약 6.4시간을 모바일 인터넷 사용에 소비하는 등 모바일 인터넷 사용 시간이 1주일 평균 4.8시간에 달해 신문 구독을 앞지르고 있다.

유럽인들이 1주일 동안 신문을 구독하거나 잡지를 읽는 데 소비하는 시간은 평균 4.8시간과 4.1시간이고 16~24세 연령층의 24%, 25~34세 연령층의 21%가 모바일 인터넷을 사용하고 있다. 이들이 각각 1주일 평균 7.2시간, 6.6시간을 모바일 인터넷 사용에 소비하는 것으로 나타나는 등 주로 젊은 층이 모바일 인터넷 사용을 주도하고 있음을 알 수 있다.

모바일 인터넷 사용에 대한 소비자 수요 증가와 인터넷 접속 환경의 발달로 온라인 서비스 환경이 전반적으로 개선되었다. 소비자가 PC나 노트북 컴퓨터, 휴대전화, 게임기 등을 통해 수시로 인터넷에 접속하게 되면서 쌍방향 플랫폼을 통해 마케팅을 시행하는 기업들이 증가하고 있다.

주어진 광고 예산 내에서 플랫폼별로 최적화된 배분 공식을 찾기 위한 노력은 전통 매체만큼이나 뉴미디어에서도 큰 화두이며 지금도 진행 중인 과

인터넷 광고의 전부

제다. 키워드와 함께 온라인 광고를 대표하는 배너 광고는 그 역할이 비록 '뷰(view)'라는 수평적 가치로만 평가되어서는 안 되는 수직적인 가치, 즉 클릭 이후의 능동적인 브랜드 경험과 구매로의 연결 등이 분명히 있다. 그러나 수직적 가치는 전통 매체와 동일한 기준에서 평가하기 힘들고 더구나 정량화가 어려운 복잡다단한 구조로 되어 있다. 그래서 수평적 가치를 중심으로 전통 매체와의 최적화된 배분 공식을 찾기 위한 노력은 지금도 계속되고 있다.

그 일례로 미국의 인터넷광고협회(internet advertising bureau : IAB)는 '크로스미디어 최적화 연구(cross media optimization study : XMOS)'를 통해 다양한 글로벌 브랜드를 대상으로 최적화된 온라인 예산을 도출해내기 위한 작업을 진행했다. 전자의 두 연구보다 많은 기업이 참여하여 큰 규모로 다양한 효과 검증을 실시하였다.

그렇다고 XMOS에서도 명쾌한 답은 찾기는 쉽지 않다. 브랜드 인지에서부터 판매 증대까지 캠페인 목표별로 어느 수준의 온라인 예산이 최적인지 찾기 위해서는 브랜드의 차별화된 믹스별 집행과의 비교가 필요하다. 또한 동일한 광고 메시지로 타 플랫폼의 영향을 받지 않는 온라인만의 효과 측정도 해봐야 한다. 그러나 이 두 가지 모두를 충족시키는 캠페인의 실행은 현실적으로 불가능하다.

미국의 IAB는 인터넷 광고의 홍보와 보급을 목적으로 설립된 단체이다. 인터넷 광고의 건전한 발전을 위한 업계의 가이드라인 책정과 홍보 업무를 맡고 있다. 그 일환으로 2001년부터 인터넷 광고로의 광고 예산 배분을 최적화하여 효과를 최대화하기 위한 효과 검증 조사인 XMOS를 실시했다. XMOS의 효과 측정은 디지털 마케팅 전문가인 렉스 브릭스(Rex Briggs)가 고안한 조사 방법으로 대표적인 브랜드를 캠페인별로 평가하여 그 결과를 발표하고 있다.

조사는 온라인을 통해 수집된 응답자에게 미디어 접촉 상황과 브랜드 평가를 질문하여 인터넷 광고의 접촉 상황을 각 사용자의 브라우저로 개별 인식시키는 방법으로 실시했다. 각 샘플의 광고 리치와 프리퀀시, 브랜드 평가 지표와의 관계에 초점을 맞춘 분석이다. 특징이라면 똑같은 예산으로 광고 효과의 최대화를 시뮬레이션하는 최적화를 업종에 따라 브랜드와 캠페인별로 구하고 있다는 점이다. 결과적으로 인터넷 광고가 비용 대비 효율이 높은 브랜딩을 할 수 있음을 입증하였다.

인터넷 광고의 노출 횟수별 브랜딩 효과는 TV 광고와 거의 같고 신문을 웃돌았다. 그럼에도 인터넷 광고에 의한 브랜딩 비용은 TV 광고보다 저렴했다. 이처럼 몇 가지의 브랜드로 조사하고 각 브랜드가 중시하는 지표를 최대화하기 위한 미디어 플랜을 시뮬레이션한 결과 인터넷 광고는 전체 광고 예산의 10~15%를 할당하는 것이 효과적이라는 결론에 도달했다.

이러한 결과를 뒤집어 생각해보자. 미디어의 미래를 전망하는 많은 사람들은 향후 10년 안에 종이신문이 아예 사라질 것이라는 예측을 한다. 특정 미디어가 사라질 것으로 예측되는 시대에 전통적인 광고가 그때까지도 그렇게 많은 광고 예산을 차지해야 하는 걸까 의문스럽다.

인터넷은 이용시간 측면에서 기존 전통 매체를 넘어서고 있다. 그런데도 전체 광고비에서 인터넷 광고가 차지하는 비중은 10% 정도이다. 가장 큰 이유는 전통적인 매체에서 광고 효과 지표로 활용했던 리치와 프리퀀시, 도달률, 매체점유율(share of voice) 등의 관점에서 볼 때 인터넷이 이에 상응하는 적절한 데이터를 제공해주지 못해 공정한 평가를 받지 못했기 때문이다. 또한 제공자마다 상이한 자료를 제공하는 것도 한 가지 원인일 수 있다. 그렇다고 앞으로도 유사한 지표를 기준으로 전통 매체를 중심으로 광고 예산을 배정하는 것이 바람직한 것일까.

전통 매체의 효과 지표는 사용자가 광고를 어떻게 수용했느냐보다는 매체에 얼마나 내보냈는가에 초점이 맞춰져 있다. 얼마나 많은 사람에게 노출시켜 비용 대비 횟수를 효율적으로 내보냈는지가 주요 관심사였고, 이는 1970년대부터 현재까지 한결같이 광고시장에 적용되어왔다.

하지만 여기서 한 걸음 더 나아가 기존 효과에 대한 관점의 전환이 필요하다. 현재의 매체 중심에서 소비자 중심의 광고로, 다시 말해 단순한 매체 점유율에서 해당 브랜드에 대한 인상으로의 전환이다. 오로지 리치와 프리퀀시에만 의존하지 말고 실제 광고의 임팩트라는 차원에서 효과를 평가해야 한다. 따라서 마케터는 광고 예산을 배정함에 있어 한 번쯤 해당 광고를 소비할 소비자의 관점에서 생각해볼 필요가 있다. 소비자가 어떤 매체에 자주 접하며 시간을 보내는지, 그리고 어떤 매체를 동시에 접하는지 살펴보자. 그러한 매체들이 구매에 어떤 영향을 미쳤는지 소비자의 관점에서 이해해야 진정한 매체 평가의 잣대가 될 수 있다.

미국의 세계 최대 생활용품 기업인 프록터앤드갬블(P&G)이 175년 동안 도약할 수 있었던 배경에는 과학적이고 세분화한 시장조사가 있다. 1925년 설립된 시장조사 부서는 경영 역사에서 마케팅 리서치 조직의 효시로, 소비자 이해를 최우선시하는 기업의 고집을 증명한다. 불황 속에서도 소비자 조사를 위해 매년 3억 5,000만 달러 이상을 지속적으로 투자하는 등 고객 인사이트를 중시한다는 원칙을 고수하고 있다.[1] 철저히 고객 관점으로 제품을 출시해야 성공할 수 있다는 믿음 때문이다.

특히 한국 시장은 까다롭고 유행에 민감하기로 알려져 있었기 때문에 소비자의 이해와 혁신 측면에서 조사가 필요했다. 예를 들어 수많은 생활용품 중에서 스킨케어 브랜드 올레이(Olay)를 한국에 출시하기 전에도 수많은 시장조사를 실시했다. 그중 하나가 매체의 접촉에 따른 브랜딩 효과를 얻기 위한 크로스미디어 효과 측정이다. 결과적으로 한국의 소비자들은 보습보다 미백을 우선한다는 점을 파악했다. 그리고 제품을 출시하여 시장

---

1) 「2009 P&G Annual Report」 참조.

점유는 물론이고 매출액과 수익률을 높일 수 있었다.

미디어 예산 배분에는 최적화를 위해 개선해야 할 여지가 있었지만, 인터넷 광고로 리치를 넓혀 높은 효과를 얻을 수 있었던 것이다. 인터넷 광고의 출고 전과 후로 브랜드 순수 상기율은 물론이고 브랜드 이미지와 구입 의향률이 상승했다. 또한 인터넷 광고의 프리퀀시가 적은 그룹에서 많은 그룹까지 단계적으로 다섯 개의 그룹으로 구분한 결과 가장 낮은 그룹에서도 브랜딩 효과를 확인할 수 있었다. 이것은 인터넷 광고가 타 미디어와 같은 브랜딩 효과를 낸다고 인정했기 때문이다. 크로스미디어는 같은 브랜딩 미디어뿐만 아니라 기능이 다른 인터랙티브한 마케팅 툴과 조합해야 효과 상승을 기대할 수 있었다. 높은 브랜딩 효과를 위해서는 인터넷 광고 비율을 더욱 높여야 함을 시사해주고 있다.

크로스미디어에 의한 효과는 TV를 비롯한 인터넷과 신문 광고의 접촉에 따른 브랜딩 효과에서 구해진다. 그래서 브랜드 인지에 따른 순수 상기 수를 포함한 첫 상기율과 브랜드에 대한 상기율을 찾아야 한다. 브랜드 이미지에 의한 구입 의향은 온라인에서 회답한 정량조사, 즉 앙케트 조사로 얻을 수 있다.

진행 방법은 다음과 같다. ① 조사업체에 의뢰한 팝업 광고를 랜덤으로 표시하여 클릭하면 앙케트 페이지로 유도되게 한다. ② 앙케트에서는 먼저 광고와 브랜드에 대한 인식 외에도 TV와 잡지의 접촉 상황을 질문한다. ③ TV와 신문 광고에 몇 번 접촉했는지 질문한다. ④ 인터넷 광고에 몇 회 접촉했는지는 앙케트 항목이 아닌 브라우저의 쿠키파일로 판별한다. 그래야만 실제의 접촉 빈도를 명확하게 알 수 있다. ⑤ 광고 출고기간 중에는 항상 실사를 한다. 따라서 조사 기간이 몇 주간 이어질 수 있다. ⑥ 조사 대상자는 1만 명 이상의 대량 샘플로 한다. ⑦ 장기간에 걸쳐 대량의 샘플을 수집하기 때문에 미디어에 따른 광고 프리퀀시가 다를 수 있다. 따라서 ⑧ 각 미디어의 광고 프리퀀시 별로 브랜드 평가가 다를 수도 있다.

XMOS는 기업마다 중요시하는 지표별로 최대화의 시뮬레이션을 만들었다. 그리고 IAB는 XMOS가 발견한 인터넷 광고의 성격을 10개 항목으로 정리했다.

① 인터넷은 브랜딩할 수 있는 미디어이다.
② 인터넷은 매스미디어 리치 매체이다.
③ 인터넷은 온라인 구매를 촉진시킨다.
④ 주요 미디어 외에도 폭넓게 출고할 수 있다.
⑤ TV보다 임팩트가 강하며 효과 또한 높다.
⑥ 타깃 미디어가 종이 매체인 경우에도 인터넷 광고는 효과가 있다.
⑦ 기업이 웹 사이트를 구축한 것만으로 인터넷 전략은 불충분하다.
⑧ 인터넷에 적합하지 않은 상품 카테고리는 없다.
⑨ 인터넷과 기존 미디어를 비교할 수 있다.
⑩ 대부분의 광고주는 인터넷에 흥미를 갖고 있다.

인터넷이 브랜딩할 수 있는 미디어라고 결론지은 조사 결과는 2007년 뉴욕국제자동차쇼(the New York international auto show)에서 뉴욕 아우디 포럼 런칭 파티(Audi forum launching party in NYC)와 월트 디즈니 픽처스의 〈라이온 킹(the Lion King)〉의 DVD 발표 캠페인에서 나왔다.

아우디는 캠페인에서 TV, 잡지와 함께 인터넷 광고를 실시하였다. 그 결과 인터넷만 접촉한 사람의 광고 상기율이 15%, 구입 의향이 12%로, TV만 접촉한 것보다 평균 3%와 2%가 높아 인터넷 광고의 광고 상기 효과가 매우 높다는 점을 입증하였다.

또한 디즈니의 DVD 발표 캠페인에서 구입 의향은 TV만을 접촉한 사람이 19.9%, TV와 배너 광고를 합쳐 22.7%, TV와 리치미디어 광고를 합쳐 25.4%였다. TV와 인터넷의 리치미디어 광고를 조합하자 구입 의향이 조금씩 높아지고 있음을 확인할 수 있었다.

KT그룹의 디지털 미디어렙 업체인 나스미디어는 인터넷 이용자 2,000명을 대상으로 인터넷 서비스와 매체 이용 행태 및 디지털 미디어 이용 행태, 광고 수용 행태 등에 대해 조사하였다. 조사 보고서인 '2012 NPR(netizen profile research)'에 따르면 인터넷 이용자의 42.8%가 인터넷에서 신제품 광고를 가장 먼저 접하는 것으로 나타났다.

신제품 광고를 처음 접하는 매체로 인터넷은 2011년 29.4%에서 2012년 42.8%로 크게 증가한 반면에 공중파 TV는 63.6%에서 46.4%로 감소해 두 매체 간 격차는 4%포인트 수준으로 줄어들었다. 인터넷에서 신제품 광고를 처음 접하는 비율은 저연령층으로 갈수록 높게 나타났는데 10대는 과반수 이상이 신제품 광고를 접하는 매체 1순위로 인터넷을 꼽았다. 반면 45세 이상의 고연령층은 공중파 TV에서 신제품 광고를 처음 접하는 비율이 여전히 높게 나타났다.

요즘은 인터넷에서 신제품 론칭 프로모션을 진행하는 사례가 증가하고 있으며 이용자 참여와 입소문을 통해 성공적으로 집행된 사례도 많다. 인터넷 이용자의 신제품 광고 접촉 행태와 집행 사례를 볼 때 앞으로 인터넷을 중심으로 한 신제품 프로모션 진행이 증가할 수밖에 없다. 그렇지만 TV을 많이 접할수록 인터넷을 잘 이용하지 않고, TV를 별로 보지 않을수록 인터넷을 많이 이용하는 경향이 있다. 광고주는 광고를 집행할 때 TV나 인터넷 외에 여러 미디어를 함께 사용하는 것이 효과적이다.

인터넷의 헤비 사용자층인 전체의 20%가 소비하는 임프레션 수는 전체의 약 58%에 이르기 때문에 프리퀀시의 제한을 걸어 도달 효율을 올리거나 게재 사이트를 늘릴 필요가 있다. 인터넷은 TV보다 전달력과 임팩트가 높다. 브랜드 이미지를 상승시킨다는 점에서 비용 대비 효과도 좋다. 맥도날드 등의 캠페인 조사에서도 인터넷 광고가 효과적이라는 점이 실증되었다. 인터넷 광고 예산을 15% 정도 늘리자 구입 의향이 14%나 올랐다. 인터넷 광고 예산의 적절한 확대가 필요한 이유다.

대부분의 인터넷 광고는 프로모션 같은 단기적인 목적이나 브랜딩을 통한 상품의 인지 증대에 많이 이용된다. 코카콜라는 새로운 브랜드를 홍보하면서 TV 광고처럼 티저 광고(teaser advertising)와 론칭 광고를 구분하는 시도를 하여 티저 광고를 통한 호기심 유발 전략이 성공을 거둔 사례가 있다. 티저 광고를 통한 호기심 유발은 77%라는 경이적인 클릭률을 기록하여 하루에 200만 명이 넘는 접속이 이루어졌다. 또한 클릭을 요구하지 않는 브랜딩 광고를 선보여 평균 노출 시간보다 2배 이상의 좋은 반응을 거두었다. 이렇듯 광고의 목표와 방향이 장기적 브랜딩을 토대로 이루어지는 방식이 늘고 있다. 오프라인과 온라인의 미디어 전략이 상호 시너지를 낼 수 있도록 하는 통합적 접근을 하고 있는 것이다.

« 각종 효과 측정 방법과 장단점

인터넷 마케팅의 효과를 측정하는 방법에는 마케팅과 마찬가지로 다양한 방식이 있다. 먼저 트래픽에 의한 측정이다. 인터넷 광고의 승패는 얼마나 많은 사용자가 자신의 웹사이트를 방문하느냐에 달려 있다. 인터넷을 항해하는 수많은 이용자를 가능한 많이 끌어들여야 효과적인 마케팅을 할 수 있다. 대부분이 특정 웹사이트로 들어오는 것을 자동으로 측정해주는 기계적인 방법을 쓰고 있지만 그 외에도 대상에 따른 갖가지 방법이 있다.

페이지뷰는 트래픽을 측정하는 데 가장 널리 사용된다. 웹사이트의 가치는 페이지가 많을수록 높지만 웹사이트에 영향을 미치기 위해서는 적어도 월 100만 페이지뷰가 필요하다. 상업적인 웹사이트의 방문자 수가 기대에 못 미치거나 투자에 비해 적다면 획기적인 마케팅을 시행하거나 폐쇄하거나 둘 중에 하나를 선택해야 한다. 그러나 이 같은 극단적인 방법 외에 트래픽 분석 방법을 취한다면 훨씬 나은 사이트로 만들 수 있다. 사이트의 접속자가 누구이며 어떤 경로를 통해 접속하며, 방문자의 비율이 어느 정도인지 파악할 수 있기 때문이다. 이것에 의해 사이트의 증설이나 추가·갱신·수정 등을 반영한 계획을 수립하면 된다. 정기적인 트래픽 분석을 하지 않은 상업적 사이트는 웹페이지를 갱신하거나 추가한다고 해서 성공하기 어렵다.

사이트 트래픽을 관리 목적으로 측정하는 경우에는 주로 서버 측면에서 이용한다. 개인 홈페이지에서 많이 이용하는 것이 카운터 프로그램이고, 또 좀 더 세부적인 통계까지 작성해주는 것이 트래커 프로그램이다. 카운터는 페이지 전송의 횟수, 즉 접속 건수를 계산해주지만 트래커는 전송 횟수나 사용자 횟수, 수용자 정보 같은 보다 세부적인 통계를 얻을 수 있다. 이 두 가지 프로그램의 기능은 중복된 것도 많아 구별하기가 어렵다.[2]

인터넷에서는 이와 같은 프로그램들이 무료에서 유료 제품에 이르기까지 다양하게 나와 있다. 그러나 대부분의 배너 관리 제품은 배너의 표현 횟수와 클릭 횟수 등을 산출하면서 부가적으로 배너 출력 스케줄을 정하는 등 주로 배너 관리에 초점이 맞추어져 있다. 따라서 사이트의 트래픽 관리에 별 도움을 주지 못한다. 트래픽 측정은 사용하는 측정 단위에 따라 수치에서도 약간의 차이가 있다.

또 다른 측정 수단으로 히트 수(hits)[3]가 있다. 서버로부터 보내지는 파일 수나, 웹 방문자가 클릭한 수로 측정하는 방법이다. 만약 브라우저 수로 측정한다면 웹사이트에 접속한 컴퓨터의 수로 측정할 수 있다. 현재 대부분의 인터넷 광고대행사들은 히트 수를 근거로 요금을 산정한다. 그러나 하

---

2) 박현길, 『아무도 가르쳐 주지 않는 프로들의 광고 노트』, 청년정신, 2006, 283쪽.

3) 히트 수는 웹상에서 클라이언트로부터 요청받은 개개의 파일에 대한 서버의 응답 단위를 말하며, 웹사이트의 인기를 측정하는 단위로 사용된다. 히트 수와 접속(access) 수는 전혀 별개다.

나의 홈페이지에 실린 모든 이미지와 소리, 문자 등이 하나의 히트로 계산되기 때문에 특정 기업의 홈페이지에 한 번 클릭했음에도 여러 번으로 기록될 수 있다. 뿐만 아니라 한 페이지의 어떤 이미지를 클릭해 들어갔는데 그 이미지에 포함된 파일 수가 이중으로 계산될 수도 있기 때문에 사실 어떤 텍스트나 이미지가 특별히 인기 있는지 알지 못한다. 광고주는 자신의 광고 페이지에 얼마나 많은 파일이 실려 있는지 고려할 필요가 있다.

다시 말해 접속 통계에서 가장 단순한 단위는 히트 수의 빈도이다. 사용자가 특정 사이트를 방문하여 서버에게 웹문서를 요청하면 전송될 때마다 각기 하나의 히트로 서버의 로그파일에 기록을 남긴다. 예컨대 5개의 그래픽 이미지를 포함한 웹페이지의 경우 이 페이지가 브라우저에 의해 요구되어 서버에서 전송될 때 로그파일에는 각각 하나씩의 히트로 기록되어 히트 빈도는 총 6번이 된다. 이는 5개의 그래픽 이미지와 하나의 텍스트 파일을 개별적으로 보기 때문이다. 때문에 실제의 접속 통계보다 훨씬 부풀려지기 마련이며 의도적으로 조작되기도 한다.

히트는 파일이 서버에서 브라우저로 전송되는 것을 카운트한 수치이며, 브라우저가 서버에게 파일의 전송을 요구하는 횟수를 말하는 것이기도 하다. 그래서 전송 과정에서 성공적으로 브라우저에 파일이 로드되는 경우가 있고 서버에 의한 에러가 생길 수도 있으며 브라우저에 의해 전송이 취소될 수 있다.

이와 같은 예외를 고려하지 않고 단지 브라우저에 의한 파일의 전송 요구 횟수만을 카운터한다면 그 수치는 왜곡된 결과를 가져올 수 있다. 또한 그래픽 이미지나 사운드, 비디오 등도 하나의 파일이 될 수 있으며 이와 같은 파일은 웹문서 내에 여러 개 존재한다. 그래서 파일의 전송과 전송 요구를 카운트하여 그 수치로 트래픽을 분석하는 것은 무의미하다. 히트 빈도는 파일 전송 수치와 거의 일치하기 때문에 서버의 파일 전송을 점검할 수 있는 측정 기준으로써 매우 유용하다.

웹 방문자가 클릭한 수로 측정하는 방법도 있다. 특정 사이트에 접속한 방문자는 문서가 링크된 순서에 따라 서버에 여러 페이지를 요구한다. 서버는 이와 같은 일련의 행동을 자신의 로그파일에 하나의 방문자로 카운트한다. 만약 방문자가 특정 페이지에서 정해진 시간을 초과해서 머물렀을 때는 새로운 방문자로 간주한다. 그 시간은 통상 30분에서 1시간 정도이다.

방문자에 의한 측정은 사이트 트래픽 측정을 보다 현실적이고 실용적으로 한다는 점에서 유용하다. 그렇지만 접속자를 일일이 구별해 계산해야 하는 어려움이 있다. 또한 하나의 홈페이지 내에 포함된 여러 개의 이미지나 파일 중에서 방문자가 클릭한 파일만을 계산하기 때문에 어느 사이트의 파일이 인기 있는지 알 수 있으므로 광고주의 입장에서도 다소 유익하게 이용할 수 있다.

웹사이트에 접속한 컴퓨터의 브라우저 수로 측정하는 방법도 있다. 웹 방문자가 자사 광고를 본 수치를 측정한다. 주로 검색엔진에서 광고비 산정 시 사용되며 측정이 용이하다는 이점이 있다. 다만 컴퓨터의 수가 방문자의 수가 될 수는 없다는 단점도 있다. 하나의 컴퓨터를 여러 사람이 사용하거나 한 사람이 여러 대를 사용하는 경우도 있기 때문이다. 특히 다양한 모바일 기기로 인터넷에 접속하면 접속 시마다 주소가 달라져 한 사람이 여러 대의 컴퓨터를 쓰는 것과 같은 효과를 내기 때문에 오류가 생길 수 있다. 그러나 아직까지는 실제 방문자 수의 완벽한 측정이 기술적으로 불가능하기 때문에 그나마 이 방법을 가장 많이 채용하고 있다.

그밖에 인터넷을 통해 발생한 거래 내역으로 측정하는 방법이 있다. 인터넷을 통해 거래한 회사에서 매달 또는 분기별, 나아가 연도별로 그 내역을 뽑아 측정에 사용한다. 이를 통해 거래가 발생한 수치뿐만 아니라 그로 인해 발생한 매출액 등 다양한 영업 내역을 파악할 수 있다.

3. 재미있는 콘텐츠를 통한 커뮤니케이션

« 재미있는 광고가 넘치는 시대

다수의 미디어가 각기 지닌 특성에 따라 네트워크를 활용하면 사용자의 시선을 보다 많이 끌 수 있을 것이라고 생각하겠지만, 실제로는 강력한 콘텐츠를 많이 보유한 미디어일수록 더욱 많은 관심을 끌었다. 따라서 이전의 미디어형 콘텐츠를 그대로 사용하는 것보다 인터넷만의 콘텐츠를 개발하는 것이 나을 수 있다.

웹 2.0은 소비자의 자유로운 인터넷 환경을 지칭하는 용어이다. 소셜미디어는 웹 2.0 기술에 기반한 사람과 사람의 관계를 지향하는 서비스를 총칭한다. 개방적인 웹 환경을 기반으로 네티즌들이 자유롭게 참여해서 콘텐츠를 생산하거나 공유하는 개념이다. 직접적인 참여와 소비, 그리고 공유라는 3가지 특성으로 누구나 정보의 공급자이자 수용자가 될 수 있다. 정보의 개방을 통해 인터넷 사용자들 간의 공유와 참여를 이끌어내고 이를 통해 정보의 가치를 증대시킨다.

국내 소셜미디어 마케팅의 대부분도 블로그나 페이스북, 트위터 등의 소셜미디어에 치중하고 있다. 흔히 볼 수 있는 UCC(user created contents)는 인터넷 이용자가 직접 글이나 동영상, 만화, 음악파일 등을 만들어 웹상에 올린 사용자 제작 콘텐츠이다. 디지털카메라와 캠코더가 널리 보급되면서 세계 최대의 UCC 사이트 유튜브는 1억 건 이상의 동영상을 보유하고 있을 정도이다.

요즘 들어 카페나 블로그, 미니홈피 등에 게시하는 대부분의 게시물 중에는 텍스트 위주의 창작물보다 동영상이 많다. 동영상은 사용자 중심의 웹 2.0시대에 가장 적합한 콘텐츠로 주목받고 있다. 그러나 참여와 개방, 공유와 협업이라는 웹 2.0의 기본 정신을 넓은 시각에서 본다면 완전히 다른 형태의 마케팅도 가능하다.

레고(Lego) 마케팅의 하나인 '레고 아이디어'는 자신들이 만든 창작품을 등록하는 프로그램이다. 공개된 창작품을 다른 고객들이 투표로 평가하고 만약 1만 표 이상을 획득하면 본사에서 상품성을 검증한다. 검증을 통과하면 실제 상품으로 생산되고 양산된 제품의 판매 수익도 배분받을 수 있다. 레고 마니아들은 자신의 창의성이 담긴 작품을 선보일 수 있는 기회이기 때문에 많이 참여하고 있다.

이와 유사한 방식인 CGV의 주문형 극장 'TOD'가 있다. 예술영화 전용관에서는 상영 가능한 영화 목록을 제공한다. 고객이 보고 싶은 영화의 시간이나 극장을 선택하면, 극장 측은 상영 확정 목표 인원을 알려준다. 적정 인원이 채워지면 확정되어, 원하는 시간과 극장에서 관람할 수 있다. 영화 안내는 자신이 만든 웹사이트나 SNS를 통해서 한다. 소비자 생성 미디어(consumer generated media : CGM)를 마케팅의 재료로 활용한 사례이다.

소셜미디어 담당자들과 콘텐츠 회의를 할 때면 어김없이 등장하는 단어가 '재미'이다. 그러나 코멘트와 더불어 내놓는 콘텐츠 유형은 대부분이 엇비슷하다. 화려한 이모티콘, 다양한 컬러로 꾸민 콘텐츠, 제품이나 행사를 소개하는 웹툰 따위로 온통 자극적인 것들뿐이다. 그중에서도 단골로 등장하는 것이 개그 프로그램의 유행어를 활용한 콘텐츠나 패러디를 가미한 동영상 정도이다.

최근 대박 터진 '의리' 광고는 불안한 청춘 세대들의 자조적(自嘲的) 경향을 넘어서 유희적 코드에 열광한 현상이다. 청춘 세대의 불안이 미래가 불확실한 현대 일반 대중으로 확대되어 누구나 쉽게 자신을 잉여라 칭하고 드러낸다. 광고를 소통 놀이의 하나로 보는데 단순한 유머가 아니라 주류 시각에서 벗어나 다르게 보는 것의 중요함을 일깨워준다. 의리를 앞세운 식혜 광고 영상은 젊은 층에 인지도를 높였을 뿐만 아니라 상당한 매출 증대 효과를 거두었다. 히트를 넘어 가히 신드롬이다. 기업이 잉여 코드에 주목하는 이유는 싼티, 촌티, 날티 같은 미완성의 콘텐츠 역시 누구나 참여하고 소통하는 놀이터가 될 수 있기 때문이다.

콘텐츠를 전달하는 방식에서도 어려움이 따른다. 이모티콘이나 다양한 컬러를 적용한 콘텐츠는 가독성이 떨어진다. 웹툰은 눈에 띄기는 하지만 검색엔진에 노출되기 어려운 데다 기업의 일방적 메시지 위주로 만들어지기 때문에 소비자들의 반향을 이끌어내기 어렵다. 또한 표현 방식은 둘째치고라도 기업의 메시지를 콘텐츠화하는 것도 만만치 않은 문제이다. 소셜 웹의 기본적인 역할은 근본적으로 기존 미디어에서 볼 수 없었던 색다른 시각을 제공해 대중의 공감을 이끌어내어야 한다는 것이다.

요즘은 체험 마케팅(experience marketing)을 '인터랙티브 마케팅(interactive marketing)'이라고도 부른다. 하나의 브랜드 스토리를 소비자와 기업이 함께 만들어간다는 의미이다. 소비자들이 갈수록 까다로워지기 때문에 단순한 브랜드 홍보로는 차별화할 수 없다. 경쟁 기업과 다른 감성적 만족을 제공해야 우위를 점할 수 있다.

2013년 1월 프랑스 파리에서 열린 영화 〈라이프 오브 파이(Life of Pi)〉 시사회는 관객을 극장이 아닌 수영장에 모아놓고 보트 위에 앉힌 뒤 상영하였다. 한 소년이 구명선에 호랑이와 함께 타고 바다를 표류하는 내용이라

영화 〈라이브 오프 파이〉 시사회. 관객들이 극장이 아닌 수영장에서
보트를 탄 채 영화를 관람하고 있다. (출처 : 20세기 폭스코리아)

이를 더 생생하게 체험할 수 있도록 제작사 측이 고안한 행사이었다. 관객
은 색다른 이벤트에 환호하였고, 입소문을 통해 흥행을 도왔다. 이른바 체
험 마케팅 기법의 사례이다.

체험 마케팅은 주로 제품을 직접 써보게 한 뒤 구매를 유도하는 방식으로
이루어져왔다. 화장품 샘플, 온라인 동영상 강의 맛보기, 사고 싶은 제품을
직접 써볼 수 있는 애플 스토어나 삼성전자 디지털플라자 등이 대표적이
다. 그러나 체험에는 재미와 스토리가 녹아 있어야 한다. 체험 그 자체가 흥
미롭고 유익한 시간이 될 수 있도록 스토리와 콘텐츠 개발 준비를 많이 해
야 한다.

아이디어 상품으로 유명한 온라인 쇼핑몰 '펀샵(Funshop)'은 기존 온라인
쇼핑몰과 차별화된 제품 소개로 예외적으로 소셜 웹에서도 널리 회자될 만
큼 인기가 높다. 단순한 풍선 인형을 37세 회사원으로 설정하여 그 일상을
스토리로 표현한 '케니 더 벌룬'은 사람 모양으로 생긴 풍선일 뿐 딱히 용도
는 없지만 인기 아이템이다. 이 회사의 제품 정보 콘텐츠에서 말하는 재미

는 곧 색다른 시각임을 알 수 있다.

설령 멋진 콘텐츠로 만들었다고 해도 유료화하는 것 역시 만만치 않다. 인터넷에 담긴 수많은 정보가 무상으로 흘러 다니기 때문이다. '롱테일 이론'으로 유명한 IT 사상가 크리스 앤더슨(Chris Anderson)은 자신의 저서 『프리(free)』를 통해 모든 것이 공짜로 되어가는 '공짜경제(freeconomics)' 시대에 대해 "디지털화할 수 있는 모든 것은 마치 중력처럼 값이 공짜에 가까워지는 현상에서 벗어날 수 없다"고 지적했다. 인터넷 공간에 널려 있는 그 많은 공짜 콘텐츠들을 생각하면 쉽게 이해가 될 것이다.[4]

저자는 "공짜경제를 피할 수 없는 현실로 간주하고 이 시대에 살아남을 수 있는 창의적인 대안들을 마련하라"고 강조한다. 21세기 비즈니스 모델에서 가장 주목해야 할 것이 이른바 프리미엄 모델이다. 95%의 범용서비스는 공짜로 제공하되 나머지 5%의 차별화되고 개인화된 서비스를 소수에게 비싸게 팔아 수익을 얻는 것이다.

그래서 인터넷 사용자에 의해 생성되는 정보는 기본적으로 통제 불가능하다는 점을 이해해야 한다. 마케팅으로의 활용도 반드시 성공한다고는 말할 수 없다. 자칫 역효과를 일으켜 네거티브 캠페인으로 바뀔 수 있다. 기본적으로 자사 미디어인 웹사이트를 중심으로 마케팅 비용을 들여야 할 때는 과감한 투자가 필요하다.

또한 모바일이 커뮤니케이션 미디어로 변화할 가능성이 있다. 표현에 있어서도 개성 있는 크리에이터가 출현하고, 콘텐츠 역시 독자적인 것으로 발전하고 있기 때문이다. 새로운 미디어가 등장하는 초창기 콘텐츠의 대부분은 지금까지의 것들과 유사하다. 그러나 개성 있는 콘텐츠가 개발되면서 조금씩 독창적인 모습으로 변모해간다. TV나 인터넷도 마찬가지이다. 모바일은 궁극적으로 퍼스널 미디어이기 때문에 강력한 소구력이 있다. 독자

---

4) 이지훈, 『혼·창·통』, 쌤앤파커스, 2010, 31쪽.

적인 성격으로 인해 그에 맞는 독특한 콘텐츠들이 개발되고 있다. 상호적인 성격과 작용으로 인해 게임 등에서 많이 활용되고 있다.

앞으로 광고를 둘러싼 환경은 끊임없는 변화를 거듭할 것이다. 인터넷에 의한 광고는 지금보다 훨씬 감각적이고 재미있어질 수밖에 없다. TV 광고 역시 인터랙티브한 미디어의 출현에 의해 다양한 아이디어를 수용하면서 더욱 재미있고 즐길 수 있는 광고가 넘치는 시대를 맞이하고 있다.

《 플래시 동영상으로 전개하는 웹사이트

기업 웹사이트 담당자들은 수많은 갈등을 겪는다. 관심 있는 고객이 방문하는 사이트이기 때문에 사용성에 있어서도 남다른 신경을 쓴다. 그렇지만 아무리 웹사이트의 성격에 어울리는 근사한 표현을 만들고, 톤 앤 매너 역시 통일된 디자인을 도모해도 결과적으로 기존 사이트들과 유사하기 십상이다.

방문자가 불편을 겪지 않도록 모든 사용자의 환경에 대응할 수 있는 나름의 규정이 있지만 그것도 재미있는 사이트와는 거리가 멀다. 그렇다고 누구나 접근하기 쉬운 웹사이트를 지향하면 어떻게 만들어도 구매 카탈로그 정도에서 벗어날 수 없다. 마케터의 입장에서 인상적인 웹사이트 만들기는 불가능한 것일까. 이를 해결할 수 있는 것이 유저 판별에 의한 분류이다.

2011년까지 인기를 끌었던 광대역은 LTE의 상용화 이후 고전하고 있다. 글로벌 이동통신사업자도 기존 통신망을 사용할 수 있어 투자비용이 적게 드는 LTE를 선택했기 때문이다. SK텔레콤과 KT, 그리고 LG유플러스 같은 국내 이동통신 3사의 네트워크 속도 경쟁도 한몫을 했다. 2013년 이른바 '2배 빠른 LTE'라는 이름으로 시작된 경쟁이 지금도 치열하게 진행되고 있다. 하지만 모든 환경을 고려하면 광대역은 물론이고 협대역(narrowband) 사용자에게도 대응하지 않을 수 없다.

디지털 신호를 아날로그 신호로 변화시키는 DAC(digital-to-analog convert)가 동영상 스트리밍 광고를 할 때 매번 액세스하는 사용자의 회선 속도를 판독하여 광대역 사용자에게는 스트리밍 동영상을, 협대역 사용자에게는 GIF 배너를 전송한다. 이러한 방식은 기업의 브랜드 사이트에서 충분히 응용할 수 있다. 때에 따라 협대역 사용자에게는 광대역 콘텐츠가 있는 것조차 표시하지 않을 수 있다. 이러한 구조가 개선된다면 브랜딩이 목표인 사이트 페이지보다 더욱 과감한 표현을 실을 수도 있다.

애초부터 기업 웹사이트는 인터넷 사용자의 능동적인 정보 취득 태도를 전제로 정보 검색형 카탈로그 페이지처럼 만들어져 있다. 기업 측의 요구에 의한 카탈로그 같은 인쇄물 형태이다. 이 같은 스타일에서 탈피하여 인터랙티브한 웹 체험을 통해 즐겁게 구매를 유도할 수 있는 사이트로의 전환이 필요하다.

사용자의 액세스에 의존하던 정보 툴에 불과하던 것에서 벗어나 능동적인 감상형 브랜딩 미디어로 변환하려면 플래시 동영상을 활용한 푸시형 데스크톱 스토리가 좋다. 데스크톱 스토리는 TV나 잡지와 카탈로그 같은 상호작용이 가능한 인터랙션을 구사할 수 있다. 브랜드를 인식시키는 데 사용자의 리스폰스에 의존하지 않아도 된다.

요즘은 대부분의 콘텐츠가 동영상이기 때문에 데스크톱 스토리의 한 요소로 볼 수 있다. 또한 플래시 스트리밍 서버를 이용하여 프레젠테이션을 하기 때문에 기업 웹사이트의 데스크톱 스토리가 주목받고 있다. 특히 '마이크로스트레티지 분석 데스크톱(microstrategy analytics desktop)'은 사용자가 보유한 데이터에서 심층적인 통찰력을 얻을 수 있도록 지원하는 제품이다. 사용성이 뛰어나 IT부서의 지원 없이도 몇 분 안에 시각화의 구현은 물론이고, 데이터를 통해 많은 것을 얻을 수 있다.

뿐만 아니라 어떤 소스의 데이터에도 신속하게 접속할 수 있다. 단일 스크립팅 코드나 데이터베이스로부터 정보를 얻기 위한 대화식 프로그래밍 언어인 SQL(structured query language) 코드 없이도 엑셀 파일을 비롯해 관계형 데이터베이스, 다차원 데이터베이스, 클라우드 기반 애플리케이션, 심지어 하둡 데이터도 가져올 수 있다. 데이터베이스의 액세스 외에 비용이 발생하는 값비싼 시각화 솔루션과 달리 모든 기능이 무료로 제공된다. 또한 임팩트 있는 세련된 데이터 시각화를 구현하여 핵심적인 부분을 빠르게 보여준다. 몇 번의 클릭만으로 기본적인 파이 그래프와 고급 매트릭스, 네트워크, 지도 같은 뛰어난 시각화 기능을 모두 얻을 수 있다.

그리고 HTML에서 실현 가능한 모든 것은 플래시 동영상으로 해결할 수 있다. 그것을 구사할 수 있는 크리에이터의 수를 생각하면 스트리밍을 위한 인코딩 기술이 필요하지만 창의성을 십분 활용한다면 얼마든지 가능하다. 또한 플래시 동영상 스트리밍을 구사하는 데 있어 데스크톱 프레젠테이션이라는 웹페이지 작성 방법이 있다. 프레젠테이션 데이터를 통해 웹 사용자를 설득하는 방식으로 퍼스널 미디어의 맨투맨으로 설명될 수 있다.

요즘 모니터는 고화질의 투명 유리 같은 해상도를 갖추고 있다. 그리고 종래의 동영상은 프레임 내 모든 것을 촬영해 패키지화했지만, 웹의 플래시 동영상 스트리밍은 데이터의 동영상만 제공한다. 그래서 단순한 프레임과 달리 마치 데스크톱 안에 있는 것 같은 존재감을 연출할 수 있다. 이러한 데스크톱의 성격으로 인해 매우 강한 메시지의 발신이 가능하다. 간혹 라디오 생방송에서 청취자의 공감에 의해 힘 있는 광고 메시지가 전달될 때가 있다. 마찬가지로 높은 신뢰감이 필요한 상황을 데스크톱에서 연출할 때 플래시 동영상이 효과적이다.

최근 들어 인터넷 광고의 브랜딩에 필요한 표현과 타기팅, 그리고 옵티마이즈에 대한 진화가 빠르게 진행되고 있다. TV 등의 종래 미디어가 감당하던 부분이 인터넷 미디어로 이행된 결과이다. 이 과정에서 혜택을 받은

인터넷 광고의 전략

것은 비단 매스미디어 마케팅뿐만이 아니다. 지금껏 인터넷을 고객 획득 채널로 활용해온 다이렉트 마케터에게도 좋은 기회가 되었다.

TV의 심야 시간대는 홈쇼핑 방송이 점거하고 있다. 홈쇼핑 방송의 주요 시청층은 평균 40~50대지만 최근 선두 업체들이 의류나 화장품 비중을 늘리면서 20~30대 젊은 층들이 대거 유입되어 점차 시장이 커지고 있다. 특히 동영상 광고 비용이 그다지 높지 않아 홈쇼핑 사업자도 적극적으로 활용하고 있다. 따라서 지상파의 심야 시간대와 케이블 TV의 홈쇼핑 프로그램이 도달하지 않는 층에는 어떤 미디어로 대응하는 것이 효과적인지 검토해볼 필요가 있다.

만약 인터넷을 통해 특정 프로그램의 전체나 장편 광고를 내보낼 수 있다면 트랜잭션 채널이 되기 때문에 강력한 미디어가 될 수 있다. 그러나 대부분의 다이렉트 마케터는 인터넷을 고객 쪽에서 액세스하는 점포 정도로 보고, 상품 정보의 푸시가 가능한 미디어라는 인식은 부족하다. 그렇기 때문에 인터넷 광고가 가진 푸시력을 이해해야 한다.

인터넷의 미디어적 힘이 막강하기 때문에 구입 의도를 가진 예상 고객을 마냥 기다리게 하거나 어쩌다 걸려들 것이라는 막연한 기대로는 마케팅 목표를 달성할 수 없다. 경합사도 유사한 정책을 펼치는 상황에서 그물을 쳐놓는 것만으로는 구입 의지를 가진 소비자를 놓쳐버리기 십상이다. 스스로 정보 취득을 하는 소비자뿐만 아니라 구매 직전의 고객층까지 예상 고객으로 보고 접근해야 한다. 망설이는 소비자에게 구매를 유도할 커뮤니케이션으로 인터넷 미디어가 최적인 이유이다.

소비자들이 인터넷으로 몰리고 있는 요즘 웹 아이덴티티의 대안으로 나타난 것이 e-브랜딩이다. 한국의 광고주 대부분이 브랜딩은 TV만이 할 수 있고 인터넷은 어디까지나 상품 홍보 채널이라고만 생각한다. 그러나 마케터가 지나치게 전통적인 미디어 홍보에 집중하면 마케팅 비용만 높아지기 때문에 e-브랜딩을 적극적으로 활용해볼 필요가 있다.

그러나 e-브랜딩이 구체적으로 어떤 것인지 명확한 개념은 없다. 다만 지금껏 매스미디어 광고가 실시해온 것과는 무언가 다른 의미를 지닌 것만은 분명하다. 어찌 됐든 접촉 시점에서 구매 의지가 있는 예상 고객의 태도 변용을 촉진시킬 광고로서 충분한 가치가 있다. 예를 들어 홈쇼핑 정보를 엔터테인먼트로 만들어 인터넷 사용자에게 보여주는 것 같은 방법이다. 각 계열사 웹사이트를 하나로 통합하여 홈페이지의 대표성을 강화시켜 자사의 광고와 브랜드 구축비용을 절감하는 방법도 생각해볼 수 있다.

인터넷을 판매 채널로 하고 있는 다이렉트 마케터는 고객 획득에 따른 효율과 브랜드 파워를 높이기 위해 노력하고 있다. 인터넷에서의 상호작용은 소비자와의 소통이며, 일대일 커뮤니케이션이다. 소비자의 마음속에 깃드는 브랜드를 만들어 실시간 상호작용을 하는 것이다.

« 영화 같은 동영상 광고

콘텐츠의 본질을 여러 겹으로 된 양파에 비유해볼 수 있다. 양파란 한 겹을 벗겨내지 않고서는 다음 겹을 알거나 벗겨낼 수 없다. 콘텐츠 역시 소비자에게 여러 형태로 전달될 엔터테인먼트 상품으로 새롭게 변형시켜 구성해볼 갖가지 요소가 많다.

엔터테인먼트는 현대 생활의 필수 요소가 아니라 기호품이다. 대중의 기호보다 일분일초라도 앞서거나 뒤처져서도 안 되는, 즉 대중이 원하는 바로 그 시점에 제공되어야 한다.[5] 다양화한 미디어만큼이나 과다한 정보가 난립한 요즘은 직접 브랜드를 어필하는 종래의 메시지 전달 방법으로

---

5) 앨 리버만 · 패트리샤 에스게이트, 조윤장 역, 『엔터테인먼트 마케팅 혁명』, 아침이슬, 2003, 48쪽.

는 소비자 시선을 붙잡아놓기 어렵다. 그래서 광고에 엔터테인먼트를 결합한 에드버테인먼트(advertainment)가 좋은 호응을 얻고 있다.

따라서 제품의 시판과 동시에 보거나 듣고 싶은 재미난 콘텐츠를 만들어야 한다. 예를 든다면 단편영화 같은 짧은 동영상으로 타깃 유저와 자연스럽게 커뮤니케이션하면서 자사 상품의 브랜딩을 도모할 수 있는 것이 좋다. 가능한 스페이스와 시간에 크게 구애받지 않고 상품의 이미지를 자유롭게 표현하는 것이 효과적이다.

커뮤니케이션의 또 다른 효과로 브랜드 이미지가 있다. 배너 광고 같은 일반적인 인터넷 광고보다 잘 도달되는 표현이 가능하며, 광고 포맷에 좌지우지되지 않는다는 점에서 표현의 자율성이 높다. 또한 광고로 표현할 수 없는 메시지까지 담을 수 있어서 브랜드 이미지를 창조하는 기법으로서의 기대치가 높다. BMW가 인터넷 광고에서 자동자 추적 장면을 실감나게 실을 수 있었던 것도 그 때문이다. 소비자에게 상품 자체보다 브랜드 이미지를 매치한 스토리를 플래닝하여 보여주기 때문에 TV의 간접광고보다 제품의 특성을 자연스럽게 받아들이게 된다.

아직까지도 10분 정도 소비자를 마주하게 할 수 있는 광고적 커뮤니케이션 미디어는 그다지 많지 않다. 그러나 영화 같은 동영상은 시리즈 전개에 따라 기업의 자사 미디어 접촉시간을 확대시킬 수 있다. 대중의 높은 관여도로 인해 브랜드 커뮤니케이션이 가능하게 된 것이다.

부차적인 효과로 콘텐츠의 2차 이용에 의한 판촉 활용도 생각해볼 수 있다. 즉 잡지나 DVD로 만들어 보급하는 것이다. 인터넷 콘텐츠는 입소문에 의한 폭넓은 확산을 기대할 수 있다. 일반적인 광고에 비해 인터넷 동영상 콘텐츠는 입소문 효과를 충분히 거둘 수 있다. 블로그 등 소비자 측이 쉽게 발신할 수 있는 툴이 일반화되어 평판이 쉽게 인터넷을 통해 확산되기 때문이다.

중요한 것은 양질의 콘텐츠여야 한다는 점이다. 양질의 콘텐츠라는 점에서 사전에 숙지해야 할 부분이 있다. 간접광고를 이용할 때 상품과 서비스의 내용이 전체 스토리 내에서 자연스럽게 표현되어야 한다. 그래서 소비자가 부담 없이 받아들일 수 있는 기법이 필요하다. 크리에이터의 능력에 따른 퀄리티의 격차는 어쩔 수 없기 때문에 수준 높은 마케터와 크리에이터가 함께 만드는 것이 좋다.

유사한 것으로 페이크 마케팅(fake marketing)이 있다. 이럴 경우 속이는 것을 넘어 마음을 끌어당기려면 가짜 속에 진짜 같은 무언가가 담겨 있어야 한다. 페이크 마케팅의 핵심은 즐거움이다. 속아 넘어가면서도 끌리는 이유가 여기에 있다.

'레알 마드리드'와 'AC밀란'의 결승전이 있는 날이다. 축구의 나라 이탈리아에서 이 경기를 놓칠 수 없다. 하지만 1,136명의 AC밀란 축구팬들은 제각각 거절할 수 없는 부탁을 받고 한 행사장에 모였다. 고전음악과 시낭송이 열리는 콘서트장이었다. 모두들 중요한 결승전을 볼 수 없어 아쉬워했지만 콘서트 시작 시간이 되자 대형 스크린에서는 음악과 시가 아닌 축구경기가 화면에 펼쳐졌다.

그와 동시에 이 행사가 가짜였음을 밝힌 주최 측은 이들에게 맥주와 함께 대형 스크린으로 신나게 경기를 즐기게 했다. 주최 측은 다름 아닌 유럽축구연맹(UEFA) 챔피언스 리그의 후원을 맡았던 하이네켄 맥주 회사였다. 스포츠채널은 이 행사를 생중계했고, 1,000만 명은 뉴스 사이트를 통해 이 소식을 접했다. 또 500만 명 이상은 SNS를 통해 재빠르게 소식을 퍼 날랐다.

기업 측에서 치밀하게 준비한 페이크 콘서트 형식을 본뜬 마케팅 사례다. 거짓말로 축구를 볼 수 없게 만든 다음 반전 효과로 즐거움을 더하게 한 것이다. 물론 맥주 맛은 그보다 몇 배 더 시원하고 짜릿했을 것이다. 축구에 열광하는 이탈리아의 문화를 결합한 영리함이 돋보인 이 페이크 마케팅은 2010 '칸 국제광고제' 프로모션 부문에서 금사자상을 수상했다.

오늘날 마케팅의 방법은 오로지 광고뿐이다. 그래서 전술적 차원에서 광고를 이용할 줄 모른다면 그것이 무엇이든 실패할 수밖에 없다. 애플은 스컬리가 펩시콜라의 비밀 제조방식이나 음료공장을 운영하는 방법을 알고 있었기에 고용한 것이 아니다. 광고를 잘 다룰 줄 알았기 때문이다. '사무실 속의 애플' 전략은 성공 가능성이 희박했지만 스컬리는 상상을 초월할 만큼 멋진 광고를 연출했다. 조지 오웰(George Orwell)의 테마를 이용한 그의 『1984』TV 광고는 다른 어떤 TV 메시지보다 신선한 충격을 주었다.[6]

6) 앨 리스 · 잭 트라우트, 차재호 역, 『마케팅 전쟁』, 비즈니스북스, 2002, 250쪽.

4. 브랜드 커뮤니케이션으로서의 웹 사이트

« 유익한 콘텐츠를 제공하는 웹 사이트

과거에는 주요 스포츠 행사 시에 특정 방송사가 중계권을 독점하여 하루 종일 보여주고, 다른 방송사는 뉴스에서 잠깐 방송하는 것 외에는 중계할 수 없었던 적이 있었다. 그만큼 TV는 독점적인 미디어였다. 그러나 TV를 통한 독점적 광고가 불가능해진 요즘은 기업이 소비자에게 자신만의 콘텐츠로 이미지 향상을 도모할 방법이 없어졌다.

인터넷이 일상화된 요즘은 웹 사이트마다 자신들만의 고유한 레시피를 제공하듯 다양한 정보와 서비스를 전달하고 있다. 엔터테인먼트를 전문적으로 제공하는 미디어까지 생겼을 정도다. 기업은 매스미디어에 의존하지 않고 자사의 컨트롤에 의해 기업 이미지 홍보와 브랜딩을 할 수 있게 되었다.

기업이 자사의 웹 사이트를 구축할 때 도메인은 물론이고 서버도 직접 관리한다. 간혹 호스팅 서비스를 이용하는 경우도 있지만 인터넷을 중요한 마케팅 툴로 생각하는 대부분의 기업은 고객의 데이터베이스 등 중요한 자산을 아웃소싱하지 않는다.

따라서 e-마케팅을 하지 않는다면 구태여 자사에서 직접 광고와 프로모션을 위한 웹 사이트를 관리할 필요가 없다. 대기업 사이트는 점차 방대한 페이지가 되어, 사용자를 톱 페이지에서 원하는 콘텐츠로 옮겨가게 하는 것이 말처럼 쉽지 않다. 설령 인터넷을 통해 모객을 한다 해도 링크처가 기업의 톱 페이지이기 때문에 미처 광고 페이지에 접근하지 못하는 경우도 많다.

또한 웹 사이트 운영 부서가 제작과 관리를 직접 하고 있기 때문에 캠페인 담당자가 자유롭게 사이트를 구축할 수 없고, 배너 광고의 링크처를 어디로 해야 하는가에 대한 문제가 생긴다. 비용을 들여 광고를 내보냈는데 광고의 링크처가 기업의 톱 페이지가 아니라 고리타분한 등록화면 페이지로 유도될 수 있다.

인터넷 광고의 사용자 유도는 웹의 문맥(context)에서 출발하기 때문에 스토리에 맞는 캠페인 페이지를 준비해야 한다. 사용자가 리스폰스를 원할 경우 자칫 페이지를 통하지 않고 다이렉트로 이동하는 경향이 있는데 이럴 경우 고객을 잃게 될 가능성이 높다.

상품의 이해와 호감도 증진 같은 광고적인 수단을 위해 사이트를 운영할 경우에도 무리하게 도메인까지 광고주가 직접 관리할 필요가 없다. 기업이 자사 사이트의 브랜드명을 도메인으로 만들어 콘텐츠의 일부로 구성할 수 있기 때문이다. 그래서 상품의 이해를 목적으로 읽을거리를 전하고 싶을 때는 기업 사이트 내 콘텐츠에 구애받지 않는 편이 좋다. 사용자는 애초부터 기업 사이트가 상품을 팔기 위해 만들어진 것이라는 선입견을 갖고 있다. 당장 구매를 원하는 소비자가 아니라면 대부분 심리적인 벽을 갖고 있다고 봐야 한다.

특정 캠페인을 위해 일정 기간 실행하는 사이트는 자사의 것이라는 사실에 구애받지 말고 자유롭게 진행하는 편이 소통을 원활하게 할 수 있다. 대부분의 기업 사이트가 자사의 소개나 홍보, 제품의 카탈로그 기능을 하는 페이지로 나눠진 것처럼 상품에 따라 각각 브랜드 사이트로 분리하여 만들어보는 것도 생각해볼 수 있다.

소비자의 선입견을 적절히 희석시킬 수 있는 유익한 방법으로 두 가지 정도가 있다. 우선 기업은 가능한 많은 비용을 들여 유익한 콘텐츠를 제공하는 것이다. 한마디로 재미있거나 흥미로운 엔터테인먼트로, 예를 든다면 'BMW films' 같은 것이다.

1980년대 후반 실용주의가 등장하면서 고급 브랜드였던 BMW는 낡은 이미지로 전락하게 되었는데, 그에 대한 해결책으로 나온 것이 비전통적 마케팅이었다. 인터넷을 이용한 비전통적인 마케팅 활동은 한정된 예산으로 최대한의 효과를 내는 데 적합했고, 주 고객층이 인터넷을 많이 이용한다는 점에서 유리했다. 결과는 성공적이었다. BMW는 자사가 가진 'BM-WFilm.com'을 통해 900만 번의 페이지뷰를 얻을 수 있었다. 웹사이트를 통한 방문자들의 평가는 환상적이거나 신선하다는 등의 긍정적인 반응이었고, 『뉴욕타임스』와 『타임』과 같은 유명 언론도 격찬했다. 이러한 재미있는 콘텐츠를 제공하는 것 외에, 웹과 함께 미디어 콘텐츠를 체험하게 하는 방법을 생각할 수 있다.

« 브랜드 사이트의 콘텐츠

웹을 브랜드 커뮤니케이션에 활용하기 위해서는 사용자의 흥미를 유발할 수 있는 콘텐츠의 개발이 우선이다. 인터넷의 발달에 따라 웹 콘텐츠 역시 빠르게 변하고 있다. 그중에서도 가장 인상적인 것은 BMW가 시도한 온라인 홍보이다.

첫 화면에는 검은 선글라스를 낀 미모의 금발 여인이 등장한다. 세계 최정상의 록 스타 마돈나이다. 가지고 싶은 것은 꼭 소지하고 마는 이 여인은 날렵한 은회색 자동차에 올라 생애에 있어 가장 멋진 순간을 맞이한다. 당시 남편이었던 영국 출신의 영화감독 가이 리치(Guy Ritchie)가 감독한 6분

56초짜리 미니영화의 스토리이다. 짧다는 것 외에 일반 영화와 다른 점은 BMW의 홍보 사이트인 'BMW films.com'에서만 볼 수 있다는 것과 엔터테인먼트와 광고의 경계를 허문 웹을 통한 홍보 기법이라는 점이다. 현재 스트리밍과 다운로드, 두 가지 방식으로 제공되고 있다.

기업은 영원히 지속될 강력한 브랜드 이미지를 심기 위해 웹이라는 매체를 선택했고, 그중에서 미니영화라는 장르를 택했다. 〈고용자(The Hire)〉라는 타이틀이 붙여진 이 시리즈는 한 회당 6~7분 정도의 길이로 온라인을 통해 상영 중이다. 가이 리치를 비롯해 이안(李安)과 왕가위(王家卫)와 같은 세계적인 감독들이 대거 참여했다. 그렇다고 이 시리즈가 얼굴을 찌푸리게 하는 상업용 홍보물은 절대 아니다. 시리즈를 제작한 감독들의 만만치 않은 프로필에서 보여주듯 매편 독특한 콘셉트와 아이디어로 제작되었으며, 완성도 높은 영화 작품으로서의 가치를 만끽하게 해준다. 다만 다양한 기종의 BMW 자동차가 매회 빠지지 않고 감각적인 영상들 속에서 자태를 드러내어 마치 등장인물의 하나인 것처럼 이야기 속 역할을 하고 있다는 점이 다르다.

흥미로운 것은 방문자 중 68%가 남자였으며, 그중 42%는 고소득층이었다는 사실이다. 비록 무료지만 영화를 보기 위해서는 무조건 사이트에 가입해야 한다. 기업은 자연스럽게 회원 프로파일을 확보하여 마케팅 인프라를 구축할 수 있었다. 웹을 이용한 신선한 홍보는 BMW가 고급스럽고 감각적이며 앞서가는 브랜드라는 콘셉트를 구현하는 데 성공했다. 만만치 않은 투자비용이 들어갔지만 그만큼의 대가를 얻은 셈이다.

이러한 방식이 가능해진 것은 LTE 환경의 구축으로 이동통신망에서 대용량 동영상도 원활하게 송수신할 수 있게 되었기 때문이다. 기업은 자사 미디어에 동영상을 띄워 다양한 각도에서 브랜드로 연결되는 커뮤니케이션에 도전하기 시작했다. TV 광고에 큰 기대를 할 수 없는 상황에서 TV 프로그램이나 영화에 간접광고를 끼워넣는 것만으로는 만족할 수 없어 영상물을 직접 만드는 형태로 나아간 것이다. 이것은 자사 미디어가 있기에 가능했다. 한마디로 인터넷이 기업에게 엄청난 커뮤니케이션 기회를 제공하고 있는 것이다.

뿐만 아니라 인터넷으로만 볼 수 있는 영화 관련 웹사이트도 있다. '빌립 X70'은 패스트 웹을 통해 인터넷에 접속하여 웹상에 있는 UCC 영상을 볼 수 있도록 했다. 영화나 음악이 필요할 경우 포털에서 검색하여 UCC 영상이나 음악을 들을 수 있다.

웹 콘텐츠의 선두주자이자 기반인 웹툰(webtoon)은 월드와이드웹의 웹(web)과 만화를 의미하는 카툰(cartoon)의 합성으로 인터넷상에서 볼 수 있는 만화를 뜻한다. 카툰은 젊은 층을 중심으로 인터넷의 중요한 콘텐츠로 자리매김하고 있다. 다음이 2003년 내놓은 '만화 속 세상'이란 코너가 세계 최초의 웹툰 서비스이다. 그 다음 해 2004년 웹툰 서비스를 시작한 네이버는 10년 만에 누적 열람 횟수가 290억 건을 넘어섰다. 웹툰은 우리나라 인터넷에서 가장 인기 있는 콘텐츠 가운데 하나이다.

그리고 영화 〈은밀하게 위대하게〉나 〈26년〉 〈그대를 사랑합니다〉 등은 웹사이트에서 인기를 얻은 후 영화로 재탄생했다. 그 밖에도 웹 소설(web novel)과 웹 드라마(web drama), 그리고 웹과 잡지(magazine)의 합성어로 인터넷상에서 발간되는 웹진(web zine)이라는 잡지가 있다.

« 브랜드와 스토리텔링

인간만이 이야기를 한다. 수만 년 전, 인류가 소수의 무리에 불과하고 정신이 미성숙했던 시절에는 서로에게 이야기를 들려줬다. 지금도 인간은 종이를 넘어 PC를 비롯한 다양한 스크린을 통해 픽션에 빠져든다. TV나 영화도 픽션의 매체이고 음악도 이야기를 들려준다. 비디오 게임에서도 스토리텔링이 상당히 중요하다. 이처럼 이야기는 중력처럼 어디에나 있고 우리 행동에 상당한 영향을 미친다.

SNS도 이야기를 만들고 소비한다. 특히 스마트폰은 이야기를 전달하는 데 유용한 도구이다. 스마트폰 덕에 우리는 그 어느 때보다 다양한 이야기를 더 편하고 매력적인 형태로 만난다. 앞으로도 이야기를 전하는 디바이스는 더욱 진화할 것이다. 특히 비디오 게임과 가상현실 플랫폼의 미래는 밝다고 본다. 인간의 본성이 변하지 않는 한, 이야기를 향한 욕망도 끊임없이 발전할 것이다.

오늘날 마케팅의 세계는 스토리를 이용한 전쟁이라고 보아도 과장이 아닐 만큼 이야기의 중요성이 커졌다. 우리가 살고 있는 세상이 정보 과잉의 사회이기 때문이다. 정보가 넘쳐흐르는 사회에선 무엇이 중요한 정보인지 가려내기 어렵다. 그래서 설득력 있는 스토리를 가진 정보에 이끌리게 된다.

어찌 보면 인간은 이야기 속에서 존재해야만 그 의미를 규명할 수 있을 만큼 이야기와 떼놓을 수 없는 관계이다. 현대의 모든 상품 역시 자기 자신을 드러내려는 의지를 담고 있으며, 가장 보편적인 방식이 이야기이다. 형태는 다르지만 모두가 자신의 이야기를 들어달라고 말하고 있다. 자신의 존재를 드러내는 가장 일반적이고 효율적인 방법이기 때문이다.

리더라면 누구라도 갖춰야 할 스토리의 중요성에 대해 신화학자 조셉 캠벨(Joseph Campbell)은 명쾌하게 설명한다. 자신의 저서 『천의 얼굴을 가진 영웅(the Hero with a Thousand Faces)』에서 모든 영웅들에게는 전형적인 패턴이 있다고 지적한다. 대부분의 신화는 평범한 주인공이 수많은 역경을 겪은 뒤 영웅으로 성장하는 스토리를 기본으로 한다. 원형이라고 부를 수 있는 패턴은 대체로 유사하다. 모든 주인공은 우연히 자신에게 주어진 어떤 사명을 깨닫고 행동에 나선다. 때때로 악당을 만나 어려움을 겪지만, 그때마다 누군가의 도움을 받는다. 그 과정에서 뭔가 엄청난 깨달음을 얻는다.

이러한 줄거리는 태곳적부터 친숙한 것들이었다. 그러나 잘 구성된 이야기에는 동기를 부여하는 열정과 대중의 공감을 이끌어내는 영웅, 그 영웅에 맞서는 악당, 그리고 영웅을 성장시키는 깨달음의 순간이 흥미진진하게 짜여 있다. 그리고 앞의 모든 과정을 거친 후 반드시 뒤따르는 세상의 변화가 담겨 있는 것이다.

아리스토텔레스는 『시학』에서 스토리에는 시작과 중간, 결말이 있다고 했다. 여기서 말하는 시작은 자극적인 사건과 거룩한 불만족이다. 개인의 잔잔한 삶에 뭔가 파문을 일으키는, 마치 돌멩이가 날아든 듯한 순간이다. 우리의 스토리는 돌멩이가 무엇인지 말하는 것에서 출발해야 한다. 중요한 것은 스토리가 구체적인 행동으로 흐름을 이어간다는 점이다. 그래서 '반드시 행동에 관한 것'이라고 규정한다. 댄 알렉산더도 "행동이야말로 우리가 정말로 가치 있게 여기는 것이 무엇인지 말해준다"고 했다. 우리가 어떤 사람이었는지 그려내는 것은 우리의 생각이 아닌 행동인 것이다.

이것을 기업은 홍보에 적용할 수 있다. 소비자는 기업이 지닌 나름의 흥미진진한 이야기를 들으며 평범한 인물이 영웅으로 나아가는 신화를 접할 때처럼 자신도 어떻게 성장할 것인지 희망을 갖는다. 따라서 지금 당장은 위대해 보이지 않는 평범한 기업일지라도 성장해나갈 미래의 모습을 기대하며 무한한 신뢰를 갖게 만들 수 있다.

스토리텔링 전문가인 리처드 맥스웰(Richard Maxwell)은 자신의 저서 『5가지만 알면 나도 스토리텔링 전문가』에서 "스토리란 사실에 감정을 입힌 것"이라고 정의하며, 두 가지 소통양식이 있다고 하였다. 하나는 사실이고, 다른 하나는 스토리이다. 덧붙여 정의하기를 스토리는 '감정을 입힌 사실'이라고 지적한다.

지금이라도 감동적인 비즈니스를 하고 싶다면 이야기를 만들어야 한다. 스토리텔링은 기업의 특별한 정체성을 보여줄 수 있는 유용한 수단이다. 고객과 직원은 스토리텔링을 통해 그 기업이 여타 기업과 무엇이 다르고 어떤 점이 특별한지 체감할 수 있다. 예를 들어 스티브 잡스의 애플과 자유로운 모험을 선망하게 만드는 오토바이 할리데이비슨과의 공통점은 잘 만들어진 스토리를 통해 브랜드 가치를 높였다는 점이다. 사람들은 이야기에 매혹되어 귀를 기울여 열광하며 기꺼이 구매에 동참하게 된다.

일반인들에게 애플의 사과 모양이 그려진 티셔츠와 국내 굴지의 대기업 로고가 새겨진 티셔츠를 주었을 때, 둘 중 어느 것을 기꺼이 받아들일지 생각해보자. 할리데이비슨은 고장이 적게 나는 오토바이가 아니며, 그렇다고 성능이 두드러지게 뛰어난 것도 아니다. 그럼에도 뭇 남성의 꿈이라고 할 만큼 인기가 높다. 오토바이를 즐기지 않더라도 한 번쯤 타보고 싶다는 갈망을 하게 만든다.

미국의 패스트푸드 체인 치포틀레(Chipotle)는 광고를 통해 자신들이 만든 음식 재료가 어디에서 왔으며 얼마나 싱싱한지를 알려주면서 패스트푸드 회사로선 이례적으로 지속 가능성의 메시지를 던졌다. IBM은 2008년 이후 매년 '스마트 플래닛' 캠페인을 통해 데이터가 미래에 어떤 역할을 할지 꾸준히 자신들의 정체성과 함께 전달하고 있다.

이처럼 성공한 브랜드를 보면 하나같이 강한 상징성을 내포하고 있다. 로고나 아이콘(icon)에 의미를 부여하여 그 상징적 의미를 공유함으로써 자신을 표현하거나 의사소통 도구로 삼는다. 오늘날의 마케팅은 브랜드라는 기호에 상징적 의미를 부여하는 게임이라 해도 틀리지 않을 것이다. 이러한 현상을 소비의 상징화라 일컫는다.

스토리는 브랜드를 만드는 강력한 요소이다. 샤넬은 창업자 코코 샤넬에 얽힌 풍부한 이야기로 브랜드의 정체성을 부여하고 있다. '콜로플라스트(Coloplast)'라는 덴마크의 의료기기 및 제약 회사는 스토리텔링을 통해 환자의 삶을 정성껏 돌보는 기업이라는 브랜딩에 성공했다. 치료 과정에서 고통받는 환자는 물론이고, 그 고통을 해결하기 위해 노력하는 설립자와 연구원들에 관한 스토리를 통해 환자의 삶을 우선시하는 기업이라는 정체성을 잘 전달하고 있다.

또한 스토리는 가장 효과적인 전달방법이다. 같은 내용도 스토리 형태로 들을 때 훨씬 잘 기억된다. 이것이 대부분의 기업이 스토리에 관심을 갖는 이유이다. 그래서 고객과 직원에게 회사의 정체성을 보여줄 수 있는 강력한 도구로 인식하여 적극적으로 활용하고 있다. 흥미로운 것은 대부분의 사람들이 보다 인간적인 스토리를 원한다는 점이다. 그래서 요즘의 기업은 사회에 기여하려는 솔선수범과 도덕성을 담은 홍보에 주력하고 있다. 때로는 손해를 보면서까지 사회나 소비자에게 희생하는 모습을 보여주려고 노력한다.

예를 든다면 폭설이 쏟아지는 산골에 사는 고객이 '페덱스(FedEx)'에 배송을 요청하자 헬리콥터를 5만 달러에 대여해 우편물을 수거한 것 같은 스토리가 그런 것이다. 페덱스는 발음에서부터 신속성이 느껴지며, 새로운 로고 디자인 역시 강렬한 색상 대비로 눈에 띄는 효과를 낳고 있다. 'Fed'와 'Ex' 부분을 다른 색으로 하고, 뒷부분의 색을 바꾸어 배달 방식을 구분한다. 회사 전체를 나타내는 로고는 회색이지만 항공기로의 배달 서비스는 오렌지색, 자동차는 녹색으로 구분하였다. 특히 로고의 끝 대문자 'E'와 소문자 'x' 사이를 화살표 모양으로 디자인하여 빠른 배달 서비스라는 속성을 멋지게 드러냈다.

그렇지만 가장 훌륭한 스토리텔링은 기업이 오랫동안 추구해온 핵심 가치를 진정성을 갖고 전달하는 것이다. 사실이나 정보는 개인의 고정관념에 걸려져 본론에 이르기도 전에 문전박대를 당하거나 왜곡될 소지가 많다. 반면에 감정을 덧입은 사실은 고정관념을 뚫고 정확하게 전달된다. 그 이유는 스토리 안에 원형이 들어가 있기 때문이다.

기업이 훌륭한 스토리텔러가 되기 위해선 무엇보다 먼저 자신들이 가장 중요하게 생각하는 핵심 가치가 무엇인지 파악하는 것이 선행되어야 한다. 무엇으로 어떤 일을 할 것인지 자신만의 이야기를 할 수 있어야 한다. 지금이라도 과거의 성공 신화를 대신할 스토리, 즉 오늘날의 트렌드를 반영시킬 멋진 이야기를 찾아 새롭게 구성해보자.

인터넷 광고의
종류와 특징

1. 인터넷 광고의 전달 구조

2. 웹 마케팅과 인터넷 광고의 방식

3. 인터넷 광고의 종류와 방식

인터넷 광고

Internet Advertising

1. 인터넷 광고의 전달 구조

« 쌍방향으로 전달되는 인터넷 광고

인터넷 광고는 4대 매체인 TV 광고나 신문 광고에 비해 상대적으로 저렴한 비용으로 집행할 수 있다. 인터넷이라는 채널을 통해 노출되며 쌍방향이 특징이다. 온라인에서 소비자는 무의식적으로 광고에 노출되기도 하지만 자신이 원하는 정보를 얻을 수 있다.

특히 전자상거래를 하는 기업은 광고 효과의 수치를 한눈에 확인할 수 있기 때문에 보다 명확한 잠재 고객을 파악하여 효과적으로 활용할 수 있다. 나아가 다른 매체에 비해 타기팅이 유리하고 노출되는 빈도가 높기 때문에 점차 활용도가 커지고 있다. 무엇보다도 다양한 커뮤니케이션을 활용할 수 있어서 광고주의 관심이 높다.

인터넷 광고를 집행하기 위해서는 먼저 제품과 타깃 층을 설정해 어떤 키워드를 사용할 것인지를 결정해야 한다. 광고 금액을 어느 정도 예상하고 있는지에 따라 방법이나 효과가 달라진다. TV나 다른 광고와 마찬가지로 경쟁사가 보다 많은 광고 물량을 쓰고 있다면 상대적으로 소비자들의 눈에 잘 띄지 않을 수 있다. 매년 30% 이상씩 성장하는 인터넷 광고시장은 불과

몇 해만 지나도 시장 환경이 바뀐다.

그래서 광고주인 기업은 효율적인 인터넷 마케팅을 위해 분명한 목표와 예산을 세워야 한다. 설정된 예산 범위 내에서 몇 개의 인터넷 광고대행사를 섭외하여 목표와 예산에 맞게 제안해야 한다.

오리엔테이션(orientation : OT)은 보통 2~3곳의 대행사를 선정하여 실시한다. 대행사는 자신만의 인터넷 광고와 마케팅 전략을 세워 프레젠테이션(presentation : PT)을 한다. 광고주는 경쟁 PT의 결과를 보고 적절한 제안을 한 대행사를 선정하게 된다. 그래서 광고대행사들은 프레젠테이션에 참가하기 위해 상당한 인력과 비용을 들인다.

광고주는 선정된 광고대행사와 광고를 진행하기 위한 계약을 체결한다. 계약은 통상 연간 단위로 한다. 1년간 그 광고대행사와 광고를 진행하는 것이다. 모든 과정이 마무리되면 실무적인 협의와 내용의 수정·보완을 거쳐 광고 제작물을 만들고 매체를 조정하여 광고를 집행한다.

요즘의 인터넷 광고는 단발적인 프로모션에서 벗어나 장기간의 전략에 의해 브랜드를 관리하려는 시도가 늘고 있다. 한두 달 정도 집행하고 효과에 대해 논의하는 것은 인터넷 특성을 전혀 고려하지 않은 행위이다. 인터넷의 쌍방향성은 짧은 기간에 가시적인 효과를 노리는 기업에 그다지 반응을 보이지 않는다. 꾸준한 노력을 지속적으로 보여야 네티즌들의 신뢰를 얻고, 그러한 신뢰가 쌓여야 효과를 얻을 수 있다.

미디어라는 관점에서 보면 인터넷과 기존 매체에는 일정한 차이가 있다. 우선 인터넷은 기존의 매체와는 전혀 다른 방식으로 메시지를 전달한다. 기존의 매체는 푸시(push) 방식이다. TV나 라디오는 우리의 의지와 상관없이 자신들이 정한 시간에 방송과 광고를 내보낸다. 신문과 잡지도 마찬가지다. 물론 구독하지 않을 수 있지만 이를 보려면 자신이 원하는 시간이나 날짜가 아닌 신문사나 출판사의 스케줄에 따라야 한다.

이처럼 전통적인 매체의 광고는 소비자에게 침투 방식으로 전달한다. 그래서 TV 드라마나 뉴스 앞뒤에 걸린 광고는 어쩔 수 없이 봐야 된다. 잡지를 넘기다 보면 온갖 광고 페이지와 접하게 되고, 운전기사가 틀어놓은 버스의 라디오는 승객의 의지와 상관없이 광고를 들려준다.

그러나 인터넷은 풀(pull) 미디어이다. 자신이 직접 정보의 내용을 선택할 수 있으며, 반면에 소비자의 요구 없이는 어떤 웹페이지도 노출될 수 없다. 오프라인 매체는 매체사가 주도권을 쥐고 있다면, 온라인 매체는 사용자가 주인이다. 매체를 만들고 배포하는 것은 매체사의 자유다. 그러나 매체의 내용이 대중의 관심을 끌지 못한다면 보여질 수 없다.

풀이 인터넷 광고에 있어 중요한 이유는 또 있다. 온라인 매체는 실체가 없이 사이버 공간에 존재하기 때문에 널리 알려지지 않으면 아무런 의미가 없다. 따라서 자신을 알리려는 노력을 지속해야 한다. 하루에도 수십만 명이 방문하는 세계 최대 인터넷 서점 아마존도 이름을 모르면 들어갈 수가 없다. 오프라인 서점처럼 길을 가다 어쩌다 눈에 띄면 들어갈 수 있는 곳이 아니다. 풀을 할 수 있게 하고, 풀을 할 이유와 가치를 제공하는 것이 바로 인터넷 마케팅이다.

풀이라는 관점에서 보면 인터넷 배너 광고는 이율배반적이다. 사용자가 특정 웹 페이지를 요구하면 웹페이지의 콘텐츠는 풀이고 배너 광고는 푸시이다. 내용은 고객의 허락을 받은 것이지만 광고는 고객의 의지와 상관없이 침투한 것이다. 또한 광고가 웹사이트와 관련성이 있다면 묵인하겠지만, 그것이 만에 하나 관련 없는 내용이라면 광고는 물론 그런 광고를 실은 웹사이트에게 반감을 가질 수 있다.

온라인의 경쟁 상대는 경쟁사의 광고가 아니다. 한마디로 수많은 콘텐츠이다. 물론 광고도 콘텐츠이지만 온라인을 통해 전달되는 하나의 화면에는 수많은 정보가 실려 있다. 그 사이에서 얼마나 잘 눈에 띄는지가 중요한 과제이다.

광고의 종류로는 광고주의 웹 사이트에 광고 화상을 게재하는 배너 광고와 키워드 광고, 그리고 메일 매거진(mail magazine)에 광고주 웹 사이트의 선전을 게재하는 메일 광고가 있다. 기법으로는 스플래시 페이지(splash page, splash screen)[1], 스폿리싱(spot leasing), URL, 채팅룸(chatting rooms), 커뮤니티(community), 네트워크형 등 다양하다.

스플래시 페이지는 창의적인 멀티미디어 효과로 인해 한 번 방문으로 만족할 만한 정보를 제공할 수 있다. 스폿 리싱은 홈페이지 내의 일부 공간을 계약 기간만큼 임대하는 방식으로 경쟁은 적지만 그냥 지나칠 단점이 있다. 또한 비용은 들지 않지만 경쟁이 치열한 URL의 이용과 저비용으로 불특정 다수를 대상으로 광고를 할 수 있는 이메일이 있다.

전 세계 불특정 다수의 고객에게 광고를 할 때는 수동적 유인 전략이 필요하지만, 타깃을 선별할 수만 있다면 능동적인 전략도 생각해볼 만하다. 디스플레이 전략을 통해 대량의 데이터에서 패턴과 규칙을 찾는 데이터 마이닝(date mining)을 이용하는 것이다. 골드뱅크(gold bank)나 사이버 골드(cyber gold)[2]처럼 아예 광고를 상품으로 만드는 전략도 있다.

광고 상품으로 ① 매체 대행(media buys) 광고에는 배너 광고, 협찬 광고, 틈새 광고가 있다. 배너 광고에는 정적인 배너와 애니메이션 배너, 상호작용성 배너가 있고, 협찬 광고에는 제품삽입 광고와 애드버토리얼(advertorial) 광고, 그리고 틈새 광고인 스플래시 스크린과 인터머셜(intermercials)이 있다.

② 삽입 광고는 웹 사이트의 배너에 광고 목적을 담은 콘텐츠를 삽입하여 운영하는 광고이다. 사용자가 단순한 배너 광고에서 광고 홈페이지로 링크할 때보다 빠르게 접근할 수 있다. 그리고 배너 광고를 집행하는 웹 사이트

인터넷 광고 Internet Advertising

---

1) 스플래시 페이지는 판촉이나 홈페이지의 안내처럼 시선 환기용으로 사용하는 웹 페이지이다. 스플래시 페이지를 잠시 보여주고 자동으로 홈페이지로 되돌아간다.

2) 사이버 골드는 인텔리포스트의 보너스메일같이 이메일을 통해 광고주와 소비자를 연결시켜준다. 광고주는 고객이 광고를 읽을 때마다 보상한다.

에 광고 메시지를 삽입하는 마이크로 사이트(micro site)가 있다. 또한 배너 같은 광고 메시지를 하이퍼링크하지 않고 배너 내부에서 상호작용하여 제품의 전시나 고객명단 접수, 판매 등을 하는 '위드인 배너(wihtin banner)'도 있다.

③ 뿐만 아니라 고객의 사용 환경에 기반한 선택형(ad platform) 광고로 채팅룸과 푸시애드(push ad), 이메일 등이 있다. 채팅룸은 다수의 방문자가 특정 시간 이상 방문하는 인터넷 채팅 때 나타내는 배너형 광고다. 푸시애드는 이용자가 사용하지 않는 시간에 영상이나 소리, 메시지를 이용하여 광고를 보여준다. 이메일은 자사의 고객 이메일과 무료 이메일 리스트를 확보하여 타깃 집단에 광고 메시지를 발송하는 것이다.

④ 그 밖에 스폿리싱(spot leasing)과 URL, 무선 인터넷이 있다. 스폿리싱은 검색엔진 사이트 등 홈페이지 내의 일부 공간을 계약 기간만큼 임대하는 것이다. URL은 광고를 위해 웹사이트 URL을 이용하는 것이며, 무선 인터넷은 광고주들에게 소비자와 일대일로 인터랙티브한 광고를 할 수 있는 기회를 제공해준다. 그러나 머지않아 사용자의 요구에 맞춘 개인화와 특정 시점은 물론 위치나 날씨 등에 기반한 맞춤형 광고로 발전하여 나아갈 것이다.

« 크리에이티브와 광고 효과

다이렉트 마케터에게 인터넷은 고객 획득 채널이기 때문에 확실한 투자 대비 수익이 창출되어야 한다. 다시 말해 투자 수익률의 최대화가 목표이다. 그럼에도 불구하고 인터넷 광고를 이용하는 대부분의 다이렉트 마케터는 광고의 트래픽을 클릭 수로 보고 있다. 뿐만 아니라 광고 매체의 질적 측면에 더 많은 관심을 기울인다. 그래서 광고의 게재면을 클릭한 횟수당 비용을 지불하는 CPC로 비교하지 광고의 표현인 크리에이티브에 그다지 관심을 기울이지 않는다.

그러나 클릭 수만으로 효과를 파악하는 데는 문제가 있다. 광고 노출당 클릭 수와 클릭해서 광고주 페이지를 방문한 비율인 클릭률, 광고를 보고 있지만 클릭하지 않고 한 달 이내 광고주 사이트를 방문한 비율인 뷰 스루 (view through), 그리고 시계열의 변화 때문이다.

인터넷 광고 전체에서 보면 클릭하여 즉시 방문하는 것보다 광고에 접촉한 후 일정 기간이 지난 후에 방문하는 쪽이 많다. 포스트 클릭과 포스트 임프레션의 쌍방을 더한 효과가 제대로 된 트래픽 효과이다. 따라서 클릭 하나만으로 본다면 사용자 유도의 실상을 제대로 파악하지 못한 것이 된다. 클릭한 수만으로 판단하는 결함은 크리에이티브와 고객 유인의 관계 내지 광고와 크리에이티브의 조화까지 미처 생각이 미치지 못했기 때문이다. 미국의 광고 대부분은 제3자 서버를 통해 복수의 미디어에 하나의 애드서버로 전송한다. 모든 매체와 크리에이티브를 같은 상황으로 만들어 포스트 클릭과 포스트 임프레션 모두를 트래킹하여 매체와 크리에이티브, 그리고 크리에이티브와 광고와의 매치를 확인하고 있다.

간혹 광고에 따라 포스트 클릭보다 포스트 임프레션에 의한 유도가 효과적일 경우도 있다. 유력한 예상 고객을 많이 소유하고 있지만 자신의 콘텐츠로는 즉시 유도가 어려운 경우다. 이러한 광고 스페이스는 그에 맞는 크리에이티브가 필요하다. 즉, 클릭 수가 아닌 방문하고 싶게 만드는 메시지가 필요한 것이다. 광고와 크리에이티브의 매치는 이러한 관련성을 찾아가는 작업이다.

하나의 전송 서버에서 사용하는 복수의 미디어를 같은 조건에서 비교 실시하는 데 필요한 시스템이 토털 트래픽 매니지먼트(total traffic management)이다. 광고와 크리에이티브의 관계를 파악한 이후 실행 중인 캠페인에서 리얼타임으로 포스트 임프레션을 확인해볼 필요가 있다. 그리고 통합

관리하여 획득한 고객의 구입액과 빈도 등을 담은 퀄리티를 분석하면 상위 고객을 많이 유도한 광고와 크리에이티브를 찾을 수 있다.

고객 획득을 단지 수치만으로 평가하면 객단가가 낮은 일회용 구매자를 위한 유도 매체까지 포함되기 때문에 적절한 투자수익률을 평가하기 어렵다. 그리고 성과 보수형 광고가 고객 획득에 필요한 수치라고 해도 질까지 보장하지 못한다. 애초에 로열 유저인 상위 고객은 브랜드의 질과 애프터케어 등 고객 만족에서 얻어지는 것이지 미디어에 의존할 성질이 못된다. 그래서 광고 등의 고객 유도 활동을 투자수익률로 파악한다는 것 자체가 그리 간단한 문제가 아니다. 배너 광고와 텍스트 광고, 메일 광고, 리스팅 광고 모두 마찬가지다. 따라서 인터넷 광고뿐만 아니라 검색엔진 마케팅(search engine marketing : SEM)에 의한 활동과 트래픽을 함께 평가할 수 있는 구체적인 시스템이 필요하다.

인터넷 광고에서는 리스팅 광고의 검색엔진 마케팅과 검색을 통한 사용자 유입 등을 일목요연하게 하나로 파악하는 것이 웹 마케팅의 중요한 과제이다. 예를 들어 포레스트사가 개발하고 DAC가 시스템을 제공한 토털 트래킹 시스템인 비저널리스트(visionalist)에 따르면 트래픽 매니지먼트는 일종의 업무 관리로 광고제작자의 작업이 예정대로 진행되도록 지원한다.

그리고 인터넷 광고 프로모션을 진행할 때 트래킹 서비스를 이용해 링크처의 클라이언트와 캠페인 페이지로 유입된 사용자의 기록을 다양한 각도에서 해석해볼 필요가 있다. 마케팅 목표에 대한 명확한 검증을 통해 보다 나은 광고 효과를 얻어야 하기 때문이다. 사이트의 트래킹을 통해 광고 외 검색엔진으로 유입하는 사용자도 파악할 수 있다. 나아가 검색엔진 마케팅은 물론이고 소비자의 마음을 통찰하는 컨슈머 인사이트(consumer insight)의 분석과 효율적인 사이트의 구축도 가능하다. 그렇지만 주된 용도는 광고 효과와 검색엔진, 그리고 사용자 행동의 분석이다.

광고 효과는 매체와 메뉴, 크리에이티브 별로 목표 도달률이 적시되기 때문에 다각적인 파악을 할 수 있다. 트랜잭션 미디어의 지표인 클릭 횟수당 비용을 지불하는 CPC보다 소비자가 특정 행동을 취할 때마다 비용을 지급하는 CPA(cost per action)를 통해 캠페인을 관리함으로써 명확한 비용 대비 효과의 분석도 가능하다. 또한 검색엔진을 통한 사용자 행동을 검색엔진이나 키워드별로 분석함으로써 고객 관리를 위한 검색엔진 마케팅을 실시할 수 있다.

뿐만 아니라 페이지에 따른 액세스 수와 광고를 클릭한 사용자의 소비자 행동 패턴을 분석함으로써 마케팅 목표의 달성을 위한 효과적인 정책 수립이 가능하다. 사이트 간 사용자 중복을 파악할 수 있고 프리퀀시의 분포나 클릭, 임프레션으로 특정 페이지의 방문 확인도 할 수 있다. 만약 중복된 매체나 광고 스페이스에 게재할 경우에는 수집된 데이터를 근거로 도달 효율을 높일 수 있다. 또한 클릭에는 고객 유도 외에 포스트 임프레션 효과도 있기 때문에 게재 사이트뿐만 아니라 크리에이티브로 인한 효과의 차이까지 파악할 수 있다. 클릭과 포스트 임프레션에 의한 쌍방의 효과에 의해 트래킹 분석이 가능해진 것이다.

광고 효과는 데이터 전송(actual data transfer rate)의 수치를 통해 사전에 클릭률을 예측할 수 있다. 예를 들어 AGB 닐슨 미디어 리서치나 TNS 코리아사의 오디언스 데이터와 광고 메뉴 데이터를 이용하여 사전에 단위별로 리치를 산출할 수 있다. 타깃별로 체재 시간과 임프레션 분석 등 광고 게재면의 시청률 파악도 가능하다. 따라서 비이클과 사이트 랭킹을 통해 효율적인 플래닝을 할 수 있다.

마케팅 정보의 공유를 통해 업계의 동향과 신기술, 미디어 관련 정보를 실시간으로 얻을 수 있다. 트래킹 툴과 연동한 실적당 단가(cost per acquisition : CPA) 지표 관리와 광고 인지 베이스의 플래닝, 즉 리치×프리퀀시와 각종 옵티마이즈 기능도 추가할 수 있다. 설정된 예산에 맞게 과학적인 미디어 플래닝이 가능하다. 리스폰스 데이터를 기초로 광고 스페이스나 표현, 출고 패턴 등도 최적의 효과를 위한 목표로 만들 수 있다.

제품이나 서비스의 구입 과정은 통상 검토에서 결정으로 나아가는데 어느 단계의 정보가 가장 중요한지는 상품의 카테고리에 따라 다르다. 각 단계마다 참조되는 체험 접점도 마찬가지다. 마지막에 제시된 정보가 판단에 있어 가장 중요한 역할을 하는 효과를 신근성 효과 또는 최신 효과(recency effect)라고 한다.

체험 접점 단계를 인터넷 광고 측면에서 보면 기능적인 면에서 TV나 신문, 잡지, 라디오, 교통 광고 같은 종래 미디어와 전혀 다르다. 작금의 각종 조사에서도 미디어 중에서 제품 구입에 결정적 역할을 하는 미디어를 묻는 항목에 인터넷이라고 회답하는 비율이 상당히 높다.

만약 15초의 TV 광고에 의해 브랜드의 인지와 호의를 획득했더라도 구입 검토와 의사 결정 단계에서의 메시지는 다를 수 있다. 알려주거나 푸시하는 메시지가 다른 것은 당연하다. 인터랙티브한 미디어 환경에서 구매 의사가 있는 고객은 직접 자신의 행위로 원하는 정보를 획득한다. 만약 행위를 촉진하는 인터넷 광고가 적절히 기능한다면 TV의 효과만큼 구매로 연결시킬 수 있다. 특히 TV와 인터넷의 크로스를 통한 릴레이 효과는 비교적 고가의 제품 같은 이성적으로 구입 검토를 하는 상품 카테고리에서 더욱 유익한 기능을 한다.

크로스미디어 전략의 요점은 매스미디어와 인터넷을 조합한 광고의 효과 확대로, 네 가지 패턴을 생각해볼 수 있다. 첫째, 인지 획득의 효과이다. 어느 정도 TV 광고를 진행한 이후 웹을 통해 동영상 광고를 실시하는 것이다. TV 광고에 대한 관여는 낮지만 인터넷을 통한 유저의 인지가 지속된다면 나름의 효과를 얻을 수 있다.

둘째, 인지 획득의 망각률 절감 효과이다. TV 광고가 조금씩 줄어들거나 끝난 시점에 웹을 통해 동영상 광고를 실시하면 인지의 망각을 예방할 수 있다. TV 광고로 어느 정도 인지와 호감도가 생긴 소비자에게 인터넷 동영상 광고를 보여주면 한층 인지 효과가 높아진다. TV 광고 중간에 인터넷 동영상 광고를 실시함으로써 인지자의 망각 방지 및 중개 효과도 줄 수 있다.

셋째, 타깃 유저의 상시 리서치 효과도 있다. 예를 들면 중소형 자동차 광고로서 젊은 소비자를 타깃으로 삼는다면 TV 광고의 시간대도 거기에 맞춰야 한다. 점심시간을 공략한다면 아무런 의미가 없다. 접촉 기회를 생각한다면 퇴근 이후나 주말이 좋다. 인터넷 동영상 광고라면 업무시간에 전개하는 것도 유효하다. 이처럼 시간대를 잘 편성하는 것이 중요하다.

넷째, 평일 업무 중에 광고 투하가 가능한 인터넷 광고라면 최신 효과를 노릴 수 있다. 참고로 시즐 효과를 이용한 광고를 휴일 낮 시간에 투하하면 광고 접촉 효과를 배가시킬 수 있을 것이다. 시즐 광고는 대부분 식품이나 음료 광고에만 쓰인다고 생각하기 쉽지만 실제로 다양한 제품 광고에서 사용되고 있다. A사의 스마트에어컨 광고는 숲이나 들판에서 불어오는 바람을 과장되게 보여주어 상쾌한 상상을 유도한다. 시원한 모습을 제품 이미지로 연결시켜 구매 욕구를 느끼게 만든 것이다. 하지만 시즐 효과 마케팅을 한다고 무조건 성공하는 것은 아니다. 제품의 특징에 맞춰 어떤 방식으로 전달하느냐가 중요하다.

요즘은 TV와 인터넷이라는 두 개의 미디어가 미디어 플래닝의 중심이다. 그리고 효과가 검증된 크로스미디어 기법이 보편화되었다. 이제 인터넷 미디어는 플래닝 없이 전개할 수 없게 되었다.

« 온라인 광고대행사의 조직 구성

온라인의 매력은 진화를 거듭하는 사회와 기술의 중심에 있는 온라인 사용자를 대상으로 다양한 마케팅을 실현해볼 수 있다는 데 있다. 온라인 광고 담당자는 오프라인과 전혀 다른 형태의 광고를 다루지만 사실 오프라인 광고를 하는 대행사와 유사한 조직 구성과 기획력, 창의력, 사교성을 필요로 한다. 그러나 인터넷을 비롯한 온라인 전반에 관한 지식은 필수이다. 사전에 인터넷의 환경과 기술을 어느 정도 습득하고 있어야 문제가 발생하면 즉시 대처할 수 있기 때문이다.

그래서 다른 소비자들보다 얼리 어답터(early adopter)[3]적인 성향을 갖고, 되도록 새로운 매체에 대한 지식을 많이 습득해야 한다. 하루가 다르게 급변하는 온라인 트렌드를 놓치지 않기 위해 뉴미디어를 탐색하는 열린 자세도 필요하다. 무엇보다 온라인에서 진행되는 여러 형태의 프로모션과 캠페인에 많이 참여해보는 것이 좋다. 경험이 많을수록 어떠한 상황에 맞닥뜨려도 해결 가능한 아이디어를 쉽게 구할 수 있다. 요즘은 온라인을 통해 마케팅을 하는 광고주가 많아졌지만 아직도 대부분이 오프라인 광고를 하면서 온라인 프로모션을 함께 진행하고 있다. 온라인 광고 대행사의 조직은 대행사의 규모에 따라 다르지만 대개 다음과 같이 업무가 분장되어 있다.

① **어카운트 디렉터(account director), 어카운트 이그제큐티브(account executive), 어카운트 컨트롤러(account controller)** 등은 대행사와 광고주의 연결과 대행사 내의 고객 서비스를 관장한다.
② **아트 디렉터(art director), 크리에이티브 디렉터(creative director), 스튜디오 매니저(studio manager), 아티스트(artists)** 등은 광고의 크리에이티브 측면을 담당한다.

---

3) 얼리 어답터는 새로운 제품 정보를 다른 사람보다 먼저 접하고 구매하는 소비자를 지칭한다. 제품의 수용을 다른 사람들에 비해 일찍(early) 하는 사람이다. 뉴멕시코 대학의 에버렛 로저스(Everett M. Rogers) 교수가 1972년 신제품 커뮤니케이션을 다룬 저서 『혁신의 확산(Diffusion of Innovation)』에서 처음 사용할 때만 해도 대중에게 널리 알려지지 않았으나, 1995년 재판이 나올 무렵 첨단기기 시대를 맞아 신조어로 부상했다.

③ 카피 치프(copy chief), 카피라이터(copywriter) 등은 광고물의 카피를 담당한다.

④ 마케팅 매니저(marketing manager)는 마케팅 업무 전반을 책임지며 때에 따라 시장조사를 실시한다.

⑤ TV 프로듀서(TV producer), 스토리보드 아티스트(storyboard artist), 스크립트라이터(scriptwriter) 등은 TV의 광고물을 제작하는 팀원이다.

⑥ 미디어 플래너(media planners), 바이어(buyers) 등은 매체 일정을 계획하고 매체의 지면이나 시간을 구매한다.

⑦ 프로덕션 매니저(production manager), 트래픽 담당자(traffic controller) 등은 광고 캠페인을 실행하거나 인쇄물 등의 제작을 총괄한다.

온라인 광고 담당자는 온라인 매체의 특성에 맞는 프로모션을 기획하는 일이 주된 업무이다. 기획과 제작, 매체 운영 등으로 역할이 나누어져 각 전문가들이 각자의 영역에서 광고 활동을 진행한다. 광고 기획자(AE)는 광고주와의 커뮤니케이션은 물론이고 광고 전략과 함께 경쟁 프레젠테이션을 해야 한다. 오프라인 AE와 차이점이 있다면 광고를 집행할 때 온라인, 즉 웹 내지 모바일을 통해 광고를 효율적으로 잘 구현시킬 수 있는지의 여부다.

요즘은 정보의 홍수 속에서 소비자들의 눈에 띄어 한 번이라도 더 클릭하게 하기 위해 화려한 플래시 동영상 효과나 팝업 등 온갖 기법을 동원하고 있다. 스토리텔링, 소셜 무비, 이벤트 등 참여성 광고도 늘고 있다. 따라서 광고가 웹에서 적절히 구현되어 소비자의 시선을 보다 많이 끌 수 있도록 하는 것이 주된 업무이자 목적이다.

또한 온라인 AE는 오프라인 AE와 다르게 광고가 온에어되었다고 업무가 종료된 것이 아니다. 왜냐하면 광고물의 제작 이후 코디네이터의 역할도 해야 한다. 온라인에 업로드된 광고에 만에 하나 문제가 발생하면 그에 대처해야 하고, 장치나 시스템에서 걸릴 트래픽의 확인도 필요하다.

입소문을 위해 타깃들이 자주 이용하는 사이트 게시판에 자신이 소비자가 되어 이용 후기 또는 Q&A를 작성하여 가능한 많은 관심을 갖도록 작업해야 한다. 주변에는 게시판을 위해 여러 개의 아이디를 가지고 작업하는 AE도 많다. 광고주와 관련해 부정적인 기사가 뜨면 전달은 물론이고 적절히 대응하는 것도 중요한 역할이다.

2. 웹 마케팅과 인터넷 광고의 방식

« 인터넷 광고의 최적화

인터넷 광고가 지닌 특성을 한마디로 요약하면 종래의 광고 미디어와 전혀 다른 전달 방식이 그것이다. 예를 들어 웹 광고의 배너 등에 붙는 광고 화상은 콘텐츠를 보내는 서버와 애드서버라고 불리는 광고 전송 서버를 이용한다. 인터넷 사용자가 광고 게재면이 있는 웹 페이지에 액세스하면 저절로 사용자의 컴퓨터 브라우저에 데이터 파일을 읽어내는 리퀘스트가 들어간다. 광고 스페이스에는 '이 광고 화상은 별도의 애드서버에서 읽어라'라고 하는 HTML이 기술되어 있다. 브라우저는 애드서버에 화상을 읽어낼 리퀘스트를 하고 애드서버로부터 광고 화상이 사용자의 브라우저에 보내져 콘텐츠와 광고가 일체화되어 표시되는 것이다. 광고 화상을 전송하는 애드서버는 사전에 배너 광고를 어떤 비율로 어느 게재면에 전송할 것인지 등이 프로그램화되어 있다.

그리고 인터넷 광고 거래 형태의 하나로 광고의 노출 횟수를 보증하는 것이 있는데 임프레션을 중심으로 전송 비율을 컨트롤함으로써 노출 보증 횟수를 특정 기간에 달성하는 방식이다. 임프레션은 애드 뷰(ad view)와 같은 개념으로 노출(page view)이란 뜻으로 통용된다. 웹 사이트가 한 번 열려 배너 광고가 한 번 노출되면 1임프레션이 된다. 하나의 웹 페이지에는 디자인에 따라 여러 개의 광고가 들어갈 수 있기 때문에 단위 시간당 웹 페이지보다 단위 시간당 광고 뷰로 더 많이 표기한다. 페이지 또는 광고 임프레션은 사이트 서버에 의해 유지되는 로그에 기록을 남긴다.

인터넷 광고에 접속하는 단위의 대표적인 것이 페이지뷰와 임프레션이다. 광고 매체가 되는 사이트 내지 특정 페이지로 액세스하는 양은 웹서버 페이지의 판독 횟수인 페이지뷰로 적시된다. 그것은 서버의 페이지 리퀘스트 횟수를 말하며, 표시에 시간이 걸려 이전에 판독을 중단하거나 다른 사이트로 넘어가도 서버에는 리퀘스트로 걸려 있기 때문에 페이지뷰로 카운트된다. 브라우저와 프록시 서버(proxy server)에 게시된 화상을 표시했을 때는 서버에서 카운트되지 않는다.

페이지뷰는 사이트로 액세스하는 단위로서, 페이지에 있는 광고 스페이스의 판독 횟수와는 별개로 정의한다. 배너에 실린 광고 화상은 광고 전용의 애드서버로부터 전송된다. 그래서 애드서버의 리퀘스트 횟수를 광고의 판독 횟수로서 카운트하는 것이다. 이것을 애드 임프레션 수라고 하며 페이지뷰와 구별된다.

종래의 광고 미디어는 전달이 일방적이었기 때문에 실제 광고를 얼마만큼 보여주고 얼마만큼 반응을 얻었는지를 측정할 방법이 없었다. 때문에 광고의 거래에 있어서 실제 도달률을 보증할 수도 없었다.

특히 TV 광고의 경우 사전에 요금이 정해져 있지만 프로그램의 시청률이 어느 정도가 될지 방송 이후가 아니면 알 수 없었다. 다시 말해 광고 도달에 따른 비용 효율은 방송을 해봐야 알 수 있었다. 도달량이 종량제로 되어 있는 TV 스폿의 매입 단위인 GRP도 전년에 기록한 시청률을 기준으로 계산하지, 실제 시청률로 거래하는 것은 아니다. 실제 시청률로 GRP를 계산하면 예상했던 리치를 획득할 수 없을 수 있다.

그러나 인터넷 광고는 광고를 전송하는 애드서버의 로그가 기록을 남긴다. 예를 들어 몇 명의 유저가 몇 번 클릭했고 광고를 봤는지 등이다. 애드서버를 통해 이러한 데이터를 파악할 수 있기 때문에 몇 번의 광고 표시를 보증한다든지 몇 번의 클릭 수를 보증한다는 식의 거래가 가능하다.

광고주도 합리적인 광고를 집행할 수 있게 되었다. 사전에 소비자의 속성이 담긴 데이터를 파악할 수 있으므로 광고 출고를 최적화할 수 있다. 로그 분석을 통해 웹사이트로 유입되는 방문자들의 특성을 사전에 파악할 수 있다는 것은 상당한 도움이 된다.

아무리 여러 개의 키워드를 통해 광고를 집행했더라도 실제 고객이 검색하여 들어오는 키워드와는 차이가 있다. 매출로 전환할 수 있는 키워드와 단순 정보만 찾으려는 키워드, 고객이 될 사용자가 검색하는 키워드 등 다양하기 때문이다. 따라서 로그 분석을 통해 유입되는 키워드를 지속적으로 관리하여 최적화할 수 있게 되었다. 인터넷 광고의 최적화에 필요한 데이터는 다음의 세 가지로 분류할 수 있다.

◀◀ 미디어 비이클 데이터
- 페이지뷰와 사용자 수
- 사용자 속성
- 광고 형태, 광고 요금, 계약 기간 등

◀◀ 리스폰스 데이터
- 임프레션과 클릭 수
- CTR과 VSR(view slew rate)

◀◀ 미디어 오디언스 데이터
- 사이트 시청률과 속성, 평균 체류 시간과 페이지뷰
- 조사 시점의 사용자 데이터

미디어 비이클 데이터는 인터넷 광고 매체의 데이터이다. 사이트의 페이지뷰와 유저 수, 유저 속성 등의 정보로서 광고주와 대행사가 매체를 선정할 때 참고하는 중요한 데이터이다. 광고 스페이스의 형태나 요금, 게재 기간 등도 미디어 플랜을 작성할 때 전략 차원에서 필요하다.

리스폰스 데이터는 인터넷 광고를 실시한 이후 리포트로 파악할 수 있는 데이터이다. 광고의 노출 횟수인 임프레션 수와 광고를 시청한 브라우저 수를 포함한 유저 수, 그리고 광고를 클릭한 횟수와 클릭률 등이다. 수치는 광고 게재 기간 중에도 알려주고 경우에 따라 표현을 바꾸는 등의 변경도 가능하다. 뿐만 아니라 종래 미디어와 다르게 클릭이라는 형태로 광고의 리스폰스를 측정할 수 있기 때문에 크리에이티브의 질을 파악할 수 있다. 옵티마이즈의 상당 부분은 크리에이티브를 측정하여 그 효과를 최대로 끌어올릴 수 있는 표현이 무엇인지를 파악하는 것이 목적이다.

미디어 오디언스 데이터는 제3기관에 의한 웹 시청률 데이터를 지표로 삼는다. 웹의 액세스 상황을 조사하는 데는 주로 사이트 센트릭과 패널조사라는 두 가지 방식이 있다. 사이트 센트릭은 서버에서 얻은 로그의 집계에 의해 각 사이트의 액세스 상황을 조사하는 방법이다. 패널조사는 모니터할 수 있는 인터넷 사용자를 수천 명 단위로 모아 조사 대상자 컴퓨터의 웹 시청 상황을 기록할 수 있는 소프트웨어를 넣어 집계한다.

전자는 서버에 리퀘스트가 걸린 기록으로 집계하기 때문에 사용자의 성별이나 연령 등을 알 수 없었다. 그러나 후자는 TV 시청률 조사와 마찬가지로 조사 샘플의 시청 상황 전체를 측정할 수 있다. 인터넷은 기업으로부터 액세스 유저 패널을 모집하는 것이 어렵기 때문에 복수의 매체를 동일한 방법으로 비교하기 위해서는 패널 조사법을 실시하는 것이 효과적이다.

« 웹 광고에 의한 마케팅

기업 마케팅 활동의 한 축에 웹 마케팅이 있다. 웹 마케팅에는 매스미디어 마케팅과 다이렉트 마케팅이라고 불리는 일반적인 커뮤니케이션과 판매를 위한 프로모션 두 영역으로 나눠져 있다. 그러나 지금껏 기업에서 운영 중인 자사 사이트와 인터넷 광고는 모두 매스미디어 광고와 유사한 성격을 띠고 있다.

초창기 매스미디어 마케팅에 주력해온 기업들은 웹을 다루는 부서를 어디에 둘지 많은 시행착오를 겪었다. 그러나 인터넷의 활용 범위가 넓어짐에 따라 여러 형태로 변모해갔다. 요즘은 웹을 다루는 부서를 사내 어느 한 곳에 둔다는 것 자체가 말이 되지 않을 정도로 일반화되었다.

인터넷은 마케팅 활동을 추진하는 데 있어서 없어서는 안 될 기본적인 수단이다. 요즘은 어떤 마케팅을 목표로 하든 인터넷 광고를 용이하게 할 수 있는 체제를 갖추고 있다. 어떻게 보면 기업의 마케팅 활동은 웹과 인터넷이라는 쌍방향에서 활용 가능한 인터랙티브한 영역이다. 종래의 리얼한 프로모션과 매스미디어 광고는 인터랙티브한 주변을 구성하는 정도이다. 당연히 마케터는 인터랙티브한 활동을 할 수 있어야 한다. 지금은 기업의 마케팅 활동을 지원하는 광고대행사도 인터랙티브를 핵심으로 하여 광고 캠페인을 실시하고 있다.

애초부터 인터넷 비즈니스를 실시해온 IT기업들도 인터넷을 고객 획득과 판매 툴로만 인식했지 커뮤니케이션 미디어로 파악하지 못했다. 그래서인지 아직도 일각에서는 인터넷 광고의 출고를 고객 획득 내지 투자수익률로만 보고 광고 본래의 효과와 브랜드력을 무시하는 경향이 있다. 가능한 웹 마케팅을 보다 넓은 시각으로 보고 활용 범위를 보다 적극적으로 넓혀나갈 필요가 있다.

그리고 웹 마케팅을 목적별로 포지셔닝해볼 필요가 있다. 사용자가 클릭하거나 액세스하는 사이트에는 특정한 흐름이 있다. 그래서 사이트에 올린 광고나 편집 타이업(tie-up) 같은 기사 등, 모두 목적별로 광고 방식이 달라야 한다. 상시 실행되는 것인지, 특정 목적이 있는 캠페인지에 따라 차용할 아이템이 다른 것이 좋다.

웹 광고는 텍스트를 비롯해 그래픽이나 사운드, 동영상을 함께 다룰 수 있으며 양방향성의 정보 교환과 수정이 가능하다. 특히 구매 동기를 가진 잠재 고객에게 능동적으로 추가 정보를 제공할 수 있기 때문에 광고로 그칠 것이 아니라 마케팅으로 연결시킬 수 있다.

중요한 것은 배너의 표준화이다. 광고주와 미디어렙을 포함한 광고대행사도 인터넷 광고의 표준화의 중요성을 실감하고 있다. 웹사이트의 페이지 내에 일정 크기로 보여지는 광고의 경우 초창기에는 배너의 표준이 가로로 긴 468×60px이었지만 현재는 크기와 형태가 다양해졌다.

형태와 크기뿐 아니라 노출 시간과 파일용량도 천차만별이다. 동영상 형태의 프리미엄 광고는 최단 2.6초에서 최장 33초까지, 투명 레이어 광고와 전면광고는 5초부터 15초까지 다양하다. 파일용량도 프리미엄 광고의 경우 25~745KB까지 격차가 심하다.

파일용량과 소리 등 부가요소의 추가분에 대한 과금도 대행사나 광고주에 따른 차이가 적지 않다. 그 밖에 광고 형태의 명칭도 업체마다 다르고 광고 구매 단위도 CPM, 주간, 유닛 등으로 나눠지고 광고 효과 측정기준도 임프레션, 클릭률, 클릭 태그 등 다양하다. 광고의 형태나 방식도 배너 광고와 키워드 광고 외에도 여러 가지 종류가 있다.

메일 광고는 전자메일 기능을 사용해 텍스트와 화상으로 표현해 전달하는 광고이다. 메일 안에 광고문이 삽입되는 메일매거진과 전문이 광고로 되어 있는 DM형인 옵트인 메일, 그리고 타기팅 메일 광고로 나뉜다. 스트리밍 광고는 파일을 다운로드시켜 광고 화상을 표시하는 것이 아니라 스트리밍 기술을 이용해 광고 동영상을 보여준다.

리스팅 광고는 미국에서 페이드 리스팅으로 불린다. 검색 사이트에 특정 검색어로 검색하면 결과가 화면에 텍스트 형식으로 표시되고, 사용자가 클릭함으로써 과금되는 광고이다. 검색 광고가 높은 수익을 가져다주는 이유는 사용자의 의도나 목적이 부합되어 클릭을 적극적으로 유도하기 때문이다.

모바일 광고는 휴대전화의 브라우저 기능과 메일 기능을 이용해 콘텐츠에 광고를 게재하여 전달한다. 스마트폰 보급의 확산으로 인해 메신저를 비롯해 검색, 쇼핑, 금융, 사진, 음악, 게임, 영화감상, 문서작성 등 컴퓨터를 기반으로 이루어지던 모든 서비스를 언제 어디서나 모바일 기기에서 이용할 수 있게 되었다. 지금은 위치기반서비스 같은 모바일 IT기술의 발전으로 다양한 애플리케이션 및 플랫폼이 출시되고 있다. 또한 이동통신사와 유통사, 금융사 간 결합 서비스가 지속적으로 개발되고 있다.

모바일 광고시장은 마케터나 소비자의 요구에 부응하여 점차 더욱 정교해지고 복합적인 방식으로 진화하고 있다. 앞으로 모바일 디스플레이 광고와 배너 광고가 지속적으로 성장하고 네이버의 라인이나 카카오톡 등에서 한층 발전한 광고 기법이 등장할 경우 더욱 성장세를 이어갈 여지가 많다.

광고는 기업과 소비자를 연결하는 대화형 매체인 인터랙티브 미디어와 배너 광고를 조합한 모델로 나뉜다. 그렇지만 대부분의 한국 광고주들이 선호하는 것이 네이버의 초기 화면 광고이다. 그중에서도 우측 상단에 0.5일, 혹은 1일 붙박이 형태로 노출되는 네이버의 대표 상품인 홈브랜딩보드가 주목도 면에서 가장 효과적이라고 알려져 있다. 네이버 홈브랜딩보드 상품은 기존 강제 노출로 종료되는 일반형에서 사용자의 직접 참여를 유도하는 인터랙티브 방식의 드래그 확장형까지 다양하다.

홈브랜딩보드 광고는 네이버 메인 페이지 우측에 이미지나 플래시 형태로 노출되기 때문에 홈 상단에 위치한 배너 광고보다 저렴한 금액으로 광고가 가능하다. 우측에 표시되고 크기가 작기 때문에 효과가 작을 수 있지만, 메인 페이지에 노출된다는 장점이 있으므로 효과적인 광고 영역이 될 수 있다.

상품 종류는 광고 방식에 따라 다르다. 홈브랜딩보드 드래그 확장형은 인터넷 사용자가 마우스를 드래그했을 때 전면에 플래시 액션 스크립트 광고가 진행되는 방식으로, 사용자의 참여가 필요한 경우 효과적인 광고가 될 수 있다. 홈브랜딩보드 매거진형은 드래그 방식과 유사하지만 마우스 드래그로 액션이 발생하면 책 넘김 효과가 발생하는 상품으로 사용자의 호기심과 적극적인 참여가 가능하여 브랜딩 효과를 극대화할 수 있다. 그러나 효과에 비해 비용 또한 고가라는 단점이 있다.

만약 네이버의 디스플레이 홈브랜딩보드 광고 단가표에 광고비가 1억이고, 1일 구좌로 되어 있다면 대략 1억 원 정도의 비용이 든다. 원래 디스플레이 광고 중 고정된 여백 광고는 비용이 1구좌씩 책정되어 있다. 또한 CPM이 2,500이면 1,000회 노출당 2,500원, 즉 노출당 2.5원이 된다. 1주라는 뜻은 딱 1주라는 의미보다 엄청난 네이버의 페이지뷰를 현재 구좌 수로 나누었을 때 1주 정도면 임프레션 보장이 가능하다는 의미다. 그러나 통상 보장 노출보다 많이 나온다. 배너 광고의 특성상 클릭률은 0.1% 내외이기 때문이다.

배너 광고의 요금은 페이지뷰 보증형으로 배너에 표시되는 횟수를 광고주가 지정한다. 통상 웹페이지의 일정 공간에는 여러 광고주가 낸 배너 광고가 돌아가며 표시된다. 광고의 노출, 즉 표시를 임프레션이라 하기 때문에 '임프레션 보증형'이라고도 한다. 또한 게재 기간이 보증된다. 1주일이나 한 달이라는 기간 동안 웹페이지의 일정 공간에 항상 광고가 게재된다. 그리고 클릭당 과금형으로 소비자가 광고를 클릭하는 횟수에 따라 요금이 정해진다. 블로그 등 많은 웹사이트를 네트워크화하여 광고를 내보낼 때 적용한다. 코리안클릭에 의하면 2013년 6월 기준 국내 검색시장 점유율은 네이버가 74%, 다음이 19.8%, 구글이 4.0%, 네이트 1.4% 순이다.

그러나 아무리 많은 광고를 해도 평균적으로 온라인 쇼핑몰의 방문자가 첫 번째 사이트에 방문하여 바로 구매를 하는 경우는 2%에 불과하다. 리타기팅(retargeting) 광고는 구매를 하지 않고 떠난 98%의 고객을 해당 사이트로 유도하는 역할을 한다. PC 이용자가 광고를 진행하고 있는 기업의 홈페이지를 방문하면 사용자의 컴퓨터에 자동으로 쿠키 값, 즉 기록이 저장된다. 따라서 이후에 타 사이트인 언론사의 뉴스나 블로그, SNS 등에 방문하면 이전에 저장된 정보를 통해 최우선 배너를 노출시켜 재방문 및 구매를 유도하는 것이다.

다시 말해 자신의 사이트를 한 번이라도 방문했던 사람이 인터넷상에서 언론 기사 등을 찾아볼 때 광고를 상품정보와 함께 보여주어 재방문을 유도하여 구매와 연결시킨다. 대표적인 상품으로 '구글 배너'와 오버추어가 진행하는 '스폰서 배너'가 있다. 최근에는 배너 효율을 높이기 위한 리타기팅 배너도 여러 개 생겼다. 리타기팅 광고 노출 건수는 2012년 12월 약 2,000만 건이었지만, 2013년 4월에는 3억 8,000만 건으로 4개월 만에 1,797%라는 이례적인 상승세를 보이고 있다.

광고주의 사이트에 방문한 사용자가 리타기팅 제휴 사이트에 방문하면 광고주의 광고가 노출된다. 광고를 위해서는 미리 광고주 사이트에 해당 상품의 트래커가 설치되어야 하며, 광고 노출 여부는 경쟁 광고주와의 비딩 가격에 의해 결정된다. 그렇지만 광고주 사이트의 방문자의 숫자가 어느 정도는 되어야 한다는 전제가 있다. 자신의 사이트를 한 번이라도 방문했던 사람에게 보여주는 광고이기 때문에 초기 쇼핑몰보다는 일정 수의 방문객이 있고, 브랜드가 잘 알려진 사이트가 유리하다.

리타기팅 광고는 현재 배너 광고에서 가장 많은 인기를 얻고 있는 광고 상품 중 하나이다. 배너 노출에 따라 과금되는 것이 아니라 배너를 클릭하면 발생하는 클릭당 비용으로 부과된다. 온라인 사용자의 관심 행태를 종합적으로 분석하여 광고주의 캠페인과 관련 있는 핵심 고객에게 네트워크 배너 광고를 노출하는 타기팅 플랫폼이다.

사용자의 쿠키에 의한 리타기팅 광고

광고 상품으로는 리타기팅 광고와 유저 타기팅 광고가 있다. 리타기팅 광고는 한 번 방문했던 고객을 재방문시켜 관심 고객의 빠른 구매를 유도하는 광고이며, 유저 타기팅 광고는 고객의 웹 행동 패턴을 키워드로 데이터베이스화한 후, 광고주의 키워드와 매칭될 경우 다양한 매체 지면에 노출되는 타기팅 광고이다.

사용자가 사전에 광고주 사이트를 인지하고 있으므로 일반 배너 상품에 비해 높은 전환율을 올릴 수 있다. 특정 상품의 경우 추가로 검색창 URL과 키워드를 통해 타기팅된 고객에게만 노출시킬 수 있다. 뿐만 아니라 제휴 사이트 방문이나 해당 키워드 검색 때 광고주 사이트에 팝언더 형식으로 노출시킬 수도 있다.

간혹 일부 빅 브랜드 광고주는 이러한 방식이 소위 페이크 상품으로 인식될 수 있다며 거부감을 나타낸다. 그럼에도 불구하고 쇼핑몰을 중심으로 병·의원이나 학원, 여행 등에서 매월 평균 70% 이상의 광고주가 연장 집행을 하고 있다. 광고주별로 최적화된 템플릿을 세팅하여 고객의 행동 패턴에 맞춰서 광고할 수 있기 때문이다.

한국의 인터넷 이용 인구는 현재 약 3,500만 명 정도이다. 인터넷은 이미 우리 생활과 밀접한 관계를 맺으며 정보 검색, 엔터테인먼트 등 여러 분야에서 활발히 이용되고 있다. 광고 역시 예외가 아니다. 인터넷이 대표적인 광고 매체로 부상하면서 부당한 광고 역시 증가하였고, 소비자 피해도 늘고 있는 추세이다. 인터넷 공간에서는 범람하는 광고로 인해 전달되는 정보가 얼마만큼 사실과 부합되는지의 판단조차 어려운 지경에 이르렀다.

2012년 6월을 기준으로 컴퓨터를 이용하여 보도나 논평 등의 정보를 전달하는 인터넷 신문 매체는 3,309개, 신문이나 방송 등의 기사를 제공하거나 매개하는 인터넷 뉴스 서비스는 128개가 있다. 또한 방송사가 직접 운영하는 홈페이지가 414개, 인터넷 라디오도 KBS콩, MBC미니, SBS고릴라, CBS레인보우 등 4개가 있다. 그 밖에 10만 명 이상이 이용하는 주요 포털 사이트만 해도 180여 개가 넘는다.

공정거래위원회는 2012년 인터넷을 이용한 부당 광고의 처리 기준을 제시한 '인터넷 광고에 관한 심사지침'을 제정하고 시행하였다. 공정한 인터넷 광고 시장을 만들기 위해서다. 2013년에는 독과점 폐해로 사회적 논란을 일으킨 네이버 등 포털 업체에 대해 '인터넷 검색 서비스 발전을 위한 권고안'이라는 가이드라인을 발표했다. 주요 골자는 '광고'와 '검색 결과'를 분리하도록 한 것이다. 예컨대 네이버에서 광고대행사를 입력하면 상단에 10여 개 정도의 사이트가 나타나는데 이것은 모두 비용을 지불한 상품이다. 그래서 노출된 회사나 상품이 대표적인 것이라고 오인하지 않도록 '광고'라고 명확하게 표시하게 했다. 그러나 이 권고안은 미국이나 유럽에 비해서 구체성이 떨어진다. "광고와 그 외 검색 결과를 구분할 수 있도록 하여야 한다"고만 적시하고 있기 때문이다.

미국연방거래위원회(federal trade commission : FTC)[4]의 지침은 "광고는

바탕색을 더 진하게 하거나, 아예 테두리를 만들어 확실히 구분짓고 '광고'라는 문구를 더 크고 잘 보이도록 적을 것" 등으로 세세하게 규정하고 있다. 나아가 '광고' 표기를 해야 하는 위치까지 지정하고 있다. 뿐만 아니라 '광고'라는 표현 외에 이용자가 혼동할 수 있는 모호한 표현도 쓸 수 없다. 유럽연합은 구글이 돈을 내지 않은 정보를 불리하게 배치한 혐의에 대해 반(反)독점 위반 혐의로 조사를 벌였다.

웹 사이트의 배너 광고는 제품을 직접 볼 수 없기 때문에 실제로 과장 광고가 상당히 많았다. 예를 들어 배너 광고에 80% 할인이라고 쓰여 있는 인터넷 쇼핑몰로 들어가보면 실제로 80% 할인하는 상품은 어디에도 없다. 대부분이 무심코 인터넷 광고를 지나치지만 실제로 이러한 광고로 인한 피해는 상당하다.

공정거래위원회가 제정한 인터넷 광고의 심사 기준은 내용의 진실성과 명확성, 글자 또는 도안의 위치나 크기, 색상 등을 종합적으로 고려하여 부당성을 판단하고 있다. 따라서 인터넷 광고를 실행할 때 관련 내용에 변화가 있다면 즉시 해당 광고를 수정해야 한다. 부당성 판단에는 광고 내용이 사실에 부합하게 수정되었는지의 여부와 수정 시기 등이 종합적으로 고려된다. 그래서 소비자의 구매 선택에 영향을 미칠 수 있는 사실이나 내용을 가능한 한 하나의 홈페이지에 제공하여야 하며, 그 부당성은 주된 광고가 포함된 인터넷 홈페이지를 중심으로 판단하고 있다.

인터넷 광고의 구체적 심사기준은 광고의 유형에 따라 다르다. 기준이 되는 광고 방식은 배너 광고와 팝업 광고 및 팝언더 광고, 검색 광고, 이용 후기 광고 등이다.

---

4) 미국연방거래위원회는 연방거래위원회법에 의거하여 대통령의 지휘권에서 독립된 행정기관으로 1914년 설립되었다. 우리나라의 공정거래위원회처럼 독과점과 불공정거래를 규제하는 대표적인 경제 규제기관이다. 독점 금지뿐만 아니라 일반 불공정 거래 및 소비자 보호 관계도 함께 다루고 있다.

배너 광고에서 사업자가 소비자의 구매 선택에 영향을 미칠 수 있는 사실이나 내용을 배너 광고와 연결된 홈페이지에서 은폐하거나 축소하는 등의 행위를 할 경우에 이는 심사기준을 위반한 것이다. 검색 광고에서는 사업자 자신이 취급하는 상품과 관련하여 거짓 또는 과장된 검색어를 사용하는 광고가 부당 광고에 해당한다. 검색 광고의 경우 광고주 외에 포털사업자나 광고대행사도 일정한 책임을 질 수 있다.

또한 관련법이 허용할 수 없는 검색어나 표현 등을 사용해 지속적으로 노출시키거나 포털사이트에 나타난 검색 결과가 광고라는 것을 명시하지 않은 경우도 부당 광고다. 예를 들어 검색 광고에 나타난 특정 사업자의 홈페이지가 검색어와 관련된 유명 인터넷 사이트인 것처럼 보이도록 하는 것이다.

이용 후기 광고의 경우 사업자가 직접 또는 제3자를 통해 거짓으로 작성하거나 파워블로거에게 수수료나 경제적 대가를 지불하면서 관련된 이해관계를 명시하지 않으면 심시기준을 위반한 것이 된다. 사업자가 인터넷 홈페이지 등에 게시된 소비자의 이용 후기 중 불리한 내용을 이유 없이 삭제하거나 비공개 처리하는 것도 금지한다. 따라서 소비자의 구매 선택에 영향을 미칠 수 있는 내용은 글자의 크기나 색 등을 이용해 쉽게 인식할 수 있도록 해야 한다. 소비자의 구매 선택에 영향을 미칠 수 있는 내용을 스크롤 바(scroll bar)[5]를 통해 확인할 수 없도록 방해하는 것은 위반이다.

소비자의 구매 선택에 영향을 미칠 수 있는 사실이나 내용을 합리적인 이유 없이 주된 홈페이지가 아닌 곳에 게시하면서도 그러한 사실을 별도 표시하지 않거나 소비자가 쉽게 확인할 수 없게 하는 것도 규제된다. 자신 또

---

5) 스크롤 바는 윈도 방식의 프로그램에서 하나의 윈도 안에 모든 정보를 표시할 수 없을 때 현재 화면이 전체의 어디 쯤에 위치하는지를 표시해 주는 도구다. 일반적으로 우측과 하단에 위치하며 정보 내용을 좌우로 이동시키는 것을 수평 스크롤 바, 위아래로 이동시키는 것을 수직 스크롤 바라고 한다. 가장자리에 있는 스크롤 화살표를 클릭하거나 스크롤 상자를 드래그함으로써 문서를 수직 또는 수평으로 이동시킬 수 있다.

는 다른 사업자에 대한 광고를 할 때 수상경력이나 인증사실 등을 광고하면서 수상연도나 유효기간 등을 명시하지 않아 마치 최근이거나 광고를 접한 시기에도 유효한 것처럼 광고하는 것도 금지된다. 또한 인터넷 홈페이지에 사업 규모나 실적 등을 광고하면서 거짓 또는 과장된 사실을 홍보하거나, 소비자의 구매 선택에 영향을 미칠 수 있는 사실이나 내용을 은폐하거나 축소해서도 안 된다.

상품 등의 내용이나 거래 조건을 홍보할 때 일반적인 의미와 다르게 분류하는 것도 제한되며, 사진이나 동영상의 보정 또는 편집 등을 통해 상품의 효과를 과장하는 것도 금지하고 있다. 실제 존재하지 않는 제품을 광고하거나, 실제 상품과 모양이나 특성, 거래 조건 등이 상이한 상품을 홍보하는 것도 부당 광고에 해당한다. 사업자가 인터넷 광고를 집행할 때는 광고 내용이나 거래 조건을 보다 세심하게 살펴볼 필요가 있다.

3. 인터넷 광고의 종류와 방식

《 형태와 광고 방식

배너(banner) 광고

배너 광고는 인터넷 홈페이지에 띠 모양으로 만들어 부착하는 광고로 인기 있는 홈페이지의 한쪽에 특정 웹사이트의 이름이나 내용을 부착하여 홍보하는 그래픽 이미지이다. 마치 현수막처럼 생겨 배너란 명칭으로 불리며, 미리 정해진 규격에 동영상 파일 등을 이용하여 광고를 내고 소정의 광고료를 지불하는 방식이다.

배너 광고는 특정 정보에 관심을 가진 사람이 클릭하여 자사의 홈페이지에 접속하게 한다. 일반적으로 이미지나 텍스트의 노출을 통해 전달하는 상품으로, 보통 대형 포털만을 생각하지만 그 외에 다양한 서브 매체를 활용하면 예상외의 효과를 얻을 수 있다. 예를 들어 40대 이상 중년 남성을 타깃으로 골프용품 광고를 한다면, 대형 포털보다 일간 경제신문 사이트에 노출되는 네트워크 배너가 더 효과적일 수 있다. 경제지 사이트는 포털사이트보다 광고비가 훨씬 저렴하다.

한국에 배너 광고가 처음 출현한 1994년 이후 컴퓨터 속도가 빨라지면서 인터넷 관련 인프라는 엄청난 발전을 이루었다. 그로 인해 동영상 광고의 여러 솔루션이 상용화하기 시작했고, 인터넷 방송이 생겼을 정도로 관련 환경도 좋아졌다. 또한 용량에 대한 부담감도 현저히 낮아졌다. 배너 광고의 크리에이티브 역시 수많은 노력을 통해 광고 효과의 증진을 이루었다. 지금은 국내 인터넷 광고 시장의 70% 이상을 차지하고 있다.

배너 광고는 웹페이지 내에 일정 크기로 보여주며, 초창기에는 가로로 긴 형태의 468×60px이 표준 크기였지만 현재에는 468×200px, 536×120px, 596×122px, 820×90px 등 다양한 형태의 모양과 크기가 사용된다.

처음에는 사각형 모양의 단순한 형태로 시작되었으나 요즘에는 플래시 기술을 차용하여 동영상을 넣거나 홈페이지를 열면 화면에 고정적으로 배치되는 등으로 다양화하고 있다. 배너 광고는 게재면에 대한 기간과 광고 표시 횟수를 보증하는 계약이 일반적이다.

가로형 배너(wide)는 가로로 긴 일반적 형태이다. 표준이 468×60px이지만 다양한 변형이 있다. 세로형 배너(skyscraper)는 마천루라는 별칭처럼 표준 사이즈의 배너에 비해 세로로 길쭉한 형태이다. 최초에 나온 표준 크기의 배너 효과가 점차 떨어지면서 활용도의 증가를 위해 150×500px 혹은 160×600px 사이즈로 시도된 배너이다. 크기가 커서 눈에 잘 띄고 세로로 긴 형태를 활용해 새롭게 재창조할 수 있는 장점이 있다.

사각형 배너(rectangle)는 가로나 세로형 배너 광고와 유사하지만 표준 배너보다 크며 정사각형에 가깝기 때문에 '렉탱글'이라고 부른다. 크기가 비교적 TV 화면에 가깝기 때문에 동영상으로 보여준다. 디스플레이 광고의 대표적인 광고로 이미지와 플래시를 통해 원하는 광고 메시지를 전달할 수 있으며 노출당 단가로 집행된다. 정해진 규격에 동영상 파일 등을 이용하여 광고를 내보내고 비용을 지불하는 방식이다. 광고 효과의 분석을 위해 배너를 보여준 횟수나 다운로드된 횟수를 광고주에게 알려준다.

네트워크 배너는 특정 매체에서 각 언론사나 사이트의 해당 지면을 사서 광고 배너를 노출시키는 방법으로 검색할 때 옆이나 아랫부분에 나타나게 된다. 예전에는 광고를 내고 싶은 포털에 직접 신청했지만 최근 몇 년 사이에 이런 식으로 언론사와 대형 사이트들이 제휴하여 광고를 유치하고 있다. 개별 사이트로는 경쟁력이 부족하자 관련사가 연합을 하고 있는 것이다.

그리고 포털 내에서도 연령이나 직업 등에 따라 이용하는 메뉴 및 콘텐츠가 다르기 때문에 이러한 포털 내 콘텐츠와 광고 타깃 성향을 매칭하면 좋은 결과를 얻을 수 있다. 포털 메인 페이지보다 각 서브 페이지들의 광고 단가가 더 저렴하기 때문이다. 대형 포털에도 메인 배너 외에 잘 판매되지 않는 부분을 찾아 공략한다면 비용 대비 높은 효과를 거둘 수 있다.

예를 들어 네이버의 메인 상단에 노출되는 배너 광고는 통상 최소 1,000만 원 정도가 기준이다. 기간이 1주일이라는 건 의미가 없다. IMP 기준으로 노출을 보장해주기 때문에 1주에 얼마가 들어가든지 '1주'라는 기간이 아니라 노출을 얼마나 할 것인가에 따라 가격이 결정된다. 오른쪽은 형태에 따라 다르다. 여백 광고가 고정일 경우에는 하루에 1억 원 정도이고 이미지인지 확장형인지에 따라서도 달라진다. 날씨나 달력의 하단에 나오는 우측 브랜딩보드는 형식에 따라 상당한 비용을 지불해야 한다.

배너 광고 스페이스를 구입할 때는 형식에 따라 몇 개의 방법이 있는데 대체로 네 가지가 꼽힌다. 첫째, 임프레션 보증형은 광고주가 광고의 표시 횟수를 정할 수 있다. 동일 광고 스페이스에 복수의 광고주에 의해 로테이션으로 게재하는 메뉴에서 노출 횟수가 보증된다.

둘째로 게재 기간 보증형이 있다. 배너 광고는 대체로 노출, 즉 표시 횟수가 많을수록 단가가 낮아지는 요금체계가 많다. 그러나 게재 기간 보증형은 특정 게재면의 광고 스페이스가 일정 기간 유지된다. 그 기간 내에 가정되는 노출 횟수, 즉 임프레션 수도 대체적인 기준에서 제시되지만 보증되는 것은 아니다.

네이버의 배너 광고

셋째, 클릭 보증형은 광고를 노출하여 사용자가 광고를 클릭하는 횟수를 보증하는 것이다. 클릭률은 브랜드나 업종, 광고 크리에이티브에 따라 달라지기 때문에 노출 횟수를 어느 정도로 하면 계약된 클릭 수를 달성할 수 있을지 알 수 없었다. 그래서 1클릭당 단가를 설정하여 총 클릭 수를 보증하는 계약을 하게 된다. 지정 기간 동안 보증된 클릭 수에 도달하지 못할 때는 게재 기간을 연장하여 달성할 수 있다.

넷째, 성과 보수형 광고는 사용자가 클릭하여 기업의 마케팅 사이트를 방문한 행동에 따라 광고 비용을 지불하는 방식이다. 행동이란 회원 등록이나 제품 구입 등의 행위로 1건당 보수액을 사전에 설정해두었다가 광고 게재 후 확인하여 정산한다. 매체사와 기업이 직접 성과 보수형 광고를 계약하거나 제휴라고 불리는 복수 사이트를 네트워크화하여 성과 보수형 광고를 판매하는 사업자와 계약하는 경우도 있다. 마케팅 비용 대비 성과를 사전에 보증할 수 있을 때 활용되지만, 획득 목표의 절대치를 얻을 수 있을지는 보증의 범위 안에 들지는 않는다. 그래서 사전에 성과 보수형에서 획득한 구입 빈도 등의 고객 정보를 보다 상세히 조사해볼 필요가 있다.

광고 방식은 전단지 광고와 비슷하다. 전단지 1만 부에 얼마라는 식으로 비용이 드는 것처럼 노출 횟수에 따라 책정하기 때문이다. 광고주가 본다는 것은 전단지를 광고주가 챙기는 것과 같다.

광고 방법은 월 단위의 일정 계약 기간을 기준으로 광고 비용을 지불하는 정액제 광고인 CPM와 소비자가 검색이나 배너 광고를 클릭한 횟수를 근거로 지불하는 종량제 광고인 CPC가 있다. 요즘은 검색 광고가 진화하여 키워드를 통한 브랜딩과 TV 등 타 매체와 함께 진행하는 크로스미디어 광고가 새로운 트렌드로 자리매김하고 있다. 여기에 새로운 기능을 추가해 광고 효과와 투자수익률을 극대화한다.

CPC는 광고를 한 번 클릭하는 데 소요되는 비용으로 주로 검색 광고에서 사용한다. 사용자가 검색어를 클릭해 광고주 사이트로 이동했을 때 광고비가 부과되는 체계이다. 키워드 광고의 CPC는 광고 효과의 측정 자료로도 사용된다. 그리고 검색된 키워드에 나온 파워링크, 비즈사이트를 클릭할 때마다 키워드 광고비를 지불한다.

CPM은 CPT라고도 불린다. 온라인 광고의 가격을 책정하는 방법 가운데 하나로 매체를 통해 1,000명 또는 1,000가구에 광고 메시지를 전달하는 데 소요되는 비용이다. 인터넷 광고에서는 웹페이지 광고 노출 비율, 즉 1,000 광고 뷰를 전달하는 데 소요되는 비용이다. 페이지뷰란 사용자가 웹사이트에 접속하여 특정 웹페이지를 자신의 PC 화면을 통해 보는 것을 말한다. CPM은 노출 대비 광고비나 광고의 효율성을 분석하는 자료로 사용된다.

롤링형 광고는 여러 광고가 돌아가면서 노출되는 방식이다. 광고 매체를 이용해 1,000명 또는 1,000가구에 광고 메시지를 전달하는 데 소요되는 비용을 CPM이라고 하는데, CPM 단위의 광고가 바로 롤링형 광고다. 대부분의 일반적인 배너 광고를 롤링형이라고 표현한다. 롤링이라는 말은 사전에 여러 광고가 준비되어 있어서 접속하는 순간 순서대로 돌아가면서 나간 다는 뜻이다.

돌아가면서 광고가 노출되는 것은 새로 창이 열릴 때마다 나타나기 때문 이다. 만약 창을 새로 열거나 페이지를 새로 고침 하지 않으면 해당 광고는 다른 광고로 바뀌지 않는다. 혹자는 TV에서 광고가 끝나면 새로운 광고가 나오듯 포털사이트도 창을 열어두면 계속해서 다른 광고가 나올 것으로 여 긴다. 롤링형은 그런 것이 아니라 새로 고침 혹은 새로 열릴 때 돌아가면서 광고가 표시되는 구조이다.

배너 광고의 단가표에서 단위에 CPM이라고 쓰여 있지 않은 대부분의 상품을 고정형이라고 보면 된다. CPM이란 단어는 배너 광고의 단위이다. 다시 말해 1,000번 보이는 데 소요되는 비용이다. CPM이 2,500원이라면 1,000번 보이는 데 2,500원만큼의 비용이 든다. 즉 한 번 노출에 2.5원인 셈 이다.

1주 구좌 혹은 1일 구좌라고 표현된 것은 해당 기간 동안 고정으로 노출 되는 상품을 말한다. 고정형 상품은 잘 보이지만 계속 광고가 나가기 때문 에 클릭률이 떨어질 수 있다. 따라서 소재를 잘 만들어야 소정의 효과를 거 둘 수 있다. 고정형 상품은 고정으로 나가는 것이라서 노출량을 확약할 수 없다. 해당 페이지가 몇 번 열릴지 알 수 없기 때문이다. 그래서 지난 집행 결과를 바탕으로 노출량을 채우게 된다. 심한 경우 타 기간에 비해 2배 정 도의 차이가 발생할 수 있다. 그럼에도 불구하고 대부분의 광고주는 고정 형을 선호한다.

노출의 방식에 있어서도 온라인과 TV 광고는 전혀 다르다. TV 광고는 모든 TV의 해당 채널에 동일한 광고가 노출된다. 방송시간을 점유하기 때 문에 A와 B의 시청 화면이 동일하다. 신문도 마찬가지이다. 만약 1면 하단 에 광고를 내보낸다면 모든 신문 1면 하단에 똑같이 노출된다.

하지만 인터넷 광고는 그렇지 않다. 같은 특정 포털사이트의 화면을 같은 시간에 보더라도 다르게 보일 수 있다. 물론 특정한 일부 상품은 TV 광고에서처럼 모든 사람이 동일한 화면의 광고를 볼 수 있다. 그러나 그것은 고정형 상품으로 일반적인 CPM 단위의 배너 광고와는 다르다.

인터넷 광고의 노출은 창이 한 번 열릴 때 해당 광고가 나가는 식으로 이루어진다. 사용자가 포털사이트를 보려고 키워드를 입력하면 서버에서 사용자의 PC 화면에 나타나게 한다. 이때 광고를 콘텐츠와 함께 보여주는 것이다. CPM 형태의 일반적인 배너는 사용자가 볼 때마다 준비되어 있는 광고를 순서대로 내보낸다. 1초에도 엄청난 수의 사람들이 접속하기 때문에 서버는 순서대로 광고를 내보내고 있지만 실제 사용자가 보기에는 특별한 순서 없이 광고가 나오는 것처럼 보일 뿐이다.

만약 동시에 접속하면 같은 광고를 보는 것이라고 생각하겠지만 동시에 보이더라도 실제로 서버에 신호가 들어온 순서가 다르고, 해당 순서에 따라 광고가 노출된다. 새 창이 열릴 때마다 각기 다른 것이 보여지는 것이지, 같은 시간에 접속한다고 모두 같은 광고가 아니다.

예를 들어 10시 정각에 100명이 동시에 접속하고, 포털에서 준비한 광고가 100개가 넘는다면 모든 사람은 각기 다른 광고를 보게 된다. 만약 같은 시각에 100명이 접속했는데 광고가 50개만 준비되었다면 2명씩은 같은 광고를 보게 되는 것이다. 다시 말해 CPM 광고를 할 때 자신이 보는 광고와 주변에서 보는 광고가 다를 확률이 높다. 따라서 자신이 보지 못했다고 광고가 나가지 않는 것은 아니다.

이런 특성을 모르고 간혹 오해를 사기도 한다. 2012년 대선 때 어느 네티즌이 선거홍보 기간이 시작되자마자 특정 후보의 광고가 A포털에 사전 노출되었다며 유착이라고 포스팅한 적이 있다. 한마디로 배너 광고의 특성을 잘 몰라서 일어난 해프닝이다. 실제로는 광고를 본 동일한 시점에 다른 사람의 PC에 다른 광고가 나가고 있었고, 다른 후보의 광고도 노출되고 있었다.

키워드(keyword) 광고

인터넷 검색 사이트에 검색어(keyword)를 입력하면 결과 화면에 관련 업체의 광고가 노출되는 방식이다. 네이버나 다음 등의 검색엔진에서 검색어를 입력하면 검색 결과의 상위에 광고주의 홈페이지가 노출된다. 인터넷 사용자가 원하는 정보에 손쉽게 접근할 수 있어 기업이 자사 제품 또는 서비스에 관심 있는 잠재 고객을 만날 수 있는 좋은 수단이다.

예를 들어 네이버에서 검색어로 '트위드 재킷'을 검색하면 화면에 크게 파워링크, 플러스링크, 비즈사이트 영역으로 구분되어 나타나는데 모두 키워드 광고에 해당한다. 키워드는 다양하게 등록이 가능하지만 키워드별로 광고 단가의 차이가 있다. 의류 쇼핑몰을 운영한다면 쇼핑몰, 의류 쇼핑몰, 여성의류, 카디건, 원피스, 트위드 재킷 등과 같은 키워드 광고를 할 수 있다.

1990년, 인터넷이라는 것은 존재했지만 월드와이드웹은 아직 개발되지 않았을 때였다. 하지만 인터넷으로 서로 필요한 정보를 주고받았고, 가장 많이 사용했던 방법이 파일 전송 규약(file transfer protocol : FTP)이었다. 인터넷을 통해 자신의 컴퓨터에서 다른 컴퓨터로 파일을 전송할 수 있도록 하는 프로그램이다. 컴퓨터 간 파일을 전송하는 데 사용되는 프로토콜로 대용량의 서버에 각종 공개용 소프트웨어 및 문서를 저장해두었다가 필요한 자료를 다운로드하여 쓸 수 있다.

인터넷으로 연결된 컴퓨터에서 FTP를 통해 파일을 사용하려면 반드시 FTP 서버가 있어야 한다. 파일을 다운로드하려면 사용자 ID와 암호, 주소를 입력해야 했다. 당시는 이런 방식으로 인터넷을 통한 파일 교환이 이루어졌으며, 파일을 공유하고 싶은 사람은 먼저 FTP 서버를 구축해야만 공유하고 싶은 파일을 다운로드할 수 있었던 것이다. 공유한 파일은 올린 사람이 주소를 알려주거나, 게시판에 공유한 파일의 위치를 적어서 올려야만 알 수 있었다.

그 과정에서 최초의 검색엔진인 아키(Archie)가 탄생했다. 정보를 쉽게 찾기 위한 솔루션으로 앨런 엠티지(Alan Emtage) 등에 의해 개발되었다. FTP 사이트들의 목록을 모아 사용자의 검색어나 질의에 맞는 결과를 알려주는 검색엔진 아키는 스파이더(spider)와 같이 인터넷을 돌아다니며 자료를 모아 데이터베이스에 저장한 뒤 질의에 가장 알맞은 자료의 위치를 알려주었다. 이후 아키는 컴퓨터 사용자들이 즐겨 찾는 검색엔진으로 성장했고, 1993년에는 네바다대학교에서 베로니카(Veronica)라는 이름의 새로운 검색엔진을 개발했다. 이 둘은 현재 검색엔진의 대부, 대모로 불린다.[6]

검색 광고, 즉 키워드 광고는 2000년대 말에 닷컴 업체들이 수익모델 부재로 위기를 맞고 있는 상황에서 새로운 돌파구를 마련하기 위해 찾아낸 광고 기법이다. 현재 인터넷 광고 중에서 가장 많이 이용하는 것이 검색엔진에 의한 키워드 광고이다. 광고비 지불 방식에 따라 크게 CPM 광고와 CPC 광고로 나뉜다. 가격 정책에 따라 CPC와 CPM, 그리고 CPA, CPS(cost per sale) 등으로 분류하는데, 대표적인 것이 CPC 광고와 CPM 광고이다.

CPC 광고는 클릭당 광고비를 지불하는 방식으로 소비자가 검색하여 나온 사이트로 접속해야만 광고비가 결제된다. 그리고 광고 기간이나 비용, 순위, 노출 시간 등의 조정이 가능하다. 구글과 오버추어는 각 포털의 특정 영역에 업체의 광고를 노출시켜준다. 통상 주요 포털사이트의 최상단에 표시되기 때문에 주목도가 높고 클릭률에 따른 광고비 절감 효과가 있다. 기본적으로 경쟁 입찰 방식이지만 광고 제품과 노출 순위, 노출량에 따라 각기 다르게 책정된다. 네이버의 '클릭초이스'와 다음의 '클릭스' 등이 대표적인 CPC 서비스이다.

CPM 광고는 월정액제의 방법으로 포털사이트의 상품별 노출 위치가 달

6) 알렉스 마이클 · 벤 샐터, 나무커뮤니케이션 전략기획팀 역, 『검색엔진 마케팅』, 행간, 2006, 19쪽.

라지는 광고이다. 계약 기간 동안 특정 위치를 독점할 수 있고 사전에 광고
비가 정해져 있기 때문에 인기 키워드의 경우 CPC 광고비를 절감할 수 있
다. 각 포털사이트의 상품별 분석을 통해 원하는 제품의 광고 관리까지 할
수 있기 때문에 광고 기간을 대폭 줄일 수 있다. 그 밖에 CPA 광고는 광고
주가 정해놓은 조건을 만족해야 광고비를 지불하고, CPS 광고는 소비자가
제품을 구매해야 광고비를 지불한다. 그러나 가격이 키워드나 매체, 위치
등에 따라 다르다.

　광고를 하려면 직접 포털사이트의 광고 관련 카테고리를 찾아 등록 절차
에 따라 진행할 수 있지만 효과적인 광고를 위해서 대행사와 상의하는 편
이 좋다. 부가적인 할인이나 광고에 따른 다양한 혜택과 정보를 얻을 수 있
기 때문이다.

　오버추어 광고는 주요 포털에 '스폰서링크'라고 표시되는 광고 상품이다.
클릭당 요금이 부과되며 경쟁에 의해 비용을 결정한다. 검색 시 상단에 위
치하기 때문에 인기가 많고 키워드와 사용자의 요구에 따라 다양한 전략을
구사할 수 있다. 검색 사이트에 특정 검색어를 입력하면 관련 업체의 광고
를 노출시켜준다. 예를 들어 '부동산'으로 검색하면 결과 화면에 '벼룩시장'
'직거래닷컴' 등 관련 광고를 보여준다. 특정 제품이나 서비스에 관심을 가
진 사람에게만 노출된다는 점에서 불특정 다수를 상대로 하는 기존의 배너
광고와는 다르다.

　기존의 배너 광고는 클릭률이 낮지만 키워드 광고는 특정 검색어의 결과
에 관심 있는 네티즌에게만 노출되므로 클릭률이 높다. 저렴한 광고 비용과
전문 포털사이트를 통한 선점 효과로 특히 소액 광고주에게 효과적이다.

　애드센스와 오버추어의 장단점을 살펴보면 애드센스는 상대적으로 오버
추어보다 연계 사이트가 적어 노출이 넓게 일어날 수 없다는 단점이 있다.
하지만 상대적으로 CPC 단가가 낮은 키워드가 많아 비용 대비 효과가 높
다. 그 밖에도 모든 키워드가 그런 것은 아니지만 최소 CPC의 경우 오버추

어보다 비용이 약 1/2 정도 낮은데 그 점도 무시하지 못할 장점이다. 또한 자동으로 시간 배정이 가능해 하루 예산에 맞게 원하는 시간에만 노출할 수 있다.

오버추어는 영어로 음악의 서곡(prelude)뿐만 아니라 제안(proposal), 소개(introduction) 등으로 해석된다. 오버추어의 비즈니스 모델과 서비스는 인터넷상에서 수많은 소개와 제안을 가능하게 한다는 뜻을 담고 있다. 그러나 오버추어는 입찰 경쟁이 애드센스보다 심하고 CPC가 높다. 하지만 연계 사이트가 많고 국내 최고의 인지도를 갖춘 포털에 노출된다는 점 때문에 무시할 수 없다.

오버추어는 검색 광고 협력업체로 2013년 이전에는 국내 최대 포털사이트인 네이버를 비롯해 야후, 네이트, 파란 등과 함께했다. 그들과 서비스 협력을 체결해 스폰서 검색 및 콘텐츠 매치 등 다양한 서비스를 제공했다. 대표적인 광고 상품인 '스폰서링크'는 네이버를 비롯한 국내 주요 포털사이트의 검색 결과 첫 페이지에 키워드를 등록한 광고주 사이트를 보여줌으로써 구매를 유도하는 것이다.

그러나 2010년에 들어서 네이버가 오버추어의 제휴업체에서 빠지면서 다음의 클릭률이 80% 이상 차지했지만, 다음커뮤니케이션 역시 오버추어와의 검색 광고 대행계약이 만료되면서 2013년 1월부터 자체 운영에 나섰다. 현재는 오버추어와의 제휴를 통해 노출됐던 검색 결과 최상단 스폰서링크 영역이 다음클릭스의 '프리미엄링크' 10개로 운영되고 있다. 오버추어는 야후코리아와 함께 2013년 한국에서 철수하였다.

검색엔진 등록과 키워드 광고는 내용 면에서 차이가 있다. 등록은 단어 그대로 각 포털사이트에 자신의 사이트를 등록함을 뜻한다. 등록하면 수많은 사이트의 하나로 존재할 수 있다. 키워드광고는 등록된 사이트 중에서 특정 단어로 자신의 사이트를 노출시킨다. 등록이 출생신고라면 키워드 광고는 자신을 알리는 역할을 하는 셈이다.

검색엔진 마케팅은 검색엔진에 자사 사이트를 등록하여 방문을 유도한다. 기본적으로 무료 등록이 가능하다. 그러나 이용자의 검색에 의존하기 때문에 기간이 한정된 PR은 불가능하다는 단점이 있다.

SEO(search engine optimization)는 검색엔진 최적화라는 뜻으로, 사업자가 노출하고자 하는 콘텐츠나 사이트를 각 포털의 검색엔진에서 검색 결과 중 상위 10위 이내에 나타날 수 있도록 조건을 최적화한 것을 말한다. SEM은 흔히 접하는 키워드 광고 혹은 검색 광고를 일컫는다. SEM으로는 중단기적 유입량 증가를 기대할 수 있지만, SEO는 중장기적인 안목을 갖고 진행하는 경우가 많다.

키워드 광고를 실시하면 검색 사이트에서 특정 키워드를 검색했을 때 해당 키워드를 구매한 광고주의 광고가 노출된다. 키워드의 경쟁률 및 클릭 수에 따라 비용을 책정할 수 있으며 광고의 범위나 효과를 고려하여 예산 책정도 가능하다. 키워드 광고는 검색하는 사람에게 광고가 가능하며, 불특정 다수가 대상이기 때문에 모든 사용자가 타깃이 될 수 있다. 그래서 비용 대비 효율성이 비교적 높다.

소비자가 포털사이트를 통해 검색창에 찾고자 하는 키워드를 입력을 했을 때 '스폰서링크'나 '파워링크' 등으로 보여준다. 따라서 관련 업체와 관련된 유사한 키워드를 등록하면 잠재 고객에게 홈페이지와 연관된 키워드를 노출시킬 수 있다. 특히 다이렉트 키워드는 네이버, 다음, 구글, 네이트 등 국내 주요 포털사이트의 검색창에 입력했을 때 광고주 홈페이지나 등록된 배너가 별도 클릭 없이 열리도록 되어 있다.

네이버의 키워드 광고에는 사용자가 키워드 광고를 클릭하여 방문한 수만큼 광고비를 지불하는 클릭초이스와 브랜드 키워드로 검색한 사용자를 대상으로 브랜드 로열티가 구축되는 브랜드 검색이 있다.

키워드 광고는 경쟁사가 있어야 효과가 있기 때문에 홈페이지 등록이 우선이다. 그렇다고 패키지로 여러 곳에 등록할 것까지는 없고 네이버나 다

다음클릭스의 키워드 광고

음 같은 대형 포털 중에서 제품 타깃의 특성을 고려한 사이트에 등록해야 효과가 있다.

예를 들어 오버추어에 사이트의 이름이나 상품, 용도 등을 키워드로 등록하면 된다. 지금껏 존재하지 않은 제품이거나 검색 수요가 거의 없는 아이템이라면 최저 클릭 요금으로 방문자를 확보할 수 있다. 대체로 포털 한 곳의 등록비 20만 원 정도 내외면 오버추어로 대략 2,000명의 방문자를 확보할 수 있다.

인터넷 기반의 기업이라면 키워드 광고는 필수이다. 인터넷에서 살아남기 위해서는 인터넷 이용자들이 검색을 할 때 검색 결과에 잘 노출되어야 하고 상위에 노출될수록 방문자와 매출이 늘어난다. 하지만 사업을 막 시작하고 처음 홈페이지를 만든 사이트의 경우 검색 결과에 노출도 안 될뿐더러 설령 노출이 된다 해도 상위는커녕 첫 페이지에 노출되는 것조차 기대할 수 없다. 그러므로 홈페이지를 통해 아무리 제품을 싸게 팔겠다고 해도 소비자가 알지 못하고 매출 또한 오르지 않는다. 그래서 비용을 들여 키워드 광고를 하는 것이다. 그렇지만 상단에 노출되는 광고는 효과적인 반면에 광고비가 높다. 가장 하단에 표시되는 광고는 효과가 낮지만 그만큼 비용이 적게 든다. 어느 곳에 노출시킬 것인지 위치 선정은 광고주가 선택해야 한다.

과거 키워드 광고는 각 포털사이트가 자체적으로 운영하거나 오버추어나 구글 등에서 운영했었다. 그러나 다음 키워드 광고는 구성에서 네이버와 조금 다르다. 상단에 위치한 스폰서링크와 하단의 와이드링크는 오버추어라는 미국 회사에서 운영하고 그 외의 프리미엄링크와 스페셜링크는 다음에서 직접 운영했다. 오버추어 광고는 오버추어 홈페이지를 통해 구매할 수 있었고, 다음은 다음클릭스나 다음애드하우에서 신청과 관리를 했다. 네이버의 경우 모든 키워드 광고를 자체 운영하며, 다음은 최상단에 오버추어 키워드 광고를 노출시키고 있었다. 결과적으로 오버추어나 구글, 네이버, 다음 모두 운영 주체만 다를 뿐이다.

텍스트(text) 광고

웹페이지상에 간단한 텍스트로 노출되는 광고이다. 20자에서 50자 이내의 짧은 글로 비교적 간단한 홍보 문구인 카피나 설명(description)을 나타낸다. 배너 광고와 마찬가지로 도달 범위가 넓고, 추천 사이트처럼 노출되므로 클릭률 또한 매우 높다. 그러나 표현이 텍스트로만 이뤄진다는 제약이 있다.

텍스트 광고는 주로 이메일 마케팅에서 사용되었으며 그래픽 기반의 광고와 함께 또 다른 축을 이루는 하이퍼링크 기능을 활용한 온라인 광고 기법이다. 포털사이트의 시작 페이지 등 대량의 액세스가 예상되는 곳에 게재된다. 사용자가 주로 텍스트 부분을 클릭함으로써 광고주가 지정한 페이지에 유도되게 만들어져 있다.

구글의 애드워즈(adwords)를 통해 많은 광고주가 텍스트 광고의 효과성을 발견하였는데, 배너 광고보다 클릭률이 4~5배 높다는 광고 효과를 발표한 후부터이다. 애드워즈는 타깃에게 주목성이 높은 단어나 문장을 이용한 텍스트 기반의 온라인 광고이다. 텍스트 광고는 광고 단가가 낮고 텍스트 자체가 광고가 되어 배너 광고보다 사용자의 거부감이 낮은 이점도 있다.

리스팅(listing) 광고

검색 사이트에 입력된 검색어에 대해 해당 검색어와 관련된 광고를 게재함으로써 고객을 유도하는 방법이다. 구글의 애드워즈 등이 있다. 광고주가 광고를 게재한 것만으로는 비용이 들지 않는다. 실제로 클릭된 부분만큼 비용이 산출되며 무엇보다 해당 검색어를 이용한 사용자를 직접 유도할 수 있다는 점이 매력이다. 광고주는 사전에 자사 사이트로 유도하기 위한 검색어를 지정한다. 지정한 검색어의 검색 결과 화면의 표시 위치가 상위일수록 사용자의 클릭 수가 많다. 그래서 상위 표시가 가능한 검색어의 단가를 결정하려면 다른 광고주와 경쟁할 수밖에 없다.

리스팅되는 광고의 순위를 결정하는 지수는 최대 클릭 비용과 품질 지수의 곱으로 산정한다. 품질 지수는 광고 효과(CTR)를 포함해 키워드와 광고 문안, 키워드와 사이트의 연관도 등 사용자 측면에서 평가한 지수로 매일 업데이트된다. 차순위 광고보다 높은 순위의 유지를 위해서는 클릭당 최대 비용의 지불로 순위 지수 조정이 가능하다.

따라서 쇼핑몰들은 경쟁하듯 구글의 '상품 리스팅 광고(product listing ads : PLA)'의 앞자리를 선점하기 위해 별도의 비용을 지불하고 그 비용을 상품 가격에 포함시킨다는 부정적인 견해도 있다. 이로 인해 광고비를 지불한 점포의 물건을 검색목록 앞쪽에 내세우는 바람에 정작 소비자에게 유리한 상품은 뒤로 밀리게 된다.

현재 구글은 온라인 상품 비교 서비스인 '구글 쇼핑'을 운영하고 있다. 구글 이용자가 원하는 상품을 검색하면 여러 온라인 회사에서 판매하는 해당 상품의 가격이나 배송 정보를 비교해볼 수 있는 목록이 뜬다. 이 검색 목록을 두고 최근 온라인 쇼핑몰들이 서로 좋은 자리를 차지하기 위해 치열한 경쟁을 벌이고 있다. 세계 최대 온라인 유통업체 아마존닷컴도 비슷한 서비스를 제공하고 있다.

이마케터의 통계 자료에 따르면 2013년 미국의 인터넷 광고시장은 매출이 425억 8,000만 달러이다. 구글이 매출액 점유율 39.9%를 획득했고 그다음이 페이스북으로 점유율은 7.4%이다. 그 밖에 마이크로소프트가 5.9%, 야후 5.8%, 인터액티브코퍼레이션(IAC)이 2.5% 순이다. 미국 인터넷 광고 대부분은 리스팅 광고이다. 광고 요금도 성과제이고 임의로 조정을 할 수 있을 뿐만 아니라 예산 규모가 작은 소규모 광고주도 폭넓게 이용할 수 있다는 점이 시장 확대로 이어진 것이다.

스트리밍(streaming) 광고

광고 동영상을 웹페이지에 나타낼 때 파일을 다운로드시킨 뒤 재생시키거나 스트리밍하는 두 가지 방식이 있다. 스트리밍은 동영상이나 음향, 애니메이션 등의 파일을 하드디스크 드라이브에 다운로드받아 보여주던 것을 실시간 재생해준다. 비교적 용량이 큰 동영상과 음성 파일을 전송할 수 있으며, 전송되는 데이터가 마치 물이 흐르듯 처리된다고 하여 스트리밍이라는 명칭이 붙여졌다. 파일이 전송되기 전이라도 클라이언트 브라우저가 시작된다. 그래서 재생시간이 단축되고 하드디스크 드라이브의 용량도 거의 영향을 받지 않는다.

배지(badge) 광고

배지는 배너 광고와는 별개로 요즘 들어 소셜미디어의 중요한 요소로 자리매김하고 있다. 배너 광고보다 크기가 작으며 정사각형에 가깝다. 또한 표시 공간이 한정되어 있기 때문에 게재면에 회사나 브랜드명을 상시 게재하고 싶을 때 적합하다. 2009년 포스퀘어(FourSquare)[7]가 사용을 시작함으로 등장하였다.

대표적인 사례는 포스퀘어 배지의 하나인 '헬스클럽(gym rat)'으로 이것은 30일 동안 10번 이상 헬스장에 체크인해야 얻을 수 있다. 실제로 배지를 얻기 위해 헬스장에 꾸준하게 다녔다는 리플이 많이 달려 있다. 디지털 배지 하나만으로 사람의 행동을 변화시킬 수 있음을 보여준다.

높은 효과를 위해서는 배지를 쉽게 얻지 못하게 최소한의 행동을 유발시키고, 각 배지마다 독특한 의미를 담은 스토리와 원칙을 만들 필요가 있다. 중요한 것은 배지를 전면에 드러내지 말고 이용자가 찾아오게 만들어야 한다는 점이다. 배지를 주는 것이 보상이라도 되는 듯이 광고를 보면 준다는 식은 효과적이지 않다.

풀 스크린(full screen) 광고

일시적으로 브라우저 전면 또는 상당 부분을 사용하여 광고를 노출시키는 방법이다. 풀 스크린으로 표현되기 때문에 높은 효과를 얻을 수 있다. 특정 사이즈로 액세스하면 수 초간 풀 스크린 광고가 나타나고 원래 페이지로 되돌아가면 지정 사이트로 클릭을 유도하는 배너가 표시된다.

떠 있는(floating) 광고

사이트 전체나 일부를 뒤덮는 광고를 말한다. 모니터 화면 전체를 뒤덮는 풀 스크린 광고와 달리 콘텐츠 위에 떠 있는 돌출형 광고다. 광고 동영상이 페이지상에 자유자재로 움직이며 나타나기 때문에 기존의 광고와 비교해 주목률이 높다. 기존의 풀 스크린 광고는 가능한 빨리 닫고 싶어 하는 사

---

7) 포스퀘어는 위치기반 소셜네트워크서비스를 말한다. 스마트폰으로 자기가 어느 위치에서 무엇을 하는지 알리고 메모를 남김으로써 친구들과 정보를 공유하는 형태를 취한다. 이용자가 특정 장소에 왔을 때 '체크인' 버튼을 누르면 자신이 이곳에 왔다는 인증이 된다.

용자의 심리적 불만이 많았는데 그 대안으로 등장하였다.

버튼(button) 광고

전통적인 배너에 비해 크기가 작은 사각형 광고로 사이트의 좌측 또는 우측 하단에 위치한다. 국제 배너 사이즈 표준규격(CASIE & IAB)에서는 이러한 크기가 인터넷에서 가장 적절한 것으로 인정하고 있다.

팝업(pop-up) 광고

웹 사이트를 방문했을 때 새로운 창과 함께 그 위에 나타나는 플래시 동영상 광고이다. 사용자가 원래 보고자 했던 콘텐츠나 배너 광고보다 먼저 팝업 광고를 만나기 때문에 효과가 높다. 배너 광고가 어느 한 공간을 차지하는 광고라면 팝업은 사이트와 웹페이지에 겹쳐서 뜬다. 그러나 웹페이지에 접속할 때마다 함께 뜨는 팝업 광고를 꺼려 그 개선책으로 그날 하루, 또는 일정 기간 나타나지 않도록 선택하게 하고 있다.

팝언더(pop-under) 광고

사이트가 뜰 때 브라우저 뒤에 나타나는 광고 창을 말한다. 사이트 뒷면에 뜨기 때문에 사용자의 거부감을 최소화할 수 있다. 그리고 사용자가 광고를 한 번이라도 더 볼 수 있어 효과적이다.

타이업(tie-up) 광고

복수의 광고주가 하나의 광고 스페이스 또는 시간을 공유하여 상승효과를 노리는 방법으로 수직 타이업과 수평 타이업이 있다. 전자는 메이커와 소매점이라는 유통의 거래 관계에서 행하고, 후자는 같은 종류 또는 다른 종류의 광고주가 함께 진행한다. 같은 비용을 공동으로 부담하여 효율적인 광고 효과를 얻는 것이 목적이다.

콘텐츠(contents) 광고

수많은 미디어에 의해 정보량이 증가한 요즘 광고가 주목받기 위해서는 무엇보다 흥미를 유발시킬 커뮤니케이션의 계기를 만들어야 한다. 때에 따라 메리트 있는 정보를 퍼블리시티형 페이지에 게재하거나, 키워드로 등록하여 관련된 웹 페이지에만 게재될 수 있도록 하는 치밀한 타기팅도 필요하다. 구글의 콘텐츠 광고 상품인 애드센스는 문맥 타기팅 기술을 기반으로 광고 코드가 심어진 페이지의 내용을 자동으로 인식하여 연관성 있는 광고부터 차례로 보여준다. 예를 들어 국내 여행지를 소개하는 사이트의 메인 페이지에는 각종 콘도 광고들이 나타나고 일간지 뉴스 사이트의 취업난을 다룬 기사 하단에는 자격증 학원 광고와 헤드헌팅 에이전시 광고가 자동으로 게재된다.

콘텐츠 인터그레이션(contents integration) 광고

스토리 라인과 얽힌 광고 혹은 문맥 안에 삽입된 광고를 지칭한다. 주로 웹 기사 형태의 광고이다.

틈새(crack) 광고

웹 사이트의 콘텐츠 페이지 사이에 끼워져 노출되는 광고이다. 콘텐츠를 클릭할 때 다음 페이지로 연결되기 전 중간에 한 페이지로 광고 메시지를 보여주는 스플래시 스크린과 광고와 중간에 노출되지만 광고 메시지가 고정되어 있지 않고 움직이며 일정 시간이 경과한 후 자동적으로 다음 페이지로 연결되는 인터머셜(intermercials)이 있다.

애니메이티드(animated) 광고

모양이 변하는 광고로 대부분 GIF 그래픽 파일 포맷을 이용해 만든다. 간혹 쇼크웨이브나 자바스크립트, 혹은 자바를 이용하기도 한다.

롤 페이퍼(roll-paper) 광고

말린 종이와 비슷한 효과를 내는 광고로 처음 2~3초는 큰 형태로 노출되지만 점차 축소됨으로써 이용자의 불편을 줄인다. 마우스 오버 시 바로 확대되어 이미지나 정보 전달에 효과적이다.

확대(expandable) 광고

온마우스를 통해 일시적으로 정형 광고를 크게 확대시키는 방법이다. 작은 팁 모양 위에 마우스를 오버하면 광고가 확장되어 나타난다. 하나의 메시지 창이 오버되어 나타나거나 배너의 메뉴에 따라 여러 개의 메시지 창이 보인다. 확대하면 동영상이 보다 강한 표현력을 가질 수 있다. 사용자가 광고에 흥미를 가지고 온마우스로 약간의 행동을 할 때마다 정보를 단 광고 메시지가 전달되기 때문에 광고를 게재하는 매체로의 이용이 가능하다. 사용자에게 확대 광고임을 인지시키기 위해 액세스 때 수 초간 정형 사이즈가 되었다가 다시 온마우스로 확대되는 구조를 많이 사용한다.

옵트인(opt-in) 광고

광고성 이메일이라는 점에서 스팸메일과 유사하다. 하지만 스팸메일은 불특정 다수에게 전달하지만 옵트인 메일은 유저가 사전에 광고성 이메일임을 알면서 받는다. 그래서 고객의 권리와 의사에 준해 메일을 발송한다. 미디어 정보로서 회원 수와 세그먼트가 가능하여, 사용자의 특성과 전송 수를 산출하여 원하는 장르의 광고를 내보낼 수 있다.

메일 매거진(mail magazine) 광고

이메일을 통해 받아보는 잡지를 메일진 또는 이맥(e-mag)이라고 하며, 이곳에 삽입하는 광고를 말한다. 사전에 입수된 이메일 주소를 통해 텍스트 광고를 발송한다. 특정 분야에 관심을 지닌 사용자들이 이메일을 통해 정보를 주고받는 메일링 리스트 개념이 확장된 형태이다. 인터넷 잡지인 웹진에 이어 등장한 신개념 잡지로 발행인은 자신이 알리고자 하는 정보를 수많은 사용자에게 전달할 수 있다. 홈페이지와 같은 방식으로 다양한 기사 제공은 물론이고 사진이나 파일 첨부도 가능하다. 메일 내용이나 전송 수, 구독자 특성 등의 정보를 기초로 광고 대상에 맞는 상품과 서비스를 찾아 최적의 광고를 할 수 있다. 문장 등에 노출된 URL을 통해 사이트로 유도하기도 한다. 타깃 된 고객의 광고 유도율은 높지만 실제로 읽혔는지 측정이 어렵다는 단점이 있다.

타기팅 메일(targeting mail) 광고

특정 제품에 가장 많은 관심을 보일 것 같은 집단을 겨냥한 광고로 사용자의 연령이나 성별, 취향 등에 따라 발송한다. 광고 메일을 수신하는 것을 사전에 승낙한 메일링 리스트에 의해 유저의 성별, 연령, 거주지, 직업, 관심 등의 정보 카테고리에 의해 대상을 좁힐 수 있는 DM형 메일 광고이다. 세그먼트를 실행하지 않는 전체 전송도 가능하다. 광고 요금은 1통당의 단가로 계산되는데, 전송 수에 대비한 요금 체계도 있다. 텍스트 메일과 HTML 메일이 있으며, HTML 메일로는 웹페이지에 있는 것과 같은 동영상을 보낼 수 있다.

간접광고(product placement : PPL)

자사 제품을 영화나 드라마의 소품으로 협찬하거나 게임이나 채팅과 같은 특정 콘텐츠 내에 의도적으로 보여주는 방식이다.

스폰서십(sponsorship) 광고

광고주와 매체사가 긴밀한 협력을 통해 보다 효과적인 광고를 진행하기 위한 인터넷 마케팅의 한 방법이다. 스포츠 경기나 자선행사 같은 비영리 목적의 행사를 후원함으로써 광고 효과를 얻는다. 당장의 구매 유발을 목적으로 하는 것이 아니라 장기적인 안목에서 브랜드 인지도 강화를 위한 브랜드 마케팅이 목적인 경우가 많다. 사이트의 코너에 광고주가 제공하는 스폰서형과 내용을 기사식으로 만든 편집 타이업형 콘텐츠를 넣는 방식이 많다.

온라인 이벤트 광고

단기적인 이벤트를 통해 화제를 일으켜 고객을 모으거나 로고나 배너를 노출시켜 사이트로 유도한다. 경품 이벤트 등을 활용하면 이용자의 개인정보 같은 데이터를 얻을 수 있다. 그러나 다른 광고에 비해 시간이 많이 소요된다.

애드버토리얼(advertorial) 광고

콘텐츠를 광고처럼 만들어 정보 획득과 함께 광고 효과를 얻을 수 있게 만든 의도된 웹 페이지이다.

스플래시 스크린(splash screen) 광고

웹 페이지가 변화하는 과정에서 돌출되는 광고로 그 광고 메시지를 클릭해야만 다음 페이지로 이동할 수 있다.

인터랙티브(interactive) 광고

인터넷이 타 매체와 달리 소비자가 직접 참여할 수 있는 매체라는 점에 착안하여 소비자와 상호작용할 수 있는 인터랙티브 요소를 가미한 디지털 광고가 등장하고 있다. 인터랙티브 미디어는 인터넷의 쌍방향성을 활용하여 소비자의 취향을 분석해서 차별화된 광고를 제공한다.

예를 들면 재미난 이야기 속에 사용자나 지인의 사진을 광고에 담아 노출되게 하는 대화 방식의 영상 광고가 있다. 일반 광고보다 몰입도와 임팩트가 훨씬 강하고 SNS와의 연동을 통해 공유와 전파가 빠르다.

사례로 SNS 채널에서 진행한 영상 광고가 있다. 한동안 페이스북에서 자신의 친구를 직접 캐스팅해 영화 속 배우들과 호흡을 맞추는 인터랙션 무비가 화제가 된 적이 있다. 본인이나 지인의 스토리를 영화화할 수 있다는 점에서 대중의 호기심을 자극했다. 광고 제작자는 포맷만 유지하고 참여자에 따라 이미지와 영상만 다르게 플레이되도록 하여 쉽게 구현할 수 있다. 이러한 소셜 무비는 차별화된 이미지의 전달 효과가 크고, 호의적인 브랜드 이미지를 각인시킬 수 있다. 인터넷상에서는 이와 유사한 광고가 다양한 방식으로 전개되고 있다.

국제 광고제에서 여러 번 수상한 캠페인도 있다. 소위 '리얼 뷰티 캠페인' 광고로 지금껏 어떠한 전파도 탄 적이 없지만 개인 블로그나 유튜브와 같은 동영상 공유 사이트를 통해 전 세계로 퍼져나갔다. 일반 여성의 얼굴이 화장과 컴퓨터 그래픽을 통해 아름다운 모습으로 변하는 과정을 보여줌으로써 진정한 미의 의미를 생각하게 했다. 기존 TV 광고의 보조 수단으로 여기던 인터넷 광고를 독립적인 매체 광고로서의 가능성을 열어놓았다는 점에서 높은 평가를 받았다.

그리고 제휴나 입점, 네트워크 광고가 있다. 저가 비용이나 무료로 특정 매체에 입점 및 제휴를 하는 방식이다. 포털사이트 메인 페이지의 우측 쇼핑 박스나 특정 매체 내 이벤트 페이지 같은 것이다. 그 밖에 아프리카 TV, 판도라 TV 같은 인터넷 방송 프로그램의 다시 보기와 예고 보기 등에 삽입되는 광고도 있다.

그리고 애드 혹 네트워크(ad-hoc network)[8]에 의한 광고는 제휴 매체들

인터넷 광고 Internet Advertising

---

8) 애드 혹 네트워크는 특별한 행사나 스포츠 중계를 위해 한시적으로 설치된 라디오나 TV 네트워크를 말한다. 기반 구조가 없이 노드(node)들에 의해 자율적으로 구성되기 때문에 기지국이나 액세스 포인트가 없다. 완전 독립형이거나 인터넷 게이트웨이를 거쳐 기반 네트워크와 연동될 수 있다.

의 특정 광고 위치에 동시 다발적으로 노출시키는 광고이다. 문맥 타기팅 또는 사이트 타기팅에 의해 관련 매체나 지면에 노출되게 하거나 광고주의 웹사이트에 방문한 고객이 제휴 매체에 접속하면 광고가 노출되는 리타기팅 방식이다. 구글의 애드워즈, 야후의 스폰서 배너 등이 제휴 매체 내 동영상 팝업 형태의 좋은 광고 사례이다.

게임 내(in-game) 광고

게임 유저의 경우 아이템이나 등장하는 배경에 대한 몰입도와 참여율이 높기 때문에 이들에게 브랜드를 노출시키고자 할 때 주로 사용한다. 게임을 즐기면서 브랜드를 인지하게 하는 기법으로 브랜드 특성을 잘 반영하면 의외로 효과가 크다. 최근에는 게임을 모바일로 프로모션하여 오프라인 매장으로의 방문을 유도하는 온-오프라인 통합 광고도 늘어나는 추세이다.

모바일(mobile) 광고

대표적인 픽처(picture) 광고는 휴대전화의 브라우저 기능을 이용해 모바일의 웹페이지에 게재하기 때문에 인터넷의 배너 광고와 유사하다. 텍스트 광고도 많지만 휴대전화의 액정화면이라는 한정된 공간과 언제라도 응답이 가능한 기능으로 인해 간단한 문자와 화상 중심의 광고가 대부분이다. 요즘 들어 모바일을 통한 웹 시청의 상시화로 동영상이 중심인 광고 커뮤니케이션으로 이동하고 있는 추세이다.

5

모바일 광고

1. 손 안의 세계, 모바일로 옮겨가는 광고

2. 모바일 광고의 특징

3. 모바일 광고 솔루션

인터넷 광고

—

Internet Advertising

1. 손 안의 세계, 모바일로 옮겨가는 광고

« 모바일 광고 시장의 약진

모바일은 '이동성이 있는'이란 뜻의 형용사이다. 스마트폰과 태블릿 PC, 휴대용 정보단말기(PDA) 등 가지고 다닐 수 있는 모든 정보 기기를 통칭한다. 최근 들어 이것들에 의한 비즈니스와 마케팅, 금융 서비스가 지속적으로 발생하고 있다. 가장 많이 이용하는 스마트폰의 경우 은행 업무를 볼 수 있는 모바일 뱅킹 외에도 게임과 영화 등 다양한 서비스가 제공되고 있다.

스마트폰의 빠른 보급에 의해 모바일 광고 시장은 2011년 761억 원에서 2012년 2,159억 원, 2013년 4,160억 원으로 급격하게 성장하고 있다. 스마트폰을 이용한 인터넷 사용 시간이 2010년 일평균 59.4분에서 2012년에 96분으로 증가하여, 지난 2년간 개인당 평균 약 62%의 증가세를 보이고 있다.

스마트폰을 통한 인터넷 사용 시간 증가는 기존 PC를 통한 인터넷 사용 시간을 대체하며 지난 1년 동안 포털 3사의 PC 인터넷 사용을 약 21% 감소시키는 결과를 가져왔다. 스마트폰의 성능 개선, 광대역 LTE 같은 통신기술의 발달로 현재의 PC 트래픽 감소와 모바일 트래픽 증가 추세가 향후 지속될 것으로 보인다.

조사 자료에 따르면 10~30대는 이미 TV와 컴퓨터를 넘어 급격히 모바일로 이동하고 있는 추세이다. 닐슨코리아는 2013년 3월 한 달간 TV와 PC, 모바일 기기를 모두 이용하고 있는 전국의 7~69세 759명의 미디어 이용 행태를 측정하여 발표했다. 결과적으로 1일 평균 모바일 기기를 203분, TV 180분, PC 86분 이용하는 것으로 나타났다. 특히 모바일의 경우 10~20대는 커뮤니케이터와 멀티미디어 엔터테인먼트 서비스, 40~50대는 게임 서비스 이용률이 높은 것으로 나타났다.

모바일 광고는 검색 광고, 배너 광고, SNS 광고 등으로 구별하는데, 모바일에서 이뤄지는 검색 광고는 모바일 광고인지 검색 광고인지 그 영역이 뚜렷하지 못하다. 최근 모바일 광고의 형태는 문자와 단순 이미지 등을 활용한 일방적인 메시지 전달에서 스마트 기기의 기술을 활용한 체험과 타기팅형 등으로 다양하게 진화하고 있다.

'2013 Coke PLAY' 광고는 구매한 제품의 핀 코드를 해당 앱에 입력하거나 위치정보 서비스에 기반한 매장 방문 실적에 따라 포인트를 적립해준다. 이것을 무선 데이터나 모바일 쿠폰 등으로 교환할 수 있게 했다. 또한 스마트폰을 흔든 점수를 기록하여 무선 데이터를 받을 수 있는 게임을 제공한다. 이용자 중에서 10대의 참여를 유도하여 브랜드 호감도를 높이고 있다.

한국인터넷진흥원(KISA)의 '2013년 모바일·인터넷 이용실태 조사' 결과에 의하면 모바일과 인터넷 이용자 중 절반 정도인 48.2%가 모바일 광고를 접한 경험이 있으며, 이들 중 57.1%가 모바일 광고를 클릭하여 내용을 확인하는 것으로 나타났다.

요즘 들어 스마트폰 이용에 따른 모바일 광고 경험과 모바일 광고 경험 후 해당 광고 상품의 구매 비율이 증가하고 있다. 머잖아 스마트폰이 TV나 PC와 유사한 광고 매체로 성장할 수 있을 것으로 보인다. 그렇다고 모바일 광고 시장의 성장이 전체 인터넷 광고 시장의 성장을 끌어올릴 수 있을까.

기존 컴퓨터가 인터넷상에서 발생시켰던 수익인 광고나 게임, 디지털 콘텐츠 등이 차츰 정체되는 추세인 반면, 모바일이 새로운 수익 창출 모델이 되고 있다. 모바일 인터넷 사용 시간의 증가로 광고 시장 역시 빠른 속도로 성장할 것으로 예측된다.

현재 한국 인터넷 포털 업체의 가장 큰 관심은 모바일의 성장이 PC의 감소 또는 정체 폭을 얼마나 만회할지 여부이다. 그 이상의 수익을 창출할 수 있을 것인가 하는 궁금증도 있다. 비록 모바일 시장이 성장하고 있지만 아직까지 광고 부문만큼은 PC의 영향력을 무시할 수 없기 때문이다. 그래서 포털업계는 당분간 매출에 큰 영향을 끼치는 PC 시장을 의식하며 모바일에 집중할 가능성이 높다. 즉, PC 시장에 주력하면서 모바일 시장에 대응할 것으로 보인다.

NHN은 모바일 경쟁력을 강화하며 해외에서 돌파구를 찾고 있다. 현재 제공 중인 모바일 메신저 '라인'은 글로벌 시장에서 9,000만 명의 가입자를 확보하며 긍정적 성과를 거두었다. 나아가 카카오톡이 장악한 국내시장에서 반전을 모색하고 있다. 라인 게임은 모바일 게임 개발업체로서 가능성을 보여주었고, 그 경쟁력을 바탕으로 모바일 플랫폼 사업자로 진화하고 있다.

그러나 모바일 광고는 당면한 문제가 산적하여 개선이 시급한 상황이다. 원투원 타깃 마케팅(one to one target marketing)으로 구매를 유도하는 최고의 매체로 등장했지만 적지 않은 문제가 있다. 대표적인 것이 스팸성 SMS 광고이다. 기존의 인터넷 스팸 메일처럼 고객의 동의 없이 일방적으로 보내지는 스팸성 푸시 광고는 모바일 광고에 대한 부정적인 인식을 갖게 만든다. 나아가 고객의 프라이버시 보호 문제가 있다. 원투원 타깃 마케팅을 위해 수집된 개인정보는 낱낱이 분석되어 사용자의 위치까지 광고로 이용되기 때문에 프라이버시가 침해될 위험성이 높다.

뿐만 아니라 핸드폰, PDA 등 무선 단말기는 화면 크기에서 제약이 있다는 점도 문제이다. 화면이 협소하여 광고의 주목도는 높지만 다양한 콘텐츠와 함께 노출시키기 어렵다. 무엇보다 광고주가 자신의 제품 내지 서비스가 모바일 광고에 적합한지 결정을 내리지 못하여 적극적인 참여를 하지 못하고 있다.

뿐만 아니라 과거 키워드 광고에서 지적한 부정 클릭이나 조작이 있을 수 있다. CNN머니는 독일의 앱 마케팅 플랫폼 서비스업체인 '트레이드몹(Trademob)'을 인용해 모바일 광고 클릭의 40%가 잘못 클릭했거나 조작 가능성이 있다고 했다. 조작은 클릭 수를 늘리려는 앱 개발자들에 의해 일어나며, 다른 IP주소에서 클릭을 한 것처럼 속이는 봇 네트워크(bot networks)에 의해 발생한다. 그러나 이러한 여러 문제에도 불구하고 현재 인터넷 이용은 PC에서 모바일로 급격히 이동하고 있다.

모바일을 통한 인터넷 접근이 늘고 있지만 모바일 광고를 통해 수익을 올리는 일은 쉽지 않다. 그렇지만 모바일 광고시장이 엄청난 속도로 성장하고 있는 것은 주지의 사실이다. 따라서 이 분야에 대한 효과적인 비즈니스 모델을 구축하는 것이 중요한 과제이다.

홈쇼핑업계는 향후 1년 내에 M커머스, 즉 모바일 커머스가 기존 전자상거래 매출을 추월할 것으로 예측하고 있다. 반면 모바일 광고시장의 급성장세에도 불구하고 모바일 광고에는 키워드, 디스플레이 외에 차별화된 광고 기법이 제대로 도입되지 못하고 있다. 모바일 리워드 광고 앱 '애드라떼(Ad Latte)' 같은 기존의 보상 기반 광고 플랫폼도 초기의 성장세를 유지하지 못하고 있다.

하지만 카카오톡, 라인 같은 모바일 플랫폼은 '플러스친구' 등 모바일 광고 상품들을 통해 꾸준히 광고 사업을 확대하고 있다. 커머스 측면에서도 게임콘텐츠 외에 저관여 제품군, 즉 화장품이나 패션 브랜드를 중심으로 적극적인 구매 행동을 일으켜 광고 프로모션의 대체재로서 역할을 하고 있다.

그러나 점차 짧아지는 제품 수명 주기와 떨어지는 광고 효과, SNS 등 뉴미디어 광고 효과의 의문 등은 잠재해 있다. 이것은 광고의 위기라기보다 브랜드나 생존 수명이 짧아지는 기업의 문제이기도 하다. 지금은 잠시 고객의 손을 놓으면 그 순간 경쟁 브랜드나 미처 생각지도 못했던 경쟁사에게 시장을 뺏기고 마는 시대이다. 예를 들어 과거 흔했던 쿠폰이나 경품, 현상공모, 권유마케팅(member get members : MGM)[1] 툴 등 다양한 세일즈 프로모션은 그루폰(Groupon)[2] 등의 50% 할인기법, 포스퀘어 같은 GPS 연계 콘텐츠 등으로 인해 점차 사라지고 있는 추세이다.

요즘의 고객은 특성과 편익이라는 고객 유인 시스템에 쉽게 반응하지 않는다. 고객들은 보다 즉흥적이고 상황에 따라 반응을 달리한다. 광고에 매력을 느끼는 고객이 사라지고 있는 것이다. 쿠폰은 일시적으로 구매를 유도하지만 고객 충성도를 만들지는 못한다. 고객 충성도는 고객이 제품을 구매하면서 꾸준하게 좋은 경험을 했을 때 나온다. 따라서 중점을 둬야 할 부분은 고객 점유율이다. 기존 고객을 충성 고객으로 만들어 끊임없이 소통하고 경쟁 브랜드로부터 지킬 수 있을지가 기업의 생존을 좌우하는 가치가 되었다.

« 모바일 광고업계의 동향

한국이 2013년에 인구 대비 스마트폰 보급률 세계 1위가 되었다. 고속 무선 데이터 이동통신기술인 광대역 LTE가 확산되면서 모바일 SNS 광고의

---

1) 권유마케팅은 자신이 이용하는 상품이나 서비스를 주변 사람이나 지인들에게 권유하여 구입 혹은 가입하게 만들면 일정한 혜택을 주는 마케팅 기법이다.

2) 그루폰은 미국 시카고에서 시작된 세계 최초, 최대의 소셜커머스 기업이다. '그룹 + 쿠폰'의 합성어로 2008년 11월 프로그래머 앤드루 메이슨(Andrew Mason)이 창업한 기업이다. 반값 할인쿠폰 공동구매 웹사이트인 소셜커머스의 효시이기도 하다. 소셜커머스는 페이스북, 트위터 등 SNS를 활용해 이루어지는 전자상거래로 일정 수 이상의 구매자가 모일 경우 파격적인 할인 가로 상품을 판매하는 방식이다.

고성장 시대를 맞고 있다. PC 광고의 성장을 이끈 것이 초고속 인터넷의 보급이라면 특히 LTE는 모바일 광고의 고성장을 견인했다. 그리고 PC 광고 시장의 성장을 검색 광고가 주도했다면 모바일 광고는 SNS를 중심으로 확산되고 있다.

미국 시장조사기관인 스트래티지 애널리틱스는 2013년 보고서에서 한국의 스마트폰 보급률이 67.6%로 세계에서 가장 높은 수치를 기록했다고 발표했다. 한국의 스마트폰 보급률은 세계 평균인 14.8%보다 4배 이상 높다. 2위는 55%를 기록한 노르웨이가 차지했다. 일본과 미국은 각각 39.9%와 39.8%로 3, 4위를, 중국은 19.3%를 기록했다. 한국의 높은 증가세는 '얼리어답터'로 대변되는 소비자의 신제품 구매 성향이 큰 영향을 끼친 것으로 분석된다.

인터넷 광고 시장의 급성장과 모바일 광고 시장의 급속한 성장에 따라 포털 사업자를 비롯한 이동통신, 단말기, 광고, 유통, 솔루션 등 관련 업계 또한 진출을 확대하고 있다. 특히 이동통신 사업자들은 모바일 광고 시장을 통한 새로운 수익 모델 창출에 적극적인 행보를 보이고 있다. 이들은 이용자들의 패턴이나 선호 등의 정보를 쉽게 획득할 수 있으며 광고를 문자나 음악, 그래픽, 위치기반서비스 등 다양한 방법을 통해 발송할 수 있다.

일찍이 SK텔레콤, KT, LG유플러스 등 국내 이동통신 3사는 모바일 광고 시장에 진출했다. 국내 모바일 광고 시장이 규모 있는 수익사업이 될 것이라는 판단 때문이다. 이동통신사 중에서 스마트폰 기반의 모바일 광고를 처음 시작한 곳은 LG유플러스다. 2010년 '유플러스애드'라는 개방형 모바일 광고 플랫폼을 출시했다. 애플의 아이애드나 구글의 애드몹과 유사한 형태의 광고 플랫폼으로 앱 내부에 배너 형식으로 보여준다. 광고주가 원하는 시기와 앱에 맞춰 광고를 보여주는 맞춤형으로 광고 수익이 필요한 앱 개발자는 앱 화면에 배너 광고를 넣을 수 있다.

LG유플러스는 그 외에 모바일 광고 사업으로 '유플러스 스마트 메시징'

과 모바일 앱 '딩동', 잡지 앱 등 다양한 광고 상품을 마련하였다. '유플러스 스마트 메시징'은 SMS와 MMS를 활용한 문자 광고이다. 자동차 회사에서 카탈로그나 쿠폰 등을 문자로 보낼 수 있는 광고 플랫폼으로 우편보다 저렴한 것이 장점이다. '딩동'은 위치기반 서비스 기술과 음파를 활용한 모바일 앱이다. 쿠폰을 발송하거나 할인 혜택을 제공하여 고객 유인을 돕는 앱으로, CPA 광고의 한 형태이다.

KT는 자사의 광고 서비스를 '스마트 마케팅 플랫폼'이라고 부른다. 배너 광고 메시지를 단순히 보여주는 데 그치지 않고 기업의 마케팅 활동을 돕겠다는 뜻이다. 모바일 광고 전문 자회사인 KT엠하우스를 통해 구글의 자회사로서 글로벌 모바일 광고 1위 업체인 애드몹과 전략적 제휴를 맺고 시장에 나서고 있다. 애드몹은 광고주의 모바일 광고를 자사 글로벌 광고 플랫폼과 네트워크를 통해 앱스토어에서 판매하는 주요 애플리케이션을 탑재하고 있다.

2011년 서비스를 시작한 '올레 캐치캐치'는 증강현실을 이용한 캐릭터 게임 앱이다. 위치기반 기술을 이용해 광고주가 원하는 장소에 이용자가 오면 쿠폰을 발송하거나 포인트와 기프트숍 등 다양한 혜택을 제공한다. 일반 배너 광고에 비해 장소 타기팅이 가능하다는 장점이 있다. '올레 캐치캐치' 앱의 캐릭터인 올레몬을 잡으면 관련 상품이나 매장 정보를 얻을 수 있기 때문에 소비자는 게임을 통해 혜택을 얻고 광고주는 광고를 노출할 수 있다. 또한 광고주가 광고를 올리면 다양한 모바일 앱과 웹사이트를 통해 노출시켜주는 '올레애드'라는 모바일 광고 플랫폼을 서비스한다. KT와 자회사 KTH는 올레 캐치캐치, 올레타운, 올레메모리 등과 연계해 광고를 보여주는 앱 제휴 광고를 출시했다. 또한 NHN과 함께 모바일에서의 위치 기반 광고를 하면서 웹과 모바일, IPTV를 아우르는 통합 광고 플랫폼을 구축하고 있다.

SK텔레콤은 이동통신사 3곳 중 가장 제한적인 범위에서 모바일 광고 사

모바일 광고

업을 하고 있다. T스토어 이용자라는 한정된 고객만을 대상으로 하기 때문이다. LG유플러스와 KT가 통신사를 가리지 않고 모든 모바일 이용자에게 광고가 도달하게 한다는 개방형 플랫폼을 내세운 것과 대비된다.

SK는 2011년 'T애드'로 시범 서비스를 시작하며 모바일 광고 플랫폼 사업에 본격적으로 뛰어들었다. T애드의 시작과 함께 네이트, 싸이월드, 네이트온, 11번가, BTV, OK캐시백, 기프티콘 등의 상품과 서비스를 연계한 다양한 형태의 광고 마케팅이 가능한 것이 장점이다. 또한 2010년부터는 위치기반 서비스에 의한 전자상거래인 'L커머스(location-commerce)'를 시행하고 있다. 고객이 백화점이나 특정 지역에 도착했을 때 휴대폰을 통해 위치를 인식하고 해당 지역에 적합한 모바일 광고와 이벤트 쿠폰 등을 SMS나 MMS 형태로 전송하는 서비스이다. 특정 지역 내 소규모 가게들은 L커머스의 모바일 광고를 통해 고객을 유인할 수 있다. 불특정 다수를 대상으로 했던 홍보용 유인물이나 매체 광고가 아니고 사전에 정보 제공에 동의한 관심 있는 고객층이 타깃이기 때문에 한층 높은 마케팅 효과를 기대할 수 있다.

다음커뮤니케이션은 국내 최초로 모바일 웹페이지 유료 광고를 개시하였다. 배너 형태의 광고로 모바일 포털에 노출시키면 배너를 클릭하는 사용자를 모바일 애플리케이션 페이지뿐만 아니라 PC 사이트로 연결하는 구조이다. 그리고 노출량과 클릭 수를 집계하는 광고관리시스템(AMS)에 의해 광고 효과가 측정된다. 네이버도 모바일 웹페이지의 초기화면에서 배너 광고를 노출하고 있다. 구글도 국내에서 위치기반 서비스 사업을 하면서 지역정보 검색서비스인 '마이로케이션(my location)'과 위치기반의 광고를 하고 있다.

이처럼 단말기 사업자들은 콘텐츠 중심의 모바일 광고 시장에 적극적으로 진출하고 있다. 애플은 모바일 광고 플랫폼 '아이애드(iAD)'를 발표했다. 애플리케이션 실행 도중 배너 형태의 광고를 띄워주는 플랫폼으로 카테고리별 맞춤 광고를 도입하여 효율을 높일 수 있다. 애플리케이션 개발 단계에서 광고 플랫폼을 붙일 수 있도록 설계되었으며 광고 수익의 상당 부분을 개발자에게 배분하고 있다.

노키아는 2007년 모바일 광고 솔루션인 '노키아 애드 서비스'와 '노키아 애드버타이징 커넥트'를 선보였다. '노키아 애드 서비스'는 특정 소비 계층에 맞춰 광고를 제공할 수 있는 모바일 광고 솔루션이다. '노키아 애드버타이징 커넥트'는 일종의 광고 전달 프로그램으로 휴대폰 단말기 종류가 취향이나 연령층에 따라 나눠지는 것에 착안해 멀티미디어 서비스와 지도 검색, 애플리케이션을 연계할 수 있게 만들었다.

« 점차 확대되는 모바일 광고

처음 한국에서 출범한 LTE의 최고 속도는 통신 3사 모두 같았다. 광대역 LTE는 주파수 대역폭을 더 넓게 잡고 있음을 뜻한다. 주파수의 대역폭과 속도는 비례하여 증가하기 때문에 그만큼 이용자 수를 늘릴 수 있다. 어떻든 LTE를 계기로 인터넷의 미디어 가치는 급격하게 상승하였다. 고속회선이라는 점보다 요금이 정액제이므로 접속 빈도와 데이터 사용 시간이 큰 폭으로 늘어났기 때문이다. 머지않아 컴퓨터의 인터넷보다 모바일 쪽의 웹 페이지 액세스 가능성이 커졌다.

모바일의 콘텐츠 역시 발전하고 있다. 특히 동영상은 모바일의 가장 유망한 콘텐츠로 성장하고 있다. 과거에는 음성과 데이터가 주류였다면 요즘은 음악과 동영상이 핵심 콘텐츠이다. 휴대전화가 단순한 통화의 도구였던 과거에는 이동통신망의 통화 품질, 즉 얼마나 잘 터지는지가 중요했다. 그 다음이 화면과 카메라의 해상도처럼 화상 관련 성능이 경쟁의 초점이었다. 그러나 요즘은 스마트폰으로 음악과 동영상, 게임 등의 콘텐츠를 접하면서 현실감 있게 즐길 수 있는 음질에 주목한다.

　미래창조과학부가 2013년 한국의 무선 데이터 이용 현황을 분석한 결과에 의하면 전체 데이터 이용량의 45.1%가 동영상에 쓰이는 것으로 나타났다. 음악이나 게임 등 멀티미디어 이용량 9.8%까지 합치면 데이터 사용량의 절반 이상을 멀티미디어 콘텐츠 이용에 사용하고 있다. 이런 추세는 이동통신 속도가 빨라지고 콘텐츠를 내려받지 않고 바로 이용하는 스트리밍 방식이 일반화되면 더욱 가속화될 전망이다. 전체 무선 데이터 사용량 중에서 4세대 이동통신인 LTE 데이터가 차지하는 비중은 2012년 49.4%에서 2013년 72.7%로 급상승했다. 영상 미디어의 하나인 휴대전화의 디바이스 환경을 어떻게 활용할 것인지가 중요한 과제가 되었다. TV 광고에만 의지할 수 없게 된 상황에서 컴퓨터의 웹과 마찬가지로 모바일 웹이 브랜드 커뮤니케이션을 전개하는 공간이 되고 있기 때문이다.

　모바일 광고는 전체 광고 시장에서 차지하는 비중이 4.2%에 불과하지만, 최근 3년간 급속한 성장세를 보이고 있다. 미래창조과학부와 한국인터넷진흥원이 발표한 '2013년 모바일 광고 산업 통계 및 광고 효과 조사' 보고서에 의하면 2013년 모바일 광고 시장 규모는 4,160억 원으로, 2012년 2,159억 원의 2배 가까이 늘었다. 2011년에는 762억 원이었다. 2년 사이에 5배 넘게 성장한 셈이다. 모바일 광고의 규모가 커지는 만큼 모바일 광고가 전체 광고 시장에서 차지하는 비중도 커졌다. 2011년 0.8%였던 모바일 광고 비중은 2012년 2.2%, 2013년 4.2%로 성장했다. 이 시기 광고 시장의 매출은 2011년 9조 5,606억 원에서 2012년 9조 7,706억 원, 2013년 9조 8,106억 원으로 조금 증가했다.

　모바일 광고 시장이 지속적인 성장을 거듭하면서 광고 시장의 중심이 광고대행사에서 미디어렙으로 옮겨가고 있다. 광고대행사는 광고물을 제작하여 광고를 게재하는 전문회사지만 미디어렙은 포털 등 매체사를 대신하여 광고주나 광고대행사에 광고 스페이스를 판매하는 회사이다. 2013년 모바일 광고 매출의 절반 가까이가 광고대행사에서 발생하였으나, 2014년에는 미디어렙사의 비중이 47%로 늘고 광고대행사의 비중은 35.4%로 줄어들었다.

위의 보고서에서는 특히 2013년 모바일 광고 시장에 등장한 보상형 광고라는 영역이 관심을 끈다. 보상형 광고의 매출은 2013년부터 통계에 잡혔는데 전체 모바일 광고 매출 4,160억 원 중 14%를 차지했다. 582억 원에 이르는 규모이다. 보상형 광고는 이번 조사에서 클릭 후 구매로 이어지는 비율이 가장 높았다.

모바일에 의한 커뮤니케이션은 TV나 컴퓨터와는 성격이 전혀 다르다. 개인용 컴퓨터에 실린 기사 등의 읽을거리와 광고를 휴대전화의 작은 화면에 모두 담는다는 것은 무리이다. 차라리 TV 광고처럼 시간을 구매하여 전체 화면에 표시하는 것이 효과적이다. 그래서 TV 광고 같은 순 광고보다 엔터테인먼트가 결합한 애드버테인먼트적인 영상 콘텐츠가 각광을 받고 있다.

15초는 원래 TV 광고를 위한 포맷이지만 새로운 미디어에 도입되면 점차 그 미디어의 체제로 자리 잡게 된다. 스마트폰 보급이 3,000만 대에 달하는 가운데 가장 주목받고 있는 것은 모바일 광고이다. 요즘은 스마트폰으로 장시간 영상 콘텐츠를 즐기고 있기 때문에 모바일 사용자의 틈새 시간에 작은 엔터테인먼트를 마케팅 메시지로 가공할 수 있다면 시장 획득의 기회가 될 수 있다.

그간 네이버나 다음 등 포털 기업들의 눈부신 성장 뒤에는 검색 광고가 있었다. 검색 광고란 이용자가 키워드를 입력했을 때 결과 최상단에 뜨는 링크식 광고이다. 한때 수많은 온라인 마케터들이 검색 광고를 두고 디지털 마케팅의 혁명이라 부르곤 했다. 기존 온라인 광고와 비교하면 모든 면에서 진일보했다. 키워드를 입력했을 때 광고 상품이 뜨는 방식이라 사용자를 만족시켜주어 광고 효율 또한 높았다. 아울러 무수히 많은 키워드마다 광고 상품을 연결했다는 특성상 지면도 무한대이고 수익성도 좋았다. 이용자가 클릭했을 때마다 비용을 청구하는 CPC에 경쟁 입찰 방식까지 도입했기 때문이다. 검색 광고주는 대개 쇼핑몰이나 개인병원 등 중소사업자들이다. 당장 광고를 통해 가게를 알리고 매출을 올리는 데 검색 광고만 한 것이 없다. 현재 검색 광고 시장은 1조 5,000억 원 정도의 규모이다.

하지만 검색 광고도 한계에 이르렀다. 비싼 단가와 포화 상태에 이른 지면 때문이다. 구글은 새로운 검색 광고로 모바일과 동영상, 그리고 네트워크 광고를 꼽고 있다. 크게 검색과 디스플레이로 나누지만 사실 PC기반 온라인 광고를 모바일에 옮겨놓은 정도이다. 하지만 기기와 운영체제, 통신사, 위치별로 타기팅이 가능하며 디스플레이의 경우 전화 연결이나 애니메이션, 3D 등 다양한 방식으로의 구현이 가능하다.

구글과 유튜브에서는 동영상 광고에 집중했다. 유튜브는 월평균 방문자 수 8억 명, 1일 영상 조회 수 40억 회 등 명실상부한 세계 최고의 동영상 플랫폼이다. 광고주는 유튜브를 통해 화려한 동영상 광고는 물론이고 장르에 따라 타기팅 광고까지 할 수 있다. 특히 동영상 광고의 60%가 사용자가 선택 가능한 '트루뷰(true view)' 광고라는 것이 장점이다. 그리고 시청한 경우에만 광고비를 지불하는 과금 방식이다. 30초 미만의 동영상 광고는 끝까지 시청한 경우에, 그리고 30초 이상의 광고는 최소 30초 이상 시청한 경우에 과금된다.

유튜브는 트루뷰 동영상 광고를 모바일로 확대하고 있다. 광고를 일방적으로 보여주는 것이 아닌 광고 시청 여부를 사용자가 선택하게 하는 방식이다. 동영상 광고가 재생되고 5초 후에 해당 광고를 보지 않고 넘어갈 수 있도록 '건너뛰기' 버튼이 제공된다. 사용자들은 보고 싶은 광고만 골라서 볼 수 있고, 광고주는 광고 시청과 이탈 패턴을 분석함으로써 효과적인 광고 전략을 수립할 수 있다.

네트워크 광고는 비슷한 종류의 사이트를 모아 최적화된 광고를 내보내는 방식이다. 텍스트와 이미지, 비디오 등 다양한 형식으로 노출되며 콘텐츠와 매치시킨다. 예컨대 전자제품에 관한 기사 바로 옆에 카메라제품 광고를 게재하는 식이다. 하지만 검색 광고를 대신하기 위해서는 상당한 시간이 걸릴 전망이다. 각자 단점이 명확하기 때문이다. 또한 손쉬운 결제시스템의 미비와 전용 웹페이지의 부족, 개인정보 보호 등의 문제로 가시적 성과를 바라는 중소기업이 하기에는 적합하지 않다. 동영상과 네트워크 광고는 사용자에게 스팸으로 인식될 가능성도 있다.

뿐만 아니라 사용자의 스마트폰을 통한 웹페이지 접속 시간은 늘어나고 있지만 데이터 요금은 부담스럽다. 스마트폰의 데이터 이용 요금은 컴퓨터의 인터넷 접속과 비교하면 상당히 고액이다. 그나마 정액제 등의 다양한 요금체계가 사용을 촉진하는 기폭제가 되고 있다.

2. 모바일 광고의 특징

《 모바일 광고의 콘텐츠

스마트폰이 인터넷 이용량을 증가시키는 이유는 언제나 손끝에 닿는 모바일 기기로서의 편의성 때문이다. 스마트폰만 있으면 누구나 손쉽게 실시간 뉴스를 보거나 검색을 할 수 있다. 각종 자료에 의하면 요리나 음식, 건강과 의학, 교통과 지리, 여행 등 지역 관련 정보를 검색하는 비중이 PC보다 높게 나왔다. 모바일 검색은 사용 시간이나 목적 등이 PC에서의 검색을 보완하면서 전체 이용량을 증가시키는 역할을 한다. 이로 인해 새로운 마케팅 기회를 제공해준다.

모바일 광고의 가장 큰 특징은 무선 통신을 통해 이루어지는 광고 커뮤니케이션이므로 시간과 장소의 구애를 받지 않는다는 데 있다. 대부분의 소비자는 항상 모바일 기기를 휴대하고 있기 때문에 시간과 공간, 장소의 제약을 받지 않는다. 또한 타깃을 대상으로 양방향 멀티미디어 광고를 집행할 수 있기 때문에 유익한 마케팅 수단으로 평가받는다. 예를 들어 광고를 접한 소비자가 즉각 일대일 문의를 할 수도 있으므로 직접 구매 행동을 유도하는 양방향 마케팅(interactive marketing)이 가능한 것이다. 그 외의 장점으로 다중 마케팅(mass marketing), 원가효율성(cost effective) 등이 있다.

그리고 이동통신 가입자의 데이터베이스를 기반으로 성향과 취미, 교육과 소득에 맞춰 세분화된 타깃 마케팅을 실시할 수 있다. 항상 휴대하는 단말기의 특성을 이용해 원하는 시간과 장소를 선택하는 차별화된 광고가 가능하다.

또한 모바일 광고는 크로스미디어 마케팅의 구현이 가능하다. 크로스미디어 이벤트는 먼저 소비자에게 신문이나 잡지, 전단지 등 단방향 매체를 통해 기본적인 정보를 제공하고, 양방향 통신이 가능한 휴대전화로 이벤트의 참여를 유도한다. 그리하면 기존 매체의 단방향성을 보완한 시너지 효과를 얻을 수 있다.

미국모바일마케팅협회는 스마트폰을 활용한 모바일 광고 서비스를 메시지와 웹, 동영상 및 TV, 애플리케이션 광고의 네 가지로 분류하고 있다. 모바일 메시지 광고는 단문 메시지 서비스와 멀티미디어 메시지 서비스를 옵트인, 즉 사전 허락이나 연계된 광고로 전송하는 방식이다. 텍스트와 배너, 팝업에 의한 동영상 광고가 있으며 타깃 고객을 대상으로 마케팅이 가능하다.

모바일 웹 광고는 모바일 웹상의 배너 광고로 모바일로 검색하면 내용과 함께 하단에 간략하게 나오는 광고이다. 이벤트 페이지와 게임 속 검색 광고, 브랜드의 모바일 웹사이트를 통한 광고로 고객 유도와 직접 판매에 효과적이다. 전면광고는 검색 후 전면에 나오며 점유율이 매우 높다. 확장형 배너는 아래나 상단에 위치하며, 마치 배너처럼 보이지만 클릭을 할 때 광고 내용이 내려오는 형태이다.

모바일 동영상과 모바일 TV 광고는 동영상을 활용한 광고이다. 모바일 동영상 및 모바일 TV의 시작이나 중간과 끝에 간단한 동영상 광고를 삽입한 형태이다. 인터넷 동영상 광고는 배너 광고보다 브랜드 인지도, 구매,

클릭률을 높이는 데 월등히 효과적이다.

모바일 애플리케이션 광고에는 모바일 애플리케이션 내에 광고를 삽입하거나 브랜드 애플리케이션을 배포하는 방식이 있다. 브랜드 애플리케이션의 경우 브랜드가 삽입된 모바일 애플리케이션에 게임과 다양한 정보, 유용한 기능 등을 넣어 배포하는 방식으로 고객과의 연대성을 강화하는 마케팅 도구로 각광받고 있다.

기존의 모바일 광고에는 자동으로 광고주의 모바일 웹페이지로 연결되거나, 광고를 보고 클릭 한 번으로 전화할 수 있는 클릭 투 콜(click to call) 형식이 많았다. 그러나 최근에는 최신 기술이 적용된 다양한 형태의 광고 서비스가 개발되고 있다. 대표적인 것으로 '위치기반 모바일 광고'와 '모바일 증강현실(augmented reality) 광고'이다. 소비자는 TPO, 즉 시간(time)과 장소(place), 시기(occasion)에 맞는 정보를 제공받을 수 있고, 사업자는 무선 데이터 수익과 점포를 노출시키면서 얻는 광고비 수익을 기대할 수 있다.

위치기반 모바일 광고는 위치기반 서비스 기술을 이용하여 모바일 기기 사용자의 위치를 파악해 맞춤형 지역 광고를 발송하는 것이다. 대표적인 것이 이동통신 3사에서 제공하는 '별별맵' 서비스로서, 사용자가 모바일 웹에 접속하면 주변의 음식점이나 교통정보 등이 안내되고 때에 따라 할인쿠폰을 제공하기도 한다.

모바일 증강현실 광고는 위치기반 서비스 기술과 증강현실 기술을 활용한 광고이다. 사용자가 스마트폰 카메라를 켜면 화면 위에 실시간으로 다양한 정보를 보여주는 방식이다. 2010년 SK텔레콤에서 '오브제'라는 이름으로 출시하였다. 스마트폰 카메라를 통해 주변에 위치한 음식점이나 선물가게, 영화관, 공연장 등 다양한 정보와 다른 사용자의 이용 후기 등도 볼 수 있다.

《 모바일 영상 콘텐츠의 진화

모바일 콘텐츠는 휴대전화와 노트북, PDA, MP3 등의 모바일 기기에서 이용할 수 있는 모든 서비스를 지칭한다. 모바일은 친화력 측면에서 본다면 TV보다 가까운 일상적 미디어이다. 현재 많은 서비스가 여러 방식으로 제공되고 있다. 사진, 게임을 비롯하여 영화와 은행 업무까지 망라된다. 1990년대 중반 이후 휴대전화의 사용이 급증하면서 관련 서비스도 활발히 개발되고 있다.

지속된 경기 침체에도 불구하고 모바일 광고 시장은 2013년 들어 높은 신장세를 보이고 있다. 스마트폰 가입자 수가 4,000만 명을 넘어서고 다양한 모바일 광고 상품이 나오면서 지속적인 성장세를 이어가고 있다. 모바일이 디지털 광고 산업에서 가장 영향력 있는 미디어로 부상하고 있는 것이다.

기존 포털사나 모바일 광고 플랫폼사, 글로벌 사업자 간의 경쟁 또한 가속화되고 있다. 모바일 환경의 발전을 기반으로 더욱 진화된 광고 상품이 출현하고 있다. 검색과 디스플레이의 경계가 없이 고객 개개인에게 맞춤식 광고를 노출하는 등 완전히 새로운 형태의 광고가 나올 날도 멀지 않았다.

2013년 모바일 광고 시장은 스마트폰의 경쟁과 리워드앱 광고의 성장, 그리고 SNS 서비스의 다양화, 동영상 광고의 약진 등으로 요약될 수 있다. 과거 온라인 시대에는 사용자의 인터넷 익스플로러 첫 화면을 선점하는 것이 각 포털의 주요 쟁점이었으나 모바일 시대에는 사용자의 휴대폰 첫 대기화면을 선점하는 것이 포털 및 모바일 관련 업체의 주 관심사가 되었다. 론처(launcher) 시장과 리워드 앱 광고 시장이 주목을 받을 수밖에 없었던 이유도 이와 같은 맥락 때문이다.

한국은 모바일 1세대부터 폰 꾸미기 문화가 발달해 사용자들이 거부감 없이 론처 형식을 이용하고 있다. 이에 따라 단말기 제조사, 콘텐츠 제공사, 이동통신사 등에서 론처 서비스를 앞다투어 출시했다. 누가 먼저 스마트폰 첫 화면을 장악하느냐에 따라 모바일 인터넷 비즈니스의 성패가 달라질 수 있기 때문에 차별화된 디자인 및 콘텐츠를 제공하는 등 역량을 집중하고 있다.

모바일 첫 화면을 선점하고자 하는 시장의 흐름은 사용자의 모바일 첫 화면에 광고를 게재하여 광고를 본 사용자에게 리워드를 제공하는 리워드 앱 광고 시장의 성장을 주도하였다. 현재 국내 잠금 화면 광고 시장은 월 50억 원 규모로 추산되며 사용자가 1,000만 명을 넘어서고 있다. 또한 단순 리워드(보상)에서 콘텐츠를 제공하는 형태로 진화하고 있다.

인터넷 이용 행태가 모바일 중심으로 급변하면서 SNS 업체들의 모바일 광고 유치 경쟁도 치열해졌다. 카카오는 탭조이와 같은 플랫폼 개발사들과의 제휴를 통해 카카오톡 게임 내 광고를 탑재해 광고의 효율을 한층 높였다. 페이스북은 모바일 광고를 최적화된 사용자 인터페이스로 개편하고 모바일 뉴스피드에 동영상 광고를 개시하여 신규 수익을 창출하고 있다.

LTE 상용화가 빠른 속도로 진행됨에 따라 이용 빈도가 가장 눈에 띄게 증가한 모바일 콘텐츠는 동영상이다. 언제 어디서나 쉽게 버퍼링 없이 시청할 수 있는 환경이 조성되면서 모바일 이용자들의 동영상 시청이 증가하였다. 따라서 방송사업자뿐만 아니라, 통신사업자들도 N-스크린 사업에 참여해 모바일 IPTV 시장의 성장을 견인하고 있다. 그러다 보니 동영상을 활용하여 비즈니스 모델을 발굴하는 업체도 출현했다. 인크로스는 곰 TV, 아프리카 TV 등 11개 영상매체와 제휴하여 국내 최초로 동영상 애드 네트워크 플랫폼인 다윈(Dawin)을 출시하여 신규 시장을 창출하고 있다.

동영상이라고 하면 TV 콘텐츠라고 생각하기 쉽지만, 모바일 환경에서도 반드시 TV용 영상이 맞는다고 말할 수 없다. 휴대전화는 궁극적으로 퍼스널미디어이다. 그런 관점에서 보면 비록 TV는 비록 퍼스널화가 진행되었다 하여도 소비자의 시청 태도에 별 신경을 쓰지 않는 미디어이다. 다시 말해 모바일 환경에 적절한 콘텐츠를 공급할 수 있다면 모바일의 소구력은 높아질 수밖에 없다.

영화 〈미생〉이 눈길을 끈 건 모바일 전용으로 만들어졌다는 점 때문이다. 포털 다음은 웹툰 인기에 힘입어 130회로 구성된 원작을 바탕으로 본편보다 시간상 앞선 이야기를 보여주는 프리퀄 형태의 단편영화 6부작을 만들었다. 그리고 2013년 영화를 개봉하면서 전용 앱이 깔린 휴대폰이나 태블릿 PC에서만 볼 수 있도록 했다. 짧은 러닝타임에도 불구하고 임팩트 강한 스토리를 바탕으로 에피소드 전편이 관심을 끌었다. 여기에 모바일 영화 특유의 접근성과 편의성을 가미하여 호응도를 높였다. 모바일 전용 영화가 관심을 끌자 CJ E&M은 〈20's 스무 살〉을 최초의 모바일 드라마로 제작했다.

최근 들어 '스낵 컬처'가 직장인의 출퇴근길과 학생들의 쉬는 시간을 채우고 있다. 학생이나 직장인에게 스낵 컬처가 인기를 얻는 이유는 자투리 시간을 활용할 수 있기 때문이다. 언제, 어디서든 틈날 때 잠깐 즐길 수 있는 데다 웹툰은 물론이고 웹소설이나 웹드라마 모두 요금 없이 볼 수 있다.

2007년 미국 IT 전문지『와이어드』에 처음 등장한 이 용어는 입이 심심할 때 집어 먹는 과자처럼 즐긴다고 해서 붙여진 이름이다. 이름 그대로 스낵의 특징을 닮아 빨리 끝낼 수 있고 간편하며 저렴하다. 그래서 내용이 이해하기 쉽고 전개가 빠르다. 10분 안에 한 회를 마무리하는 웹드라마와 웹소설, 웹툰, 캐주얼 게임이 모두 여기에 속한다. TV에서 방영하는 한 시간짜리 드라마 도입부 정도에 해당하는 길이다. 웹소설이 순수문학이 아닌 판타지와 로맨스 등 장르문학에서 인기를 끄는 것도 같은 이유에서이다.

포털사이트마다 아마추어 작가들이 웹툰이나 웹소설을 올릴 수 있는 공간이 있다. 여기서 인기를 얻은 작품은 포털사이트로부터 돈을 받고 정식 연재를 한다. 네이버에서는 1년에 평균 20만 편의 웹소설이 올라오고 있다. 그중에는 네이버와 계약한 전문 작가도 있지만 대부분이 아마추어 작가이다.

웹툰 〈마음의 소리〉와 웹드라마 〈후유증〉

스낵 컬처가 모바일이나 웹에 국한된 문화는 아니지만 이 문화의 확산은 스마트폰의 보급과 함께 시작된다. 2012년 유행했던 캐주얼 게임 '애니팡'이 대표적이다. 애니팡과 비슷한 게임들은 예전부터 있었지만, 인기를 끈 것은 스마트폰이 보편화된 이후부터이다. PC게임, 비디오게임보다 훨씬 간단하고, 1~2분이면 한판이 끝난다. 웹소설과 웹툰 소비가 증가하는 것도 이 같은 추세를 반영하고 있다.

웹툰은 5~6년 전부터 인기를 끌기 시작해 영화나 드라마의 원작이 될 정도로 주류 문화로 정착하였다. 현재 네이버 웹툰의 1일 이용자는 620만 명 정도이다. 네이버는 2014년 들어 자사의 모바일 메신저 '라인'에 웹툰을 결합한 '라인 웹툰'을 서비스를 했다. 또한 한국의 인기 웹툰 44종을 영어로, 52종을 중국어로 각각 번역해 라인으로 볼 수 있게 했다. 2014년 1월 선보인 네이버의 웹드라마 〈후유증〉은 상반기 누적 조회 수가 360만 회에 달했다.

기업들 역시 모바일 콘텐츠 바람에 빠르게 대응하고 있다. 삼성은 SNS 드라마 〈무한동력〉을 제작해 유튜브 채널에서 방영했다. 네이버 인기 웹툰을 원작으로 모바일 특성에 맞게 드라마 한 회당 10~15분씩 편성했다. SK텔레콤과 SK브로드밴드도 모바일 전용 드라마 〈방과 후 복불복〉을 선보였다. 총 12부작에 스마트폰으로 간편하게 볼 수 있도록 편당 15분 내외로 만들었다.

이런 흐름을 단지 모바일 영화 몇 편에 대한 관심 때문이라고 가볍게 넘길 사안이 아니다. 콘텐츠 시장의 기본 메커니즘이 달라지고 있다는 증거이다. 스마트폰과 태블릿이 중요한 콘텐츠 소비 수단으로 자리 잡으면서 TV나 PC의 자리를 위협하고 있다. 최근 들어 스마트폰이나 태블릿 같은 모바일 기기가 중요한 읽기 수단으로 등장했다. 이젠 웬만한 콘텐츠는 PC 대신 스마트폰 같은 모바일 기기로 소비하는 것이 일반화되었다.

웹툰은 2000년대 초반 국내 포털사이트를 통해 첫선을 보였지만 점차 실험적인 웹툰 작가가 늘면서 특유의 연출기법이 개발되었고 장르도 다양해졌다. 2010년 이후에는 인터넷의 기반이 PC에서 모바일로 넘어가면서 웹툰은 언제 어디서나 스마트폰으로 쉽고 빠르게 볼 수 있는 모바일 시대의 대표적인 콘텐츠로 자리매김했다.

나아가 업체들은 무료 경제시대 새로운 수익 창출 모델을 모바일이나 인터넷으로 보는 웹툰에서 찾고 있다. 2013년 웹툰 유료 서비스를 시작한 레진코믹스는 이를 안드로이드폰으로 제공하는데, 현재 국내 만화 부문 매출 1위이다. 이 회사가 선보인 과금 방식은 만화를 남보다 먼저 볼 수 있는 권리에 대해 사용자가 비용을 지불하도록 만드는 것이었다. 예를 들어 작가에게 만화 전편을 미리 받은 뒤 이를 여러 편으로 나눠 순차적으로 공개한다. 순서대로 만화를 본다면 상관없지만 차후 공개될 만화를 미리 보려면 비용을 지불해야 한다. 달리 표현하자면 시간을 판다고 할 수 있다.

웹툰의 가장 큰 차별점은 '세로 스크롤', 즉, 책장을 넘기는 대신에 마우스 스크롤을 통해 위에서 아래로 내리면서 읽는 행위에서 나온다. 이 때문에 그래픽노블(graphic novel)에서는 표현할 수 없는 창의적 그림 연출이 가능하다. 기존 만화는 왼쪽에서 오른쪽 혹은 그 반대로 읽어야 하며 각각의 장면은 칸이라는 물리적 한계를 갖고 있다. 반면에 웹툰은 두루마리 펼치듯 올렸다 내렸다 하며 읽을 수 있기 때문에 한 호흡으로 내용을 길게 연결해 끊어짐 없는 느낌을 가질 수 있다.

즉, 책장을 넘길 때 나타나는 영상의 끊김이 덜해 긴장감, 몰입감이 높아

모바일 광고

진다. 스크롤을 통해 줌 인과 아웃, 페이드 인과 아웃, 반전 연출 같은 영화적 기법도 적용할 수 있다. 100% 컬러 그림에 배경음악과 플래시 효과를 넣어 영화나 드라마를 보는 것 같은 효과를 거둘 수 있다. 반면 온라인에서 유통되는 대부분의 그래픽노블은 기존 출판 만화를 스캔해 그대로 옮긴 수준에 불과하다.

속보성 강한 뉴스에서도 모바일 기기가 중요한 역할을 하고 있다. 온라인 광고 전문회사 디엠씨 미디어(DMC Media)가 2009년 인터넷 뉴스 이용 경험이 있는 만 19세 이상 49세 이하의 남녀 585명을 대상으로 조사한 결과, 모바일 기기로 인터넷 뉴스를 이용한다는 응답자가 무려 51.4%에 달했다. 반면 PC를 통해 뉴스를 본다는 응답자는 45.1%에 불과했다. 동영상 시청 행태도 마찬가지이다. 한국광고주협회가 2013년 11월 발표한 자료에 의하면, 전체 방송 시청자 중 25%가 스마트폰으로 동영상을 보는 것으로 나타났다. TV로 시청하는 비율 71%에는 못 미치지만 4% 정도인 PC 시청자보다는 월등하게 높은 수준이다. 게다가 스마트폰 시청자 비율은 앞으로 계속 늘어날 가능성이 많다. 앞으로 동영상 시청 패러다임 자체가 달라질 수 있다는 얘기이다.

스마트폰이 중요한 동영상 시청 수단이 될 것이라고 지적한 정보통신정책연구원의 보고서도 있다. 2012년 발표한 '스마트세대 20대의 미디어 이용 행태'에 따르면 일상생활에서 없어서는 안 될 매체로 스마트폰을 꼽은 사람이 50.2%로 TV보다 훨씬 높았다. 또한 DMB 수신이 가능한 스마트폰 보유 비율도 80.2%에 이르는 것으로 나타났다. 이제 20대에게 스마트폰은 중요한 방송 시청 도구로 자리 잡고 있음을 알 수 있다.

2013년 들어 모바일 영화가 흥행에 성공한 배경에는 이런 소비자들의 취향이 자리 잡고 있었다. 실제로 통신 전문 기업들이 내놓는 보고서는 하나같이 모바일 동영상 콘텐츠 비중이 점차 커질 것이란 전망을 담고 있다. 에릭슨의 모바일 데이터 사용량 분석 자료도 현재 모바일 데이터 트래픽의

34% 수준인 동영상 콘텐츠가 2019년에는 50% 이상으로 급증할 것으로 예상하고 있다.

그러나 중요한 것은 플랫폼과 콘텐츠의 유기적인 결합이다. 다시 말해 모바일 환경에 어울리는 최적화된 스토리텔링을 구사할 수 있어야 한다. 모바일 게임을 예로 든다면 한때 인기를 끌었던 '애니팡'이나 '드래곤 플라이트'의 성공도 플랫폼에 대한 정확한 이해 때문이었다. 전통적인 게임을 모바일 환경에 어떻게 안착시킬 수 있을지에 대한 고심의 결과이다. 모바일 영화 역시 플랫폼의 특성에 맞게 스토리를 잘 구성했기 때문에 많은 호응을 얻을 수 있었다.

« 모바일과 '게임 내 광고'

인터넷 모바일 분야의 수익 모델에서 한국이 세계를 선도하는 분야가 게임 산업이다. 누구라도 '인터넷' 하면 무료를 생각한다. 그런 환경에서 사용자의 지갑을 열게 한 국내 게임업체들의 탁월한 감각이 시장을 주도하고 있다. 국내 최대 온라인 게임업체인 넥슨은 최초로 부분 유료화 모델을 개발했고, 지금은 전 세계 게임의 공식이 되었다. 이를테면 카카오톡의 '애니팡' 게임은 누구나 무료로 할 수 있다. 그러나 블록을 빨리 깨게 해주는 '폭탄'을 사거나, 기본 60초보다 연장하려면 비용을 지불해야 한다. 글로벌 게임업체인 핀란드의 '수퍼셀'도 부분 유료화 방식을 활용한 '클래시 오브 클랜(Clash of Clans)' 등 2개의 모바일 게임으로 2013년 전 세계에서 1조 원의 수익을 창출했다.

요즘은 게임이 IT 트렌드인 SNS와 스마트폰 분야에서도 비중 있는 콘텐츠로 자리매김하고 있다. 오픈 플랫폼 환경하에서도 광고 매체로서의 잠재력이 충분하다. 앞으로 지속적인 주목이 필요한 분야가 모바일의 '게임 내

KT의 모바일 광고 플랫폼 '올레 캐치캐치'

광고'이다.

그러나 사용자가 모바일 게임이나 유사 콘텐츠에 빠져드는 순간 광고는 고객과 단절된다. 다시 말해 하루 평균 203분 소비자들이 모바일로 빠져들 때 광고는 고객과 멀어지게 되는 것이다.

고객들이 콘텐츠를 더 많이 구입하거나 플랫폼 내 광고의 노출 없이도 다양한 정보로 상품을 구입함으로써 광고주와 대행사는 어려움에 처했다. 이러한 추세는 앞으로 가속화될 것이다. 최근 들어 전 세계적으로 스마트폰 이용 인구가 급증하고 모바일게임 같은 콘텐츠 소비가 급격히 늘어나고 있는 점도 유의할 필요가 있다. 그 틈을 파고든 모바일 플랫폼, 즉 미디어 기업들이 광고대행사나 매체사의 역할을 대신하고 있다.

예를 들어 KT의 모바일 광고 플랫폼 '올레 캐치캐치'가 있다. 이는 국내 최초로 증강현실 게임 형태의 애플리케이션으로 고객에게 재미와 혜택은 물론 위치정보까지 제공해준다. 사용자 경험(user experience ： UX)을 접목한 플랫폼으로서 게임도 하고 다양한 혜택을 즐길 수 있다.

세계적인 경기 불황으로 소비자들은 방황하고 있다. 기업과 직장인, 심지어 취업 준비생까지 생존을 위한 돌파구를 찾게 한다. 특히 수명 100세의 시대를 눈앞에 둔 초고령화 사회에서 은퇴를 시작한 베이비부머에게 여가의 역할을 대신해줄 친구는 손안의 스마트폰뿐이다.

중국에서도 최근 스마트폰 사용이 급증하며 모바일 게임을 즐기는 인구가 늘어나고 있다. 두두차이나(DuduChina)와 네오윈게임즈가 개최한 2013년 '중국 모바일 게임 세미나' 발표에 의하면 중국 스마트폰 이용자는 전년 대비 1억 7,000만 명 증가한 4억 2,000만 명으로 분기마다 10% 이상 성장하고 있다. 모바일 게임 이용자는 2013년 1분기 3억 1,000만 명으로 1년 만에 1억 2,000만 명이나 증가하였다. 게임 콘텐츠도 2013년 중국 앱 시장 전체 매출 290억 위안(한화 5조 3,000억 원) 중 96억 위안(1조 8,000억 원)으로 30%를 차지하고 있다.

그래서 2002년 이후 세계 최초 '게임 내 광고' 사업을 하는 기업들이 출현하였다. 게임 시장이 급성장하면서 2008년에 WPP(wire and plastic products) 등 세계적 광고 그룹이 중국의 IGA 기업들을 인수하기 시작했으며, 한국 IGA 업체도 벤처캐피탈을 통해 20억 원의 투자를 유치하며 글로벌 시장에 진출했다.

WPP 그룹은 영국 런던에 위치한 글로벌 미디어 커뮤니케이션 서비스 기업이다. 1986년 마틴 소렐(Martin Sorrell) 경이 설립하였으며, 현재 107개국에 2,400개의 지사를 소유하고 있다. 대표적인 회사가 그룹엠(Group M), 오길비 앤 매더(Ogilvy and Mather), 제이더블유티(JWT), 그레이(Grey) 등이다.

지난 2007년부터 국내에서도 IGA 사업이 급부상하기 시작했다. 한 번 시작하면 적지 않은 시간을 한 곳에만 집중해야 하는 게임은 그야말로 훌륭한 광고 매체로서 손색이 없다. 대부분의 사용자는 게임 아이템이나 등장하는 배경에 대한 몰입과 참여율이 높다. 따라서 브랜드를 노출시키려고 할 때 IGA를 많이 사용한다. 소비자는 게임을 즐기면서 브랜드를 인지하기 때문에 게임의 특성을 고려하여 광고를 만들면 한층 효과가 높아질 수

모바일 광고

있다. 최근에는 모바일 게임을 통해 상품을 프로모션하고, 오프라인 매장으로의 방문을 유도하는 온-오프라인 통합 광고도 집행하고 있다.

처음 IGA 시장이 열리기 시작한 해는 2007년이다. 국내 최초로 IGA 전문회사를 표방하며 등장한 아이지에이웍스(Igaworks)를 필두로 디브로스(Dbros), 매시브(Massive) 등 국내외 업체들이 저마다 특화된 IGA 솔루션을 가지고 사업에 뛰어들었다. 그러나 당시만 해도 IGA에 대한 개념이나 사업 모델이 제대로 정립되어 있지 않았기 때문에 회사마다 사업의 방향성에 다소 차이가 있었다.

우선 아이지에이웍스는 게임 내 직접적인 노출과 프로모션을 통한 보상 지급 등의 기법을 선보였다. 직접 노출은 광고가 게임에의 몰입을 해치지 않으면서 자연스럽게 직접적으로 노출될 수 있도록 하는 방식이다. 프로모션을 활용한 보상 지급 방식은 사용자의 참여를 유도하면서 광고 상품에 대한 자연스런 인지와 함께 긍정적 이미지를 심어준다.

그러나 2006년 마이크로소프트가 인수한 매시브는 오로지 게임 내 직접적인 노출 방식으로 승부했다. 매시브의 강점은 인터넷 배너 광고와 같은 표준화된 규격과 이를 전 세계 게임 이용자에게 공통 노출하며 얻어지는 광고 효과, 그리고 이를 산출하는 집계 방식이다.

반면 디브로스는 게임 론처에 웹 광고를 노출하는 형태로 차별화를 꾀했다. 게임 내에 상품을 노출하지 않음으로써 게임 이용자의 몰입을 방해하지 않고 최초 실행 시에 보이는 론처에 의한 광고 효과를 노렸다. 또한 IGA가 아니라 '게임 광고'라고 지칭하고, 게임 내 노출 광고에 PPG라는 용어를 사용할 만큼 독자적인 길을 걷고 있다.

그러나 초창기 이들 업체들은 광고주보다 게임 확보에 고심했다. 그리고 대부분의 게임사들이 IGA에 대해 부정적인 반응을 보였다. 개발자들은 수익이 발생한다는 점에서 흥미를 가졌지만 막상 게임 내에 광고를 넣겠다고 하면 반대했다.

던킨도너츠의 '게임 내 광고'

특히 일찌감치 한국 시장에 진출한 매시브를 비롯한 IGA 월드와이드, 익스텐트(Exent) 등 해외 업체들까지 한국 시장에 진출하며 매체 확보에 열을 올리던 시기였기 때문에 업체 간 경쟁이 치열했다. 특히 일부 메이저는 독자적인 IGA 사업을 시도하는 등 전문 업체에 배타적인 모습을 보였다. 그 결과 뒤늦게 참여한 해외 업체는 게임사와의 협상에 난항을 겪으며 시장 진입을 포기하기에 이른다.

그러다가 2008년 이후 IGA 시장에는 조금씩 거품이 걷히기 시작했다. 업체 간에 매체 확보를 위한 불필요한 과잉 경쟁을 하기보다는 실질적인 캠페인 집행 사례를 만드는 것이 더 중요하다고 인식했다. 뿐만 아니라 메이저 게임 제작자들도 독자적으로는 성공하기 어렵다는 것을 깨달았다. 그래서 전문 업체와의 협력을 통한 실질적 수익 발생과 보다 좋은 브랜드의 노출에 관심을 보이기 시작했다. 전문 업체들이 IGA 모델을 활용한 성공 사례들을 하나둘 선보이기 시작했고, 각 게임사들 역시 제휴 마케팅을 적극적으로 확대했다.

아이지에이웍스는 농심, 나이키, SK텔레콤, 던킨도너츠 같은 대형 광고주를 중심으로 활발한 사업을 펼치며 IGA 효과를 입증했다. 매시브도 한국에서 지사 설립 이후 영화를 게임 내에 노출시키는 형태로 본격적인 사업 진출에 나섰다. 디브로스는 독자적으로 개발한 웹 광고 포맷의 광고물을 온라인 게임 론처에 선보이며 다수의 광고로 꾸준한 성장세를 이어갔다.

이처럼 업체들의 활발한 사업 전개로 IGA에 대한 광고주와 게임사의 인지도가 조금씩 올라가고 사용자들의 거부감도 줄어들었다. 그러나 당초 기대만큼의 폭발적인 성장은 없었다. 그럼에도 불구하고 비즈니스 모델로서 IGA가 가진 가능성이 검증되기에는 부족함이 없었다. 점차 고객과의 디지털 접점을 찾으려는 기업들의 요구가 많아졌다. 이러한 성과를 바탕으로 IGA는 저비용 고효율 광고 수단으로서 각광받기 시작했다.

게임사도 비용을 지불하지 않고 게임을 즐기는 대다수의 사용자로부터 적지 않은 수익을 발생시킬 수 있는 IGA의 필요성을 작게나마 인식했다. 따라서 기존 모델에 대한 보완 작업도 여러 각도에서 행해졌다. 광고 측정 방식의 개선뿐만 아니라 광고주를 위한 효과 측정 지표에 대한 연구도 함께 진행했다. 한편으로 IGA를 SNS와 스마트폰에 접목시키려는 시도를 하였다. 따라서 요즘은 게임 중간에 광고가 등장하거나 특정 상품과의 제휴 이벤트를 실시하는 것이 새롭지 않다.

한편으로 해외에서는 한국에 대해 양방향성이 뛰어난 온라인 게임을 바탕으로 IGA 시장이 크게 활성화될 것으로 전망했다. 그래서 MS, 구글 등 세계적인 IT기업들이 IGA에 높은 관심을 보이며 인수·합병을 통해 시장에 뛰어들었으나 광고주들이 점차 투자수익률에 의문을 가지며 침체의 길로 접어들었다. 동시 접속자의 한계로 광고 효과가 제한적이었기 때문이다. 그러나 애니팡, 윈드러너, 다함께 차차차 등 카카오톡 게임들이 1천만 다운로드를 넘기고 일간 방문자(daily active user : DAU)가 최고 400만 명에 이르자 양상이 달라졌다. IGA의 CPM이 200원 이하로 떨어지는 등 광고 매체로서의 역할을 하면서 다시 모바일 게임이 새로운 광고 미디어로서 주목받기 시작했다.

모바일 IGA를 비롯한 콘텐츠 내 광고는 끊임없이 진화하고 있다. 요즘 외식 산업이나 의류 등 모바일 커머스에 집중하고 있는 쇼핑몰은 윈드러너, 다함께 차차차 등 일간 방문자가 100만 이상 나오는 모바일 게임에서 브랜드 노출뿐만 아니라 소비자들에게 미션을 부여하여 소비자 참여를 유도하는 등 다양한 시도를 하고 있다.

아쉬운 것은 이러한 시도가 광고대행사가 아니라 광고주와 게임사 간에 직접 이뤄지고 있다는 점이다. 또한 게임 내 광고 솔루션만을 보유한 IGA 사들이 광고 유치에 실패하여 시장이 제대로 형성되지 못하고, 게임의 수명이 짧아 매체로서의 기능을 쉽게 잃어가고 있다. 때문에 고객들이 모바일 콘텐츠나 게임에 빠져드는 순간 브랜드나 광고는 고객과의 단절을 겪게되는 것이다.

중국은 한국과 달리 게임 내 광고뿐만 아니라 전자책에도 다양한 형태의 광고를 진행하고 있다. 중국의 경우 70%의 콘텐츠 시장이 게임 외에 전자책이나 앱 등으로 형성되어 있다. 한국도 2015년 이후 학생들에게 전자교과서와 디바이스가 보급되면 게임뿐만 아니라 전자책, 앱 등 다양한 모바일 콘텐츠에서 브랜드와 고객 간의 접속이 시도될 것으로 보인다.

최근 들어 모바일 게임 서비스를 제공하는 모바일 게임 플랫폼 시장이 활발해지고 있다. 카카오가 운영하는 '카카오 게임'이 모바일 게임의 주류로 부상하자 기존 게임업체에 이어 구글도 모바일 게임 플랫폼 시장에 출사표를 던지는 등 시장 주도권을 둘러싼 경쟁이 치열해지고 있다.

네이버는 소셜네트워크서비스 '밴드(BAND)'를 기반으로 하는 모바일 게임 플랫폼을 선보였다. 밴드에 모바일 게임 서비스를 연동해 카카오톡의 게임하기를 견제하고 있다. 밴드는 글로벌 누적 가입자 2,300만 명에 달하는 SNS로, 국내 이용자만 1,800만 명에 이른다. 초대받은 사람만 가입할 수 있다는 특징을 내세워 대학생과 중장년층에서 인기가 있다.

앞서 게임빌은 2012년 모바일 게임 플랫폼 '게임빌 허브'를 내놨고, 컴투스도 2013년 '컴투스 허브'를 출시한 바 있다. 넥슨 역시 구글 플레이와 애플 앱스토어를 거치지 않고 모바일 이용자가 별도로 게임을 내려받을 수 있는 '넥슨 런치패드'를 출시하였다.

글로벌 업체들의 행보도 빨라졌다. 중국의 텐센트(Tencent : 腾讯)는 모바일 메신저 '위챗(We Chat)'과 연동되는 모바일 게임 플랫폼 '위챗 게임센터'를 출시하고 가시적인 성과를 거두고 있다. 글로벌 가입자만 8억 명에 달해 모바일 메신저를 넘어 모바일 게임에서도 최강자로 부상하고 있다.

구글도 아시아 시장을 겨냥한 전용 모바일 게임 플랫폼으로 승부수를 던졌다. 미국 샌프란시스코 모스콘센터에서 열린 '2014 게임개발자콘퍼런스(game developer conference : GDC)'에서 아시아 모바일 게임 시장을 겨냥한 전용 모바일 게임 플랫폼을 선보였다. 페이스북에 모바일 메신저 '왓츠앱'을 빼앗기자 모바일 게임을 앞세워 주도권을 확보하겠다는 전략이다. 구글의 이러한 행보는 모바일 게임 플랫폼의 선두주자로 부상한 카카오톡을 겨냥한 것으로 풀이된다.

모바일 게임 플랫폼을 둘러싼 경쟁이 가열되는 것은 모바일 게임사의 수수료 배분 문제와도 관련이 있다. 현재 모바일 게임 개발사가 신작 게임을 카카오톡을 통해 1,000원에 출시하면 구글이 구글 플레이를 통해 수수료로 30%를 떼고, 남은 금액의 30%인 210원을 카카오가 가져간다. 결국 개발사는 1,000원에 게임을 판매해도 전체 매출의 절반이 안 되는 490원만 수익이 된다. 그래서 신규 모바일 게임 플랫폼이 수수료를 부각하여 내세우는 것이다.

구글은 모바일 게임 업체가 카카오톡에 게임을 출시하지 않으면 수수료를 파격적으로 할인해주겠다고 제시했고, 네이버도 밴드 게임 서비스를 통해 게임을 출시하면 14%만 징수하겠다고 한다. 특히 밴드 대신 네이버 앱스토어를 통해 게임을 출시하면 수수료를 20%만 제시하고 개발사에게는 64%를 돌려주겠다는 설명이다.

3. 모바일 광고 솔루션

« 모바일 메신저 스타 브랜드콘

최근 들어 새롭게 부상한 모바일 메신저를 꼽으라면 단연 '스타 브랜드콘'을 들 수 있다. 카카오톡이나 라인 같은 모바일 메신저가 기업과 손잡고 기업의 모델이나 캐릭터 같은 콘텐츠를 활용한 이모티콘, 즉 브랜드콘을 제작해 배포하면서 메신저 대화의 의사소통 수단으로 활용하고 있다. 이모티콘(emoticon)의 한글 순화어는 '그림말'로 컴퓨터 자판의 문자나 기호, 숫자를 조합해 감정이나 의사를 나타내는 것이다. 감정을 뜻하는 이모션(emotion)과 유사기호를 의미하는 아이콘의 합성어이다.

대부분의 브랜드콘은 사용자가 기업과 친구를 맺으면 무료로 다운로드할 수 있도록 되어 있지만 다운로드 기간에는 제한을 둔다. 브랜드콘이 확산되는 이유는 소비자들은 좋아하는 연예인이나 브랜드로 자신의 감정이나 개성을 표현하고, 기업은 자연스럽게 홍보 효과를 얻을 수 있기 때문이다.

카카오톡의 경우 브랜드콘 마케팅을 진행하는 업체만 130여 개에 이른다. 현대카드는 광고에 등장하는 랩하는 앵무새인 '옆길로새'를 브랜드콘으로 제작했는데 출시 1주일 만에 100만 건 넘게 다운로드되었다. 삼성그룹

이모티콘 '옆길로새'

과 옥션도 캐릭터를 활용한 브랜드콘을 내놓아 2013년 한 해에 70만 명이 다운로드하였다. 이 외에도 남양유업은 프렌치 카페 모델인 유명 연예인을, 동서식품은 맥심 모델을 브랜드콘으로 만들어 스타마케팅 효과를 누렸다. 롯데월드는 대표 캐릭터인 로티와 로리를, 패밀리 레스토랑 아웃백은 대표 음식인 부시맨 브레드를, 초콜릿 업체 페레로로쉐는 제품을 캐릭터로 만들어 브랜드콘을 제작했다. 페레로로쉐의 경우 채팅창을 통해 500만 회 이상 이모티콘이 노출되는 효과를 누렸다.

특히 라인은 해외 기업들의 브랜드콘 마케팅에 적극적이다. 일본의 식품 업체 닛신은 브랜드콘으로서 병아리 캐릭터를 활용한 치킨 라면 스티커를 제작하여 출시 3개월 만에 이용 횟수가 1억 회를 넘었다. 또한 태국의 시암 커머셜은행의 원숭이 캐릭터를 활용한 스티커, 스페인 FC바르셀로나 소속 축구선수를 활용한 스티커도 있다.

요즘 젊은이들 사이에서 자신의 생각과 감정을 표현하는 소통문화에서 빠질 수 없는 것이 이모티콘인데, 기업이 브랜드와 연결시킨 브랜드콘을 만들어 배포함으로써 자연스럽게 인지 효과를 얻고 있는 것이다. 이렇듯 휴대전화가 커뮤니케이션 미디어로 진화하고 있고 기업이 이를 마케팅 활동으로 이용하고 있음을 보면 지금의 모바일은 프로모션 툴임에 분명하다.

휴대전화 툴의 성격을 생각하면 앞으로 기업의 마케팅과 프로모션 툴로서의 기능을 무한정 확장시킬 수 있다. 모바일 시장은 전자상거래와 뉴스 같은 복합적인 요소를 도입해감으로써 엄청난 성장을 거듭하고 있다. 신상품의 평가나 인지도, 시장조사 같은 모바일 리서치 도구로서 활용될 뿐 아니라 메일매거진, 전자상거래 등 모바일 판촉 활동도 한다. 여기에 QR(quick response)코드나 쿠폰 같은 모바일 프로모션이 덧붙여지고 있다.

한국의 스마트폰 이용 실태를 보면 2013년에 이미 전체 인구의 62%인 3,600만 명이 하루 평균 2시간 13분을 사용하고 있다. 대부분 통화와 문자, 채팅, 검색, 게임 등의 기능을 사용하며 많이 사용하는 앱은 게임, 음악, 뉴스, 동영상, TV와 라디오, 위치기반 서비스 등이다. 주목할 점은 점차 텍스트에서 이미지나 동영상으로 옮겨가고 있는 추세라는 점이다.

예를 들어 트위터와 연계한 비디오 서비스인 '바인(Vine)'은 6초짜리 동영상을 올리는 사이트이다. 이미지 소통에 익숙한 10대들을 겨냥하여 사진과 동영상을 쉽게 공유할 수 있도록 만든 스냅챗(Snapchat) 앱은 동영상을 올린 후 몇 분 지나면 없어진다. 한 달 평균 3천만 명이 이용하며 월 4억 건 이상이 게재되고 있다.

위치기반 서비스는 GPS, 와이파이 등의 위치 정보를 활용하여 다양한 생활 편의를 제공하는 서비스이다. 요즘은 기존의 SNS가 진부해지면서 위치기반 서비스를 주된 기능으로 활용하는 SNS가 주목받고 있다. 가장 대중적인 것이 구글의 포스퀘어이다. 자신의 위치를 실시간으로 확인하며 친구들과 공유할 수 있는 대표적인 위치기반 SNS로 자신이 방문하는 음식점이나 가게, 참석하는 이벤트 등에 체크인을 할 수 있다. 또한 사진과 글뿐만 아니라 태그를 걸 수도 있다.

국내 서비스로는 씨온(SeeOn)이 있다. 포스퀘어와 마찬가지로 GPS를 통해 자신의 위치를 실시간으로 확인하며 친구들과 공유할 수 있도록 했다. 씨온을 하면 포스퀘어의 메이어와 같은 캡틴이 될 수 있고 배지와 같은 캡을 획득할 수 있다. 특징이라면 씨온숍을 들 수 있는데 자기 주변 매장의 할인 쿠폰이나 무료 쿠폰 혜택의 확인이 가능하다.

오브제(OVJET)는 포스퀘어 및 씨온과 비슷하지만 원하는 장소를 검색해 필요한 정보를 얻을 수 있다. 즉, 검색을 통해 다른 사람들이 남겨놓은 글을 참고하여 적절한 장소를 선택할 수 있다. 장소에 대한 정보의 공유는 물론이고 자신과 관련 있는 사람을 찾아주기도 한다. 자신의 위치에 따라 주변 정보들이 실시간으로 업데이트되며 맵과 리스트로 확인이 가능하다.

그렇지만 요즘 들어 가장 각광을 받는 것은 모바일 리워드 마케팅이다. 원하는 앱을 사용하면 그때마다 리워드를 주는 것이다. 국내에서는 애드라떼, 캐시슬라이드(CashSlide) 등이 있다. 다양한 제품 할인과 쇼핑몰 정보는 물론이고 각종 이벤트에 참여할 수 있고, 시사와 연예, 경제 등 다양한 뉴스를 보여준다. 자동차와 모바일을 연결시켜 차 안에서 스마트폰을 작동시키지 않아도 계기판에서 스마트폰의 기능을 할 수 있도록 한 커넥티드 카(Conneted Car)도 있다. 구글은 아우디와 GM, 혼다, 현대자동차, 엔비디아와 함께 오픈 오토모티브 연합(open automotive alliance : OAA)을 조직하여 안드로이드 플랫폼을 차량에 이식한 기술도 선보이고 있다.

그러나 눈길을 끌 만한 모바일 마케팅의 사례는 2주 동안 가장 많이 뛴 사람에게 상을 주는 나이키의 '당신의 땀을 경매(Bid Your Sweat)'하는 행사이다. 자신이 달린 거리로 경매에 참여하는데, 캠페인이 진행되는 2주간 가장 긴 거리를 달린 참여자가 자신이 원하는 나이키 제품을 차지하는 방식이다. 서울 시내 한복판에서 열린 10km 레이스와 레이스 후의 독특한 티셔츠 프린팅으로 인기를 얻었다.

뉴욕의 코모도(Comodo) 레스토랑은 식당에 온 사람들 대부분이 주문한 음식이 나오면 그것을 먹기 전에 스마트폰으로 사진을 찍는 것을 보고 손님들에게 찍은 사진을 '인스타그램(Instagram)'에 올려줄 것을 당부했다. 그 이후 손님들은 메뉴판을 보기보다 먼저 인스타그램에 들어가 메뉴를 확인하게 되었다. 이 사례는 2013년 칸 국제광고제에서 수상작으로 선정되기도 하였다.

길거리의 광고판을 자세히 들여다보면 정사각형 모양의 불규칙한 마크가 하나 들어 있음을 볼 수 있다. 특수기호나 상형문자 같기도 한 이 마크를 'QR코드'라고 한다. QR은 빠른 응답을 얻을 수 있다는 의미이다. 흔히 보는 바코드 비슷한 것인데 활용성이나 정보 면에서 기존 바코드보다 한층 진일보한 코드 체계이다.

기존의 바코드는 기본적으로 가로 배열에 최대 20여 자의 숫자 정보만 넣을 수 있는 1차원적 구성이지만, QR코드는 가로와 세로를 활용하여 숫자는 최대 7,089자, 문자는 4,296자, 한자도 1,817자를 기록할 수 있는 2차원적 구성이다. 바코드는 기껏해야 특정 상품명이나 제조사 등의 정보만 기록할 수 있지만, QR코드는 긴 문장의 인터넷 주소나 사진, 동영상, 지도, 명함 같은 모든 정보를 함께 담을 수 있다.

이러한 통합형 마케팅 툴이 필요해진 이유는 맨투맨 마케팅을 실행하는 데 있어 어느 정도 퍼스널한 데이터를 수집할 수 있는지가 중요해졌기 때문이다. 다시 말해 쉽게 식상해하는 고객들의 눈을 즐겁게 할 새로운 것을 보여줘야 한다. 모바일이 개인용 컴퓨터와 다른 점은 시추에이션 마케팅을 실시할 수 있다는 점이다. 대표적인 것이 원투원 마케팅이다. 그러나 장기적인 고객관계 유지를 위해 입력된 데이터에 의한 원투원 마케팅은 소통의 한계가 있다. 마케팅의 대상이 사람이 아닌 상황이 되었기 때문이다. 이제는 시장과 통신 매체의 변화를 쫓아 다르게 대응할 수밖에 없다. 특정 분위기나 시간 내지 장소에 따라 달라지는, 즉 순간적이고 찰나적인 관계에 초점을 맞춘 시추에이션 마케팅이 필요한 이유이다.

지금껏 TV나 신문에 의존해온 매스미디어 마케팅은 보거나 읽을 수 있는 특정 장소가 필요했고, 개인용 컴퓨터 역시 PC 앞에서만 행동을 취할 수 있었다. 그러나 모바일은 이미 웨어러블한 개인용 컴퓨터로서의 인터페이스가 되었다. 사용자의 시간이나 장소 같은 행동 데이터를 모두 취함으로써 푸시형 프로모션이 된 것이다. 또한 프로모션에 대한 반응을 데이터베이스로 담아둠으로써 다음 프로모션의 튠업도 할 수 있다.

요즘 개인용 컴퓨터의 인터넷과 모바일은 사용자의 액세스를 추적하여 분석하고 맨투맨으로 대응할 수 있는 솔루션 시스템을 갖추고 있다. 그래서 자사가 직접 개발하는 것보다 낮은 비용으로 웹 마케팅을 실시할 수 있게 되었다. 중요한 것은 마케터가 브랜드 사이트나 캠페인 사이트를 통해 각 브랜드의 인터랙티브 마케팅에 필요한 벤치마크를 찾는 것이다. 인터랙티브 마케팅은 이제 논의를 넘어 어떤 브랜드에 어느 정도 활용하는 것이 적절한지에 대한 결정만 남았다.

« 스마트폰의 애드몹 광고

국내 스마트폰 사용자가 이미 1,000만 명을 넘고 전 국민의 40%가 스마트폰을 갖고 있는 시대이다. 스마트폰을 구매한 1,000만 명은 구매력이 매우 높기 때문에 광고주들이 많은 관심을 갖는 계층으로 이제 모바일 광고는 선택이 아닌 필수가 되었다.

특히 아시아는 전 세계적으로 가장 높은 모바일 광고 트래픽 증가율을 보이고 있다. 더욱이 애플의 iAD와 구글의 애드몹은 세계 시장의 90%를 차지하고 있다. 그중에서도 구글 애드몹은 한국에서 2013년 한 해 5,000%가 넘는 성장을 기록하였다. 중국 등의 아시아 국가들과 비교해도 3~5배 가량 높은 수준으로 한국에서는 그 어느 곳보다 모바일 광고에 대한 수요가 증가하고 있다.

일반적인 모바일 광고의 가장 큰 특징은, 모바일 웹뿐만 아니라 사용자가 자주 사용하는 앱 혹은 애플리케이션으로 불리는 것을 이용한 광고이다. 애드몹은 전 세계적으로는 약 31만 개 정도의 앱을 이용하지만, 한국에서 광고가 가능한 것은 약 5만 개 정도이다. 그러나 엄청난 사용자의 증가로 한 달 평균 1,000만 명이 이용하며, 50억 페이지뷰에 이르는 규모로 성장했다.

실제로 2013년에 실시한 애드몹 조사에 따르면 응답자의 3분의 1 이상이 TV보다 모바일 인터넷을 더 많이 이용하며, 4분의 1가량은 컴퓨터보다도 모바일 인터넷을 더 많이 이용한다고 답했다. 모바일은 대부분의 사람들이 24시간 소지하고 다니기 때문에 그만큼 광고에 노출될 기회가 많다.

그러나 모바일 광고로 소정의 효과를 얻기 위해서는 먼저 모바일이 데스크톱과 다르다는 사실을 이해해야 한다. 모바일은 데스크톱과 달리 하나의 포털이나 사이트를 관문으로 하여 소비자에게 다가갈 수 없다. 모바일은 홈 스크린의 애플리케이션과 모바일 웹 등 여러 경로로 접점이 이루어지기 때문에 사용자의 특성을 고려한 네트워크가 필수적이다. 그리고 모바일 기기 사용자는 원하는 애플리케이션을 스스로 다운로드받아 사용해야 한다. 다시 말해 광고를 하려면 웹이든 애플리케이션이든 네트워크 광고 솔루션이 필요하다는 점이다.

모바일 광고는 데스크톱과 비교해 광고 인지도가 높고 비용 대비 효과가 뛰어나다. 지금까지는 포털사이트 메인 페이지에서도 인지도가 가장 높은 메인 배너가 광고 효과가 높았다. 하지만 모바일에서는 사용자 스스로 애플케이션을 다운받아 사용하므로, 사용자들이 가장 많이 보는 광고가 효과 높은 광고이다. 지금껏 매스미디어 타기팅을 통해 광고를 노출했다면 모바일 내에서는 보다 정교한 타기팅을 실시할 수 있다. 실제로 구글 애드몹 광고는 OS, 디바이스, 통신사별로 타기팅을 할 수 있는 것은 물론이고 앱 카테고리별로도 할 수 있다. 기존 광고 수단으로는 도달하기 어려웠던 소비자의 출퇴근 시간이나 밤, 주말에도 광고가 가능하다. 대표적인 것이 구글의 애드몹이다. 이는 국내 최대 앱 광고 네트워크이며 최고의 페이지뷰와 도달률을 갖춘 모바일 광고 플랫폼이다.

애드몹은 세계적 규모의 광고 네트워크로 5만 개 이상의 해외 및 국내 모

모바일 광고

바일 애플리케이션에 게재할 수 있다. 현재 국내 기준으로 하루에 1억 페이지뷰를 기록하고 있으며, 안드로이드를 탑재한 스마트폰이나 아이폰 사용자의 대부분에게 노출이 가능해 유연하고 폭넓은 타기팅을 할 수 있다.

특히 한국에서 이용할 수 있는 모바일 광고 플랫폼으로는 유일하게 해외 시장을 공략할 수 있고, 해외 기업이 국내 소비자를 타깃으로 할 수 있는 것이 애드몹의 장점이다. 예를 들어 서울시가 개발한 서울 관광 홍보 애플리케이션 '아이 포토 모자이크(i Photo Mosaic)'의 경우 전 세계를 대상으로 홍보 효과를 높이기 위해 2차례에 걸쳐 애드몹 광고 캠페인을 펼쳤다. 그 결과 한 달도 채 되지 않아 10만 명의 사용자를 확보하는 등 큰 호응을 얻었다.

광고 형태 측면에서도 구글 애드몹을 비롯한 모바일 광고는 차원이 다른 경험을 제공한다. 가령 모바일 기기는 데스크톱과는 다르게 전화 기능을 갖췄기 때문에 광고를 보고 직접 전화할 수 있는 클릭 투 콜 광고를 할 수 있다. 그 밖에도 모바일 애플리케이션을 다운로드받거나(click to download), 캘린더로 이동해서 일정을 바로 추가(click to calendar)하는 것같이 복합적인 상호작용이 가능한 광고를 할 수 있다.

르노삼성자동차도 구글 애드몹의 클릭 투 캘린더 광고 등 다양한 광고 기법을 유기적으로 활용해 신차를 홍보하였다. 사용자들이 광고를 클릭하면 모터쇼 일정을 손쉽게 자신의 캘린더에 추가할 수 있고, 당일에는 클릭 투 웹 광고를 통해 신차 발표 행사를 모바일 라이브 스트리밍으로 감상할 수 있게 했다. 그 결과 3일 만에 23만여 명이 광고를 클릭하고 인기 검색어 1위에 오르는 큰 성공을 거두었다. 모터쇼가 끝난 이후에는 태블릿 전용 앱 다운로드를 위한 캠페인을 진행하여 브랜드 인지도를 높일 수 있었다.

현재 애드몹 광고에는 인물 사진을 입력하면 닮은꼴 연예인의 사진 등을 알려주는 '푸딩얼굴인식' 앱과 장애물을 격파하는 모바일 게임 '앵그리버드(Angry Birds)' 등이 있다. 이처럼 인기 엔터테인먼트나 게임, 그리고 사용량과 라이프 스타일 등을 고려한 5만 개 이상의 애플리케이션을 통해 광고를 노출하고 있다. 스마트폰의 폭발적 성장과 더불어 모바일 광고 시장도 엄청난 성장을 하고 있는 것이다.

구글의 애드몹에는 스마트폰이라는 모바일의 특성을 극대화하여 사용자의 액션을 유발할 수 있는 여러 가지 형태의 광고 상품이 있다. 현재 활용 가능한 애드몹 광고 상품은 애플리케이션 실행 시에 나오는 배너 광고가 대표적이다. 광고의 위치는 애플리케이션에 따라 상이하며, 주로 앱의 상단 혹은 하단에 나타낸다. 광고 이미지는 단순한 스틸컷 이미지에서부터 멀티배너 형태까지 다양하다. 인터넷 광고에서 가장 일반적인 플래시와 유사한 광고까지 진행할 수 있다.

인터넷 광고에는 일반 배너 광고와 삽입형(interstitial) 광고가 있다. 일반 배너 광고는 다양한 페이지로 연결할 수 있어 사용자에게 보다 풍부한 경험을 제공한다. 그러나 삽입형 광고는 사용자 측의 클릭이나 액션이 없어도 자동으로 광고주와 사용자의 커뮤니케이션이 일어나는 것으로, 애플리케이션이 구동되기 전에 광고를 보여준다.

일반 배너 광고

◄◄ **클릭 투 앱 다운로드(click to app download)** : 광고 문구를 클릭하면 즉시 애플리케이션 다운로드 사이트로 연결된다. 그러나 인기 애플리케이션을 제외하고는 노출이 쉽지 않다는 단점이 있다.

◄◄ **클릭 투 캘린더(click to calendar)** : 광고를 클릭하면 자동으로 일정 등록 페이지로 이동하여 등록을 유도한다. 캘린더에 일정을 추가하는 제품이다.

◄◄ **클릭 투 콜(click to call)** : 즉시 전화를 걸 수 있는 페이지로 연결되며 번호만 누르면 바로 걸린다.

◄◄ **클릭 투 확장형 배너(click to expandable banner)** : 앱 안의 광고를

클릭하면 확장되어 전체 화면으로 보여준다.

◄◄ **클릭 투 인터랙티브 비디오**(click to interactive video) : 앱 내에 있는 배너 광고를 클릭하면 광고주의 동영상이 재생된다. 재생 후 사용자의 참여를 유도하기 위해 광고주가 원하는 액션 버튼을 심어놓는다.

◄◄ **클릭 투 맵**(click to map) : 지도 정보로 연결하는 제품이다. 특정 점포의 광고 배너를 클릭하면 모바일 페이지가 아닌 지도 정보로 연결되어, 현재 위치에서 가장 가까운 지점을 알려주고 전화번호나 주소 등 상세 정보를 제공한다.

◄◄ **클릭 투 웹**(click to mobile web) : 클릭하는 즉시 모바일 전용 웹페이지로 연결된다.

◄◄ **클릭 투 SNS**(click to SNS) : 광고를 클릭하면 광고주의 트위터나 페이스북 등 SNS 사이트로 즉시 연결되어 입소문 효과를 극대화시킨다.

◄◄ **클릭 투 비디오**(click to video) : 영화 광고주들이 많은 관심을 가질 만한 제품이다. 광고 배너를 클릭하면 유튜브나 광고주의 사이트에 올려놓은 예고편이 동영상으로 재생된다.

◄◄ **롤링 배너**(multi panel banner) : 최대 10개의 배너가 롤링되면서 돌아간다.

삽입형 광고

◄◄ **비디오 프리롤**(auto-play interactive video) : 애플리케이션을 구동시켜 실행되기 전에 동영상을 보여준다.

◄◄ **확장형 그래픽**(graphical interstitial) : 애플리케이션이 구동되기 전에 확장형 광고를 페이지 전체에 보여준다.

« 대중을 움직이는 SNS

현재 우리 국민의 75%가 넘는 3,700만 명은 하루 평균 60억 건 이상 카카오톡 메시지를 주고받고 있다. 페이스북의 하루 이용자도 830만 명에 이른다. 그 어떤 신문이나 방송에서 생산하는 것보다 많은 정보와 메시지가 SNS 공간에서 돌아다닌다. SNS는 이미 거대 미디어로서의 역할을 하고 있다.

또한 전 세계 7명 중 1명은 평균 한 달에 한 번 이상 SNS를 이용하고 있는 것으로 나타났다. 이 수치는 향후 몇 년간 계속 상승할 것으로 예상된다. 이마케터의 자료에 의하면 2013년에 약 16억 1,000만 명의 사용자가 페이스북이나 구글 플러스, 인스타그램, 트위터 같은 소셜네트워크 사이트를 이용했다. 2012년과 비교해 14.2%가량 높아진 수치로 매년 두 자리 수 이상의 성장을 보이고 있다. 또한 월드뱅크(World Bank)의 발표에 따르면 2012년 전 세계 인구는 70억 4,600만 명으로, 매달 전 세계 인구의 22.8%가 SNS를 사용하고 있다고 한다.

현재 소셜네트워크 사이트 중 1위는 페이스북이며, 2위는 트위터, 핀터레스트 3위로 그 뒤를 잇고 있다. 페이스북은 월 평균 사용자가 10억 2,600만 명이나 된다. 페이스북 사용자 중 가장 높은 비율을 차지하는 국가는 미국으로 총 1억 4,680만 명이다. 사용자 침투율이 가장 높은 나라는 네덜란드로 전체 인구의 63.5%이며, 2위인 노르웨이는 63.3%, 한국은 54.4%로 4위를 기록했다. 가장 높은 성장률을 기록하고 있는 국가는 인도, 인도네시아, 멕시코로 나타났다.

마크 저커버그는 2004년 '세상 모든 사람을 연결시키겠다'는 목표로 페이스북을 창업했다. 그로부터 10년이 지난 2013년 9월 기준 전 세계 11억 8,900만 명의 회원 가운데 하루 평균 7억 명 이상이 페이스북에 접속해 타인과 교류하고 있다. 소소한 일상이나 관심사부터 민감한 정치 이슈까지 1분에 250만 개의 글과 사진, 그리고 동영상을 포스팅하며 의견을 공유하고,

1분에 180만 회의 '좋아요'를 누르면서 소통한다. 페이스북에 이어 등장한 트위터도 마찬가지이다. 그리고 2013년 이후 국내에서 선풍적 인기를 끌고 있는 '밴드'와 '카카오톡'까지 21세기 인류는 SNS를 떠나서는 살기 어렵게 됐다. SNS는 수직적 의사소통이 주를 이루던 사회에 수평적 의견 확산이라는 변화를 몰고 왔다.

SNS는 선거 문화까지 바꾸었다. '4년 더!(Four more years!)'는 버락 오바마 미국 대통령이 재선에 성공한 2012년 트위터를 통해 보낸 문구이다. 부인 미셸 여사를 감격에 찬 표정으로 포옹하는 사진도 곁들였다. 이 트윗은 순식간에 67만 5,000회 리트윗되었다. 페이스북에서도 40만 건의 공유, 330만 건의 '좋아요'가 뒤따랐다. 단어 세 개에 사진 한 장뿐이었던 트윗은 미국인의 마음을 단번에 사로잡았다. 수백만 달러를 들여 만든 광고보다 파장이 더 컸다.

오바마 캠프는 2008년 선거 때부터 페이스북 공동창업자 출신인 크리스 휴스를 영입했다. 대선 전용 사이트 마이보(MyBarakObama.com : MyBO)를 만들어 이 사이트를 통해 지지자를 결속시켜 선거자금을 모았다. 마이보를 통해 조직된 지지자는 페이스북과 트위터에서 오바마 대세론을 만드는 데 결정적 역할을 하였으며, 2008년과 2012년 대선은 SNS를 활용한 선거의 교본으로 꼽힌다.

뿐만 아니라 소규모 기업이나 작은 점포에서 활용하여 성공한 사례도 많다. 자전거 거치대를 만드는 영국의 중소기업 바이크독솔루션(Bike Dock Solution)은 매출을 올릴 묘안을 궁리하던 끝에 하나의 아이디어를 생각해 내고 무릎을 쳤다. 이 기업은 시내 곳곳에 몰래카메라를 설치한 뒤 자전거 도둑을 촬영했다. 이 동영상을 유튜브에 올리자 기적이 일어났다. 자전거 도난이 그처럼 일상적으로 일어나는지 몰랐던 시민들이 분노했다. 자전거 거치대에 열쇠 같은 안전장치를 달라는 여론이 들끓었다. 얼마 지나지 않아 바이크독솔루션에는 안전장치가 달린 자전거 거치대 주문이 쇄도했다.

국내 사례로는 경기도 군포시에 있는 '고재영빵집'이 있다. 인근에 대형 프랜차이즈 빵집이 여러 곳 있지만 이 작은 빵가게 앞에는 늘 차례를 기다리는 줄이 장사진을 이룬다. 헌혈증을 가져온 사람에게 식빵을 공짜로 나눠주는 '백혈병 돕기' 이벤트가 SNS에 알려지면서 착한 빵집으로 입소문이 났기 때문이다. 봉사활동을 해온 게 빵 매출로 이어진 것이다. SNS로 마케팅에 성공한 배경에는 대부분 제품 자체보다 공감할 수 있는 이야기가 있다는 점이 관심을 끈다.

트위터나 페이스북은 기업뿐 아니라 정부나 개인의 위기관리에도 변화를 초래했다. 소비자가 상품에 대한 평을 올리면 삽시간에 일파만파로 퍼지는데, 이것을 어떻게 제어하고 장점을 취하느냐가 중요하다. 이른바 SNS가 소비자와 기업 간의 벽을 허물고 있는 것이다.

그러나 최근 들어 SNS도 변화를 겪고 있다. SNS의 흐름이 수직적이며 개인적으로 바뀌어가고 있다. 여행을 좋아하는 사람끼리 모이거나 지인 중심으로 모인다. 관심사나 위치에 따라 범위를 쪼개어 제공하는 것은 수직적 SNS이다. 고등학교 동창, 입사 동기, 가족 등 가깝거나 특정 유대관계에 있는 사람끼리 소통한다. 수직적 SNS와 개인적 SNS는 특정 끈으로 이어져 있는 사람들이 새로운 공간을 만든 것이다. 즉 개방형 SNS는 간단한 신청과 수락을 통해 지인이냐 아니냐, 혹은 수락에 동의하느냐 동의하지 않느냐로 구분이 가능하다. 그러나 폐쇄형 SNS는 가족이나 지인으로 한정된다.

이제 SNS에서 '팔로어 수'나 '친구 수'가 많은 것을 자랑으로 여기던 것은 옛날 일이 되었다. 트위터와 페이스북 국내 가입자 수가 각각 1,000만 명을 넘기면서 원치 않는 정보 노출과 친구 요청에 대한 부담감이 늘자 SNS도 변화하고 있다. 흐름은 더 작은 규모, 더 사적인 대화로 옮겨가고 있다.

특히 한국에서는 폐쇄형 SNS의 사용 비율이 높다. 정보통신정책연구원에 따르면 한국인이 가장 많이 사용하는 SNS는 모바일 메신저인 카카오톡이었다. 응답자의 77%가 이를 꼽았다. 뒤를 이어 페이스북이 12.2%, 카카오스토리가 7% 순이었다. 글로벌 시장에서 대표 주자였던 트위터는 1순위 이용자가 0.1%에 불과했다.

폐쇄형 SNS에 대한 관심이 높아진 이유는 개방형 SNS가 만족시켜주지 못하는 것들, 독립적인 공간과 깊이 때문이다. 개방형 SNS에서는 많은 사람을 상대해야 하는데 그에 따른 사생활 침해를 걱정하는 사용자가 늘고 있다. 공개 대상을 설정하여 그룹을 나누어 따로 소통할 수 있긴 하지만, 독립적인 공간에 대한 요구를 만족시켜주기에는 역부족이다. 따라서 그룹 내에서 정보를 공유하고, 그 정보가 외부에 알려질 걱정을 하지 않아도 되는 공간을 원하게 되었다.

카카오톡이나 카카오스토리, 페이스북의 공통점은 폐쇄형 SNS라는 점이다. 트위터와 달리 자신의 전화번호부에 등록된 사람들끼리 연결하거나, 오프라인상에서 서로 아는 지인들끼리 관계를 맺는다. 이 때문에 여기서 유통되는 정보는 외부에서 검색할 수 없다. 페이스북 역시 '공개' 설정이 된 게시물은 불특정 다수에게 공개되지만, 비공개나 친구에게만 공개할 경우에는 외부에서 찾아볼 수 없다.

시간이 흐를수록 생기는 오해와 신상 털기 같은 부작용이 사용자들을 폐쇄형 SNS로 몰아간 것이다. 그렇다고 1세대 SNS가 완전히 퇴조한다고 보긴 어렵다. 각기 목적에 따라 1·2세대 SNS와 함께 진화하고 있다. 기업이나 정부가 홍보를 목적으로 할 때는 아직까지 1세대가 적합하다.

『월스트리트저널』은 2014년 1월 시장조사업체 글로벌웹인덱스(global web index : GWI)를 통해 32개국 인터넷 사용자 17만 명을 대상으로 실시한 'SNS 활용 현황' 조사 결과를 인용해 페이스북을 부정적으로 단언하기 어렵다고 발표했다. 조사에 따르면 전체 인터넷 사용자의 83%가 페이스북 가입자였으며, 60% 미만에 그친 유튜브나 트위터 등에 비해 월등히 높았다. 특히 가입자 중 49%는 매달 최소 한 번 이상 방문하는 활동적 사용자(active user)였다. 가입자의 절반 이상이 습관처럼 활용하고 있다는 얘기이다.

트위터와 같은 100% 개방형 SNS가 1세대라면 공동체적 성격을 갖되 개방성도 함께 갖춘 페이스북이 1.5세대이고, 네이버의 밴드와 같은 폐쇄형이 2세대이다. 1세대 SNS는 불특정 다수를 상대로 하며 누구에게나 열린 소통을 지향하였다. 반면에 2세대 SNS는 자신이 원하는 사람끼리만 소통하였다.

트위터나 페이스북을 통해 모두에게 보여주기를 즐겼던 사람들도 점차 친한 친구 몇 명에게만 보여주는 식으로 옮겨가고 있다. 초대를 받은 사람하고만 그룹 채팅을 하고 연락처와 일정을 공유하며 함께 앨범을 관리한다. 1세대 SNS가 남의 시선을 의식해야 하는 공간이었다면 2세대 SNS는 이보다 훨씬 자연스러운 공간이기 때문이다. 특히 패밀리 리프(Family Leaf)가 폐쇄형 SNS로 인기를 끌고 있다. 패밀리 리프는 가족과 친척끼리만 함께할 수 있는 서비스이다. 가족끼리 소통할 수 있는 SNS에 대한 관심이 높아짐에 따라 FNS(family network service)라는 신조어도 등장하였다.

국내의 대표적인 폐쇄형 SNS로는 친밀도에 따라 그룹을 나누어 대화를 나눌 수 있는 네이버의 '밴드'가 있다. 카카오톡의 폐쇄형 SNS인 '카카오그룹'도 놀라운 성장세를 보이고 있다. 2013년에 출시한 카카오그룹은 100일 만에 1,000만 다운로드를 기록하였다.

더 나아가 3세대 SNS도 빠르게 확산 중이다. '포토형 SNS'가 그중 하나이다. 세계 1위의 사진 공유 SNS인 '핀터레스트'도 국내에 진출했다. 인터넷 검색 중 관심 있는 사진이나 동영상을 스크랩해둘 수 있는데, 2010년 출시되어 현재 20여 개 언어로 서비스되고 있다.

SK커뮤니케이션즈는 전 세계 6,000만 명의 가입자를 확보한 카메라 앱인 '싸이메라'를 포토형 SNS로 전환했다. 싸이메라는 사진 보정 및 꾸미기 기능을 지원하는데, 전체 가입자의 75%가 해외 사용자일 정도로 인기가 높다. 포털 다음도 2013년에 포토형 SNS인 '위드'를 출시했다. 사진을 앨범 형태로 저장한 후 공유할 수 있게 만든 것이다.

미래의 모습

각 SNS의 특징과 차이

SNS의 종류	주요 특징	중심	인맥 관리	대표 서비스
TALK 카카오톡	모바일 메신저	텍스트와 사진, 동영상	지인 중심	선물하기
f 페이스북	자기 표현	텍스트와 사진, 동영상	지인 중심	좋아요
트위터	140자 이내의 글	텍스트 중심	불특정 대중	리트윗
핀터레스트	관심 아이템 저장	사진 중심	관심사가 같은 사람	핀
인스타그램	개인 사진첩	사진 중심	자기 사진을 좋아하는 사람	사진 필터
tumblr. 텀블러	모바일 블로그	텍스트와 사진, 동영상	연령과 관심사가 비슷한 사람	리블로그

인터넷 광고 용어 해설

« A

Accessibility : 접근성. 웹사이트에 액세스하는 모든 사용자를 배려한 시청 및 열람 환경을 말한다. 최근에는 장애인 등의 접근성을 고려한 서비스도 점차 현실 화하는 추세이다.

Access Log : 액세스 로그. 웹사이트에 접속했던 사람들이 요청한 각 파일을 기록해 놓은 목록이다. 액세스한 사용자의 IP주소 등의 기록과 날짜나 시간, 액세 스된 파일과 링크의 URL 등이 기록된다. 데이터의 목적에 따라 다양한 마 케팅 자료로 활용할 수 있다.

Account : 계정(計定). 인터넷 서비스 공급업체나 PC통신 등에 가입했을 때 부여되 는 사용자 ID나 암호를 가리킨다. 다른 뜻으로 광고대행사가 거래하는 광 고주를 지칭하며 흔히 클라이언트라고 한다. 매체사와 거래하는 광고주는 스폰서라고 칭한다.

Active X : 액티브엑스. 일반 응용 프로그램과 웹을 연결시키기 위한 기술로 미국의 마이크로소프트사가 선마이크로시스템즈의 자바(Java)에 대항하기 위해 만 들었다. 웹브라우저를 통해 응용 프로그램을 만들 수 있게 하며, 웹사이트 의 기능을 강화하거나 새로운 콘텐츠를 추가할 때 인터넷 접속 프로그램을 통해 지원한다.

Acquisitions : 애퀴지션. 인터넷 광고를 통해 회원 등록과 신청이 이루어지는 등 광 고로 얻을 수 있는 신규 고객 획득이라는 의미로 사용된다. 예를 들어 신규 고객 한 건당 소요되는 비용을 CPA(cost per acquisitions)라고 한다.

Ad Click : 애드 클릭. 사용자가 광고 배너를 클릭한 횟수.

Ad Click Rate : 애드 클릭률. CTR(Click-Through Rate)이라고도 하며, 광고 배너에 대한 클릭으로 이어지는 애드 뷰의 비율이다.

Ad-hoc Network : 애드 혹 네트워크. 특별한 행사나 스포츠 중계를 위해 한시적으로 설치된 라디오나 TV 네트워크이다. 기반 구조가 없이 노드(node)들에 의해 자율적으로 구성되기 때문에 기지국이나 액세스 포인트가 없다. 완전 독립형이거나 인터넷 게이트웨이를 거쳐 기반 네트워크와 연동될 수 있다.

Ad Inventory : 애드 인벤토리. 사이트에서 광고를 할 수 있는 슬롯이나 공간.

Ad Stream : 애드 스트림. 사용자가 웹사이트에 한 번 방문하는 동안 보게 되는 광고들의 연속적인 배열.

Adobe Flash Player : 어도비 플래시 플레이어. 어도비시스템즈에 인수·합병된 매크로미디어사가 만들고 배포했던 멀티미디어 플레이어로 일반적으로 많이 쓰이는 응용 소프트웨어이다. 플래시 플레이어는 어도비 플래시 제작 도구인 어도비 플렉스나 다른 수많은 매크로미디어 관련 도구로 만든 SWF 파일을 실행할 수 있다.

Ad Rotation : 애드 로테이션. 사용자가 광고주의 키워드를 검색했을 때 원하는 위치에 노출시키는 키워드 광고에서, 하나의 키워드에 여러 개의 광고문을 등록해서 각 광고문이 서로 번갈아 노출되는 기능을 말한다.

ADSense : 애드센스. 구글에서 운영하는 광고 상품으로, 웹사이트 소유자가 애드센스에 가입하면 구글에서 광고비를 지불하고 광고를 자동으로 그 사람의 웹사이트에 올려준다. 해당 웹사이트를 찾은 방문자가 광고를 클릭하면 구글이 광고주로부터 비용을 받아 그 일부를 웹사이트 소유자에게 나눠주는 방식이다.

Ad Server : 광고 관리 서버. 인터넷 광고는 매체사의 콘텐츠가 있는 서버와 광고를 관리하는 서버가 분리되어 있는 경우가 많다. 애드서버는 광고를 관리하는 서버로 광고물을 게재하거나, 각종 타기팅 기법을 적용해주고 통계 리포트를 산출해준다.

Ad Transfer : 광고 노출. 광고 클릭 수와 마찬가지로 유저가 배너를 클릭함으로써 광고주의 웹사이트로 성공적으로 이동하는 것을 말한다.

ADSL(asymmetric digital subscriber line) : 비대칭 디지털 가입자 회선. 기존의 전화 선을 이용하여 컴퓨터가 데이터 통신을 할 수 있게 하는 통신 수단이다. 별 도의 회선을 설치하지 않고도 기존에 사용하던 전화선으로 통신이 가능하 다는 장점이 있다.

Advertainment : 애드버테인먼트. 광고(advertisement)와 엔터테인먼트(entertain-ment)가 결합한 단어로 광고에 음악, 드라마, 영화 등의 엔터테인먼트적인 콘텐츠를 직접 활용해 소비자의 관심을 극대화하는 마케팅 기법이다. 이미 지와 동영상이 주요 커뮤니케이션 수단으로 떠오르면서 주목받고 있다.

Advertising Per View : 광고 시청(視聽). 콘텐츠를 유료화하지 않고 광고를 보는 대 가로 콘텐츠를 볼 수 있게 하는 것이다. 인터넷 광고는 TV 광고와는 달리 일방적인 광고 효과를 발휘하지 못하므로 광고 접촉에 따른 선택권을 부여 하는 방식이다. 점차 인터넷 광고 시장의 수익 모델로 확대되고 있다.

Ad Views : 애드 뷰. 광고 배너가 다운로드되어 방문객에게 보여지는 횟수이다. 동 일한 광고가 여러 페이지에 동시에 나타나는 경우 브라우저 캐싱으로 인 해 광고 임프레션 횟수를 산정할 수도 있다. 전통적인 매체의 순노출(net impression)에 해당하지만 현재는 광고가 실제로 로딩되었는지 알 수 있는 방법은 없다. 대부분의 서버는 실제로 광고가 로딩되지 않은 경우에도 로딩 된 것으로 기록된다.

AE(account executive) : 광고 기획자. 광고대행사를 대표하여 광고주와 협력관계를 유지하며 동시에 광고주의 신임하에 광고 활동을 집행한다. 회사 내에서는 광고주의 의사에 근거하여 크리에이티브와 매체, 그리고 조사 등의 각 업무 를 총괄한다. 또한 광고주의 이익을 제고하면서 자사의 적정 수익까지 도모 하는 역할을 한다.

Agent : 에이전트. 자율적으로 작동하는 컴퓨터 프로그램의 총칭이다. 아직까지 단 어의 정의가 확립되지 않았지만 특정한 지시 없이도 자동으로 행동을 일으 키거나 네트워크 경유로 작동한다는 뜻으로 쓰이는 경우가 많다. 혹은 독자 적으로 존재하지 않고, 운영체제나 네트워크 등의 일부이거나 그 안에서 동작하는 시스템을 말한다.

Alias Page : 에일리어스 페이지. 접속 카운터용 더미(dummy) 페이지를 말한다. 에일리어스는 영어로 대리라는 뜻으로 한마디로 복제 페이지와 유사한 의미이다. 다만 실체가 없다는 점이 다르다. 파일 한 개로 에일리어스 페이지를 몇 개나 만들 수 있고, 이름이나 아이콘은 자유롭게 변경할 수 있다.

AM(account manager) : 광고 관리자. AE에 의해 확보된 광고주를 관리하며, 매출을 향상시키는 업무를 담당한다.

Android : 안드로이드. PC 운영체제인 '윈도'처럼 스마트폰에서 프로그램을 실행하도록 구글이 만든 모바일 전용 운영체제이다. 애플 아이폰 콘텐츠 장터인 '앱 스토어'처럼 '안드로이드 마켓'이 있어서 누구나 원하는 게임이나 뉴스, 음악 등 콘텐츠를 내려받을 수 있다.

Anti Burn Out : 안티 번 아웃. 광고주가 지정한 횟수 이상으로 배너가 과도하게 노출되지 않도록 방지하는 것을 말한다. 특정 집단을 대상으로 타깃 광고를 할 때 많이 사용한다.

Application : 애플리케이션. 스마트폰 응용 프로그램으로 줄여서 '앱'이라고 한다. 스마트폰이 일반 휴대폰과 다른 점은 용도에 따라 애플리케이션을 추가로 설치해 활용할 수 있다는 점이다. 컴퓨터에서 사용하는 각종 프로그램과 동일한 개념이다.

ASP(active server pages) : 액티브 서버 페이지. 데이터베이스에 기반한 웹사이트에서 동적 페이지를 제공하는 스크립트 언어이다. 서버의 웹 스크립트는 사용자의 요구에 따라 데이터베이스에서 찾은 결과로 순간 웹페이지를 만든다.

Audience Share : 수용자 점유율. 총 인구 중 광고에 접촉하거나 광고주에 관심을 가지거나 혹은 실제로 메시지를 수용한 사람들의 비율.

Average Frequency : 평균 빈도. 일정 기간 동안 가구 또는 개인이 특정 광고에 노출된 평균 횟수.

Awareness : 어웨어너스. 의식 내지 인식을 의미한다. 광고가 눈에 띄게 인식되는지 지표로서 살펴보는 개념이다.

Backbone : 백본. 네트워크 내에서 대형 경로를 구성하는 초고속 라인 또는 일련의 커넥션을 뜻한다. 백본의 크기는 실제로 제공되는 네트워크의 크기에 따라 다르다. 대형 네트워크의 백본이 소형보다 작을 수 있다.

Badge Advertising : 배지 광고. 정형의 웹 광고의 하나로 배너 광고보다 비교적 크기가 작고 정사각형에 가깝다. 타일이라 부르기도 한다. 배지는 신분을 나타내거나 특별한 기념을 위해 옷이나 모자 따위에 붙이는 물건을 가리킨다.

Bait Advertising : 유인 광고. 상품의 구매를 유인하기 위해 특정된 몇몇 제품을 싸게 판매한다고 예외적인 가격이나 조건을 제시하는 광고.

Bandwidth : 대역폭. 주파수 밴드에서 가장 높은 주파수와 가장 낮은 주파수 사이의 차이를 말한다. 하나의 커넥션을 통해 어느 정도의 텍스트, 이미지, 비디오, 사운드 등이 전송될 수 있는가를 나타내며, 일반적으로 초당 비트 수bps로 측정된다.

Banner Advertising : 배너 광고. 인터넷 홈페이지에 띠 모양으로 만들어 부착하는 광고를 말한다. 마치 현수막처럼 생겨 배너란 명칭으로 불린다. 인기 있는 홈페이지의 한쪽에 특정 웹사이트의 이름이나 내용을 부착하여 홍보하는 그래픽 이미지이다. 미리 정해진 규격에 이미지나 동영상 파일 등을 이용하여 광고를 내고 광고료를 지불한다. 요즘에는 동영상을 넣거나 홈페이지를 열면 화면에 고정적으로 배치되는 등으로 다양화되고 있다.

Baseband : 베이스밴드. 특정 반송파를 변조하기 위해 사용되는 모든 신호의 주파수 대역을 말하며, 기저 대역이라고도 한다. 그리고 반송 통신에서 변조된 모든 부반송파를 포함하는 주파수 대역도 베이스밴드라고 부른다. 데이터 전송에서는 변조 전이나 복조 후의 신호, 즉 데이터 신호를 베이스밴드 신호라고 한다.

Broadband : 광대역 네트워크. 초고속 인터넷이란 말로 통칭되는 브로드밴드 네트워크는 주파수 분할 다중화 기법을 이용해 하나의 전송매체에 여러 개의 데이터 채널을 제공하는 정보통신 용어이다. 보통 초당 144Kbps 이상 속도를 낼 때 광대역 통신이라고 한다. 종합정보통신망(ISDN)의 최고 속도로 이보다 빠르면 광대역, 느리면 협대역으로 분류한다. 브로드밴드를 이용하면 인터넷에서 동영상을 받으면서 끊어짐 없이 재생할 수 있다.

Browser Caching : 브라우저 캐싱. 인터넷의 속도를 빠르게 하기 위해 브라우저가 최근에 사용한 페이지를 자동으로 디스크에 저장하는 것을 말한다. 사용자가 동일한 페이지를 재방문할 때 브라우저가 페이지를 다시 요구하는 대신 디스크에 저장해두었던 페이지를 디스플레이한다. 따라서 서버에는 페이지가 보여진 횟수가 실제보다 적게 기록된다.

B2B(business to business) : 기업 간 거래. 전자상거래 및 광고에서 일반 소비자가 아닌 기업과 기업의 거래를 일컫는다.

B2C(business to consumer) : 기업과 소비자 간 거래. 전자상거래 및 광고에서 소비자와 기업 간 거래를 일컫는다.

Buffering : 완충. 컴퓨터 시스템에서 처리된 데이터를 다른 장치로 전송할 때 양자의 속도차를 수정하기 위하여 중간에 일시적으로 축적하는 기법이다. 웹페이지의 스트리밍에 의해 영상을 표시할 때 윈도 미디어 플레이어 등을 통해 재생된다. 그 시간까지를 버퍼링이라고 하며 플러그인 이후 재생이 시작되기까지의 데이터 처리 시간을 버퍼링 타임이라고 한다. 광고에서 스트리밍을 사용하는 경우에 이 버퍼링 타임이 길면 광고 시청자를 놓칠 수가 있기 때문에 가능한 짧은 시간에 광고 영상이 시작되는 구조가 바람직하다.

Burn Out : 번 아웃. 배너 광고는 매체에 게재가 시작된 후 일정 수치 이상 노출이 계속되면 CTR이 현저히 떨어지는 현상을 보인다. 이처럼 배너가 일정 횟수 이상 노출되어 CTR이 급격히 감소하는 현상을 번 아웃이라고 한다.

Button : 버튼. 전통적인 배너에 비해 크기가 작은 인터넷 광고를 지칭한다. 보통 사각형으로 사이트의 좌측 또는 우측 하단에 위치한다. 국제표준규격(CASIE & IAB)은 이러한 크기가 인터넷에서 가장 인기 있고 적절한 것으로 인정하고 있다.

Buzz Master : 버즈 마스터. 입소문 마케팅을 활용하는 전문가를 뜻한다. 버즈(buzz)는 벌이 윙윙거리는 소리를 의미하며, 마케팅 담당자가 사람들의 관심을 끌기 위해 의도적인 소문을 만들어내는 것에서 유래되었다.

Cache : 캐시. 컴퓨터의 성능을 향상시키기 위해 속도가 빠른 중앙처리장치(CPU)
와 속도가 느린 주기억장치 사이에서 입출력되는 데이터를 임시로 저장하
는 기억장치이다. 자주 사용되는 데이터를 미리 읽어 캐시 메모리에 보관하
고 중앙처리장치의 요구가 있을 때 즉시 제공함으로써 상대적으로 빠른 처
리를 할 수 있도록 한다.

CGI(common gateway interface) : 씨지아이. 동적 웹페이지를 만들기 위해 사용된
다. 웹서버를 운영하기 위해서는 이용자의 정보가 필요하다. 홈페이지를 통
해 상품을 주문받거나 특별한 내용을 서비스하고 싶다면 구매자의 이름이
나 주소 등이 필요한데, 이런 기능을 지원하는 홈페이지 작성 기법이다.

Click : 클릭 수. 광고가 보여졌을 때 해당 광고를 클릭한 수이다.

Clickable Map Banner : 클리커블 맵 배너. 여러 개의 링크처를 설정할 수 있는 배너.

Click Booster : 클릭 부스터. 클릭률이 높은 페이지로 광고 노출을 집중시켜 광고의
클릭률을 일정 수준으로 끌어올리는 것을 말한다.

Click Through : 사용자 클릭. 배너를 본 사람이 배너를 눌러 링크된 사이트로 이동
하는 횟수.

Codec : 코덱. 영상이나 음성의 아날로그 신호를 디지털 신호로 변환하는 코더(cod-
er)와 디지털 신호를 음성이나 영상으로 변환시키는 디코더(decoder)의 합성
어이다. 용량이 큰 동영상 파일을 작게 묶어주고 이를 다시 본래대로 재생
할 수 있게 해주는 프로그램이다.

Conversion Rate : 전환율. 온라인 광고에 의해 구매나 회원 가입, 전화 문의 등을 한
방문자들의 수를 백분율로 산출한 것을 말한다. 온라인 광고를 통해 100명
의 방문자가 접속을 하였고, 그중에서 2명이 구매를 하였다면 전환율은 2%
가 된다.

Cookie : 쿠키. 고객이 특정 홈페이지를 접속할 때 생성되는 정보를 담은 임시 파일
이다. 특정 사이트를 처음 방문하면 아이디와 비밀번호를 기록한 쿠키가 만
들어지고 다음에 접속했을 때는 별도 절차 없이 빠르게 연결된다. 따라서
개인의 사생활을 침해할 소지가 있다. 이용자가 인터넷에서 어떤 내용을 보

고, 상품을 샀는지 기록되기 때문이다. 온라인 광고업체들은 쿠키를 이용해 이용자의 성별이나 기호 등을 수집하여 유용하게 활용하고 있다.

CPA(cost per action) : 이용자 행동당 단가. 광고를 통해 이용자가 특정 행동을 했을 때 행위에 따라 지불하는 광고비를 말한다. 예를 들어 광고주의 목적이 회원 가입이었다면 가입한 숫자만큼 비용을 지불하는 광고 방식이다.

CPC(cost per click) : 한 번 클릭당 비용. 광고를 한 번 클릭하는 데 소요되는 비용으로 주로 검색 광고에서 사용한다. 동일한 CPM으로 광고를 집행했더라도 클릭률이 높으면 CPC는 떨어지므로 더 효율적인 광고를 집행했다고 할 수 있다.

CPL(cost per lead) : 한 명당 성과 비용. CPM이 메시지 전달 비용을 지칭한다면, CPL은 메시지를 받은 사람의 반응 또는 메시지를 보낸 목적을 달성하는 데 드는 비용이다. 다이렉트 메일과 같은 직접반응 우편 광고에서 많이 사용된다. 예를 들어 추가정보를 요청하는 회신 카드를 넣고 DM을 발송한 경우 실제 추가정보를 요청한 회신을 'lead'라 하며, CPL은 1 lead당 광고비를 의미한다.

CPI(cost per inquiry) : 코스트 퍼 인콰이어리. 직접반응 광고에서 한 사람에게 도달하는 데 드는 광고 비용이다. 광고 매체의 가치를 평가하는 기준으로 유저가 요청하는 수가 많을수록 매체의 CPI는 낮아진다.

CPM(cost per mile, cost per thousand impression) : 정액제 광고. 매체를 통해 1,000명 또는 1,000가구에 광고메시지를 전달하는 데 소요되는 비용이다. CPM은 단위 광고 비용/노출 횟수×1,000으로 계산한다. 인터넷 광고에서는 웹 페이지 광고 노출 비율, 즉 1,000애드 뷰(ad view)를 전달하는 데 소요되는 비용이다.

CPO(cost per order) : 주문당 비용. 주문에 해당되는 비용으로 광고 매체의 가치 평가 기준이 된다. 매체에 게재된 배너 광고를 클릭하여 광고주의 페이지로 이동한 뒤 물품을 구입한 경우에 판매액의 일부분을 광고비로 받는 방식이다. 국내에서는 아직 활성화되지 않았지만 유사한 개념으로 상위 개념인 CPA가 있다.

CPP(cost per period) : 기간당 과금. 특정 기간을 기준으로 광고비를 지불하는 방식이다. 노출 수나 클릭률과 상관없이 일정 기간을 정해놓고 그 기간 동안 비용을 지불한다. 주로 유명 사이트의 메인 페이지에 장착되어 있는 배너 광고에 많이 쓰인다.

CPR(cost per response) : 회답에 소요되는 비용. 예를 들어 인터넷에 통신판매 광고를 낼 때 광고 상품의 주문에 해당하는 지면 요금이 CPR이다. 회신은 문의와 주문을 포함하기 때문에 CPI와 CPO의 상위개념이 CPR이다.

CPRP(cost per rating point) : 코스트 퍼 레이팅 포인트. 표적 소비자 한 명에 도달하는 데 소요되는 광고 비용.

CPS(cost per sale) : 판매제 광고. 광고에 의해 판매가 이루어진 제품이나 서비스를 기준으로 지불하는 광고비이다. 순수 광고라기보다 광고 기법을 이용하여 소비자에게 제품이나 서비스를 판매하려는 전략인 경우가 많다.

CPS(characters per second) : 1초에 내려받는 글자의 수. 가령 2,000cps라고 하면 초당 2,000개의 단어를 내려받은 것이 된다.

CPV(cost per view) : 코스트 퍼 뷰. 주로 모바일 광고에서 사용하는 광고비 책정 방식으로, 소비자의 광고 시청 1회를 기준으로 광고비를 책정한다.

Crawler : 크롤러. 로봇이나 스파이더라고 불리며 링크를 따라 웹사이트를 방문한다. 검색엔진이 인터넷에 내보내는 웹사이트에 대한 정보를 색인하는데, 이런 기능 때문에 링크 인기도가 중요하다. 검색엔진과 그 자체의 특성에 따라 각기 다른 방식으로 인터넷을 돌아다닌다.

C2C(consumer to customer, C to C) : 소비자 간 전자상거래. 인터넷상에서 소비자끼리 물건을 사고 파는 것으로 대표적인 것이 경매 사이트이다.

CTR(click through rate) : 클릭률. 광고 노출 수 대비 클릭한 비율을 백분율로 환산한 수치.

Cumulative Audience : 누적 수용자. 일정기간 동안에 특정 매체에 노출된 개인 또는 가구의 누적 도달률로 큠(cume)이라고도 한다.

Cumulative Reach : 누적 도달률. 일정 기간 동안 특정 매체에 최소한 한 번 이상 노출된 개인이나 가구의 수나 표적 청중에 대한 백분율.

CyberGold : 사이버골드. 냇 골드하버가 설립한 인터넷 광고 업체. 이메일을 통해 광고주와 소비자를 연결시키고, 광고주는 고객이 광고를 읽을 때마다 보상을 하는 방식으로 운영되었다.

Cyberspace : 사이버공간. 가상현실 기술을 기반으로 하는 컴퓨터 네트워크를 말한다. 1981년 미국의 소설가 윌리엄 깁슨(William Gibson)이 쓴 단편소설「불타는 크롬(Burning Chrome)」에 최초로 등장한 용어이다. 그 뒤 1984년에 나온 대표작『뉴로맨서(Neuromancer)』에서 사용하며 신조어로서 널리 알려졌다. 컴퓨터 네트워크를 통해 얻을 수 있는 모든 정보를 일컫는다.

« D

Database : 데이터베이스. 다양한 목적을 위해 필요할 때 편리하게 사용 가능하도록 저장해놓은 통합 자료를 말한다.

Database Marketing : 데이터베이스 마케팅. 고객 개인별 정보를 축적한 데이터베이스를 이용하여 고객의 요구를 정확하고 신속히 충족시켜 경쟁 우위를 확보하고자 하는 마케팅 활동이다.

Data Mining : 데이터 마이닝. 데이터베이스에 축적된 대량의 자료에서 정보의 연관성을 찾는 기법이다. 데이터에서 일정한 규칙성을 찾기 위한 검색법으로 1993년 미국 IBM 알마덴 연구소에서 제창했다. 원래 마이닝은 광물 자원을 발굴한다는 뜻이다.

Day After Recall : 1일 후 상기율. 즉 광고가 노출된 다음 날 측정한 상기율이다.

Decay Rate : 감퇴율. 시간의 경과에 따라 특정 광고 효과가 상실되는 비율.

Decoder : 해독기. 인코더와 상대적인 용어로 인코더에서 부호화된 신호를 받아 판독하여 원래의 형태로 변환해주는 장치이다.

Default : 디폴트. 컴퓨터의 초기 설정을 뜻한다. 인터넷 광고에서는 초기 화면, 즉 페이지에 액세스했지만 클릭이나 온마우스를 하지 않은 상태이다. 사용자가 별도의 명령을 내리지 않았을 때 시스템이 미리 정해진 값이나 조건을 자동으로 적용시킨다.

Disk Formatting : 디스크 포맷. PC에 오류가 자주 발생하거나 속도가 느려지면 포맷을 한다. PC의 보조기억장치인 하드디스크의 내용을 모두 지우고 초기화하는 것이다. 그리고 디스크 포맷은 파일 시스템(file system)이라는 데이터의 기록 체계를 다시 설정해주어야 정상적인 사용이 가능해지기 때문에 USB 메모리 등에 데이터를 기록할 수 있도록 준비해야 한다.

Double Effect of Advertisement : 더블 업 광고. 특정 제품을 개발하여 소비자들에게 널리 알릴 때에 어떤 소품을 활용하여 펼치는 광고 기법으로 '광고 속의 광고'라고도 한다. 그냥 스쳐 지나버리면 그만인 하찮은 물건도 그 나름대로 광고에 활용하여 좋은 결과를 가져오는 경우도 있다. 광고대행사나 계열사 제품을 소품으로 이용하여 광고를 함으로써, 주된 제품 광고에 덤으로 자사 제품을 선전하는 이중 광고 효과를 노리는 광고 기법이다.

Demarketing : 디마케팅. 어떤 한 제품에 대한 수요를 감소시키거나 타 제품으로 전환시키려는 마케팅 활동을 가리킨다.

Domain : 도메인. 인터넷에 접속되어 있는 컴퓨터를 식별하는 주소로 기업이나 대학, 정부기관 등의 단체가 취득하여 관리하는 특정 단어이다. 본래는 컴퓨터별로 나누어진 IP주소였지만 자신들만의 특징을 담은 알파벳과 숫자로 만들어 운용하고 있다.

Domain Name : 도메인 네임. www.InsightJ.com 등과 같은 인터넷 사이트의 고유명을 말한다. 한국에서는 주로 여섯 개의 상위 레벨 도메인을 사용하고 있다. '.com(기업)', '.edu(교육)', '.net(네트워크 운영)', '.gov(정부)', '.mil(국방부)', '.org(단체)', 그리고 그 다음의 두 글자로 된 도메인은 국가를 나타낸다. '.kr(한국)' 등.

Domain Targeting : 도메인 타기팅. 사용자가 접속한 도메인을 분석해 광고물을 노출시키는 기법이다. 예를 들어 특정 회사나 학교의 사이트에 접속했을 때만 광고물이 보이게 할 수 있다. 뿐만 아니라 시간대나 요일별로 타기팅해서 광고를 집행할 수도 있다.

DTC(direct to consumer) : 소비자에게 직접 하는 광고. 주로 의약 관련 업체가 일반 소비자를 대상으로 하는 대중 광고를 의미한다. 의약품 광고는 평소 건강에 소홀했던 이들에게 정보를 제공하는 효과가 있다는 지지자와 불필요한 약물 복용을 부추길 수 있다는 비판론자 사이에 논란이 계속되고 있다. 현재 의약품 DTC 광고는 미국과 뉴질랜드에서만 허용되고 있는 데 차츰 페이스북이나 트위터 등 소셜미디어가 그 대안으로 부각되고 있다.

Duration Time(page duration) : 지속 시간. 어떤 유저가 일정 페이지에서 체류하는 시간으로 특정 페이지의 노출 시간을 말한다. 최근 들어 동영상을 이용한 광고가 부각됨에 따라 중요한 측정치로 고려되고 있다.

Dynamic Content : 동적 내용. 사용자가 페이지를 볼 때마다 새로 만들어지는 페이지. 사용자에게 보이는 내용은 데이터베이스에 기반해 매번 새로 만들어진다.

« E

Early Adopter : 얼리 어답터. 신제품이 출시될 때 가장 먼저 구입해 평가를 내린 뒤 주위에 제품의 정보를 알려주는 성향을 가진 소비자를 지칭하는 용어이다.

E-commerce : 전자상거래. 온라인 네트워크를 통하여 재화나 서비스를 사고파는 모든 형태의 거래를 말한다. 전화, PC 통신, TV, 케이블 TV, CD롬 등을 이용한 전자 카탈로그, 사내 전산망 등 다양한 정보통신 매체를 이용하여 상품과 서비스를 유통시키는 모든 상업적 활동이 전자상거래이다. 요즘은 가계, 기업, 정부, 금융기관 등 경제주체 간에 상품과 서비스를 교환하는 데 통상 인터넷을 활용한다.

ELM(elaboration likelihood model) : 정교화 가능성 모델. 소비자의 개인적 동기에 따라 광고를 바라보는 태도와 반응이 다르게 나타난다는 모델이다. 동기가 높은 소비자는 광고 메시지에 관심을 갖지만, 그렇지 않으면 광고의 배경이나 모델 등 주변적 요소에 의해 반응한다.

E-mail Marketing : 이메일 마케팅. 이메일 콘텐츠 내의 광고 삽입과 발송뿐만 아니라 회원이나 고객들을 대상으로 한 고객 관리 수단으로 이메일을 활용하는 마케팅 방법이다. 이메일 관련 규정에 따라 유저에게 수신 여부를 확인받은 후 메일을 발송하는 퍼미션 마케팅(permission marketing)이 일반화되고 있다.

Emotional Appeal : 감성 소구. 광고 메시지를 통해 아름다움이나 섹시함 같은 소비자의 심리적 · 사회적 욕구 등에 호소하는 것을 말한다.

Empty E-mail : 공 메일. 모바일 광고 용어로 사용자가 특정 주소를 쓰지 않고 메일을 전송하면 자동으로 답신되는 구조이다. 사용자는 수신한 메일의 URL을 클릭함으로써 사이트로 액세스할 수 있다. 모바일 사이트로의 유도 방식 중 하나이다.

Encoder : 부호기. 아날로그 데이터를 계산 가능한 부호로 변환시켜 주는 장치이다. 동시에 두 개 이상의 신호가 처리될 수 없는 입력선과 임의로 처리되는 출력선을 말하며, 출력신호와 입력신호 사이에 대응을 갖는 회로이다.

Encoding : 기호화. 커뮤니케이션 과정의 한 단계로 송신자가 전달하고자 하는 아이디어나 감정을 그림이나 글 등의 상징으로 표현하여 메시지로 구성하는 과정이다.

Eye Catcher : 아이캐처. 광고에 주목할 수 있도록 고안된 일러스트레이션, 사진 등의 시각적 요소를 말한다.

« F

FCB Grid Model : 에프씨비 격자 모델. 관여(고관여와 저관여)와 합리성(이성과 감성)에 따른 네 가지 성향으로 소비자를 분석하여 광고전략에 이용한 모델로서 다국적 광고대행사인 '푸트, 콘 & 벨딩(Foote, Cone, & Belding : FCB)'에서 처음 선보였다.

Fee : 약정 요금. 광고주가 광고대행사에 지불하는 서비스의 대가로 원가보상 방법에 의해 결정되는 대행사의 보수를 말한다.

First-time Buyer : 최초구매자. 최초로 특정 제품이나 서비스를 구매한 소비자를 말한다.

Fla : 플래시 파일. '.fla' 파일은 포토샵의 '.psd'나 일러스트 '.ai'처럼 어도비 플래시 프로그램의 원본파일을 말한다. 웹이나 HTML 문서에서 내보내기(export)를 할 때 SWF 파일로 변환하여 사용한다.

Flash : 플래시. 매크로미디어(Macromedia)사에서 처음 제작한 프로그램으로 인터넷 홈페이지에 그림이나 글자의 입체적인 효과나 사운드 등에서의 멀티미디어 효과를 낼 수 있게 해주는 그래픽 도구이다. 웹 애니메이션, 멀티미디어 홈페이지 제작에 많이 이용된다.

Flash Video : 플래시 비디오. 한때는 매크로미디어사가, 지금은 어도비시스템즈사가 개발한 동영상 파일 포맷이다. 어도비플래시에서는 플래시 비디오를 다른 미디어와 같이 취급할 수 있다. 또한 파일 안의 다른 객체와 똑같이 스크립트를 처리하거나 제어할 수 있다. 현재 리치 미디어 콘텐츠(rich media contents)에서 플래시를 많이 사용한다.

Flat Rate : 정상요율. 물량이나 빈도에 따른 할인 등 어떤 것도 적용하지 않는 광고의 지면 또는 시간의 가격을 말한다.

Floating AD: 떠 있는 광고. 인터넷 광고의 일종으로 사이트 전체나 일부를 뒤덮는 광고를 말한다. 모니터 화면 전체를 뒤덮는 전면광고와 달리 콘텐츠 위에 떠 있는 돌출형 광고로 플로팅이란 용어 자체가 떠 있다는 뜻이다.

Foursquare : 포스퀘어. 위치기반 소셜네트워크서비스(SNS)를 말한다. 스마트폰으로 자신이 지금 어디에서 무엇을 하는지 알리거나 메모를 남김으로써 친구들과 정보를 공유하는 형태이다. 이용자가 특정 장소에 왔을 때 '체크인' 버튼을 누르면 자신이 이곳에 왔다는 인증이 된다.

Frequence : 빈도. 일정 기간 동안 점포나 개인이 평균적으로 특정 광고에 노출된 횟수.

Frequency Cap : 프리퀀시 캡. 배너가 일정 횟수 이상 한 사용자에게 노출되어 CTR이 저하되는 현상을 예방하고, 매체사에서 광고주에게 확약한 노출을 효과적으로 집행하기 위한 기법이다. 사용자의 로그 분석을 통하여 특정 사용자에게 일정 횟수 이상 배너가 노출되지 않도록 한다.

Frequency Control : 프리퀀시 컨트롤. 광고의 효과를 극대화하기 위해서는 소비자 한 사람에게 같은 배너를 반복해서 표시하지 않고 가능한 한 많은 사람의 눈에 띄게 해야 한다. 그래서 애드서버에서는 배너 광고가 일정한 비율로 돌아가면서 표시되도록 조절한다. 애드서버에 소비자의 브라우저를 인식시킨 다음 한 브라우저에 같은 광고를 두 번 표시한다는 식으로 조정할 수 있다.

FTP file transfer protocol : 에프티피. 인터넷을 통해 자신의 컴퓨터에서 다른 컴퓨터로 파일을 전송할 수 있도록 하는 프로그램이다. 컴퓨터 간 파일을 전송하는 데 사용되는 프로토콜로 대용량의 서버에 각종 공개용 소프트웨어 및 문서를 저장하여 필요한 자료를 다운로드하여 쓸 수 있다.

Full Screen Advertising : 풀 스크린 광고. 특정 규격 화면에 빈 곳이 없도록 비율에 맞추어 디자인된 이미지를 지칭한 용어로, 인터넷 광고에서 일시적으로 브라우저의 전면을 사용해 광고를 노출시키는 방법이다. 특정 페이지에 액세스하면 수 초간 전면에 광고가 표시되고, 수 초 후 콘텐츠 페이지로 되돌아간다.

« G

Gateway : 게이트웨이. 컴퓨터와 근거리 통신망을 접속하는 장치이다. 다른 네트워크에 데이터를 보내거나 받아들이는 등 통신 기능을 가진 모든 컴퓨터가 여기에 속한다. 하나의 데이터베이스나 정보 서비스에서 다른 통신이나 데이터베이스로 접속하게 해주는 기능도 게이트웨이라고 한다.

getURL : 겟유알엘. 플래시를 웹에 게재할 때, 다른 웹페이지로 링크하거나 파일을 다운로드할 수 있는 링크를 만들기 위해 getURL을 사용한다.

GIF(graphics interchange format) : 지아이에프 파일. 이미지의 전송을 빠르게 하기 위해 압축하여 저장하는 방식이다. 미국의 컴퓨서브(CompuServe)사가 1987년에 개발한 화상 파일 형식으로 인터넷에서 래스터 화상을 전송하는 데 널리 사용되고 있다. 최대 256가지 색이 사용되는데 색의 수에 따라 파일의 크기가 결정된다.

Giga Internet : 기가 인터넷. 지금의 유선 인터넷보다 100배 빠른 기가 bps(giga bit per second : Gbps) 이상의 속도를 지원하는 차세대 고속 인터넷으로 고품질 대용량 콘텐츠를 전송할 수 있다. 기가 인터넷 시대에는 일반 고화질(HD)보다 4배 높은 해상도의 초고화질(UHD) 콘텐츠가 인터넷 TV를 통해 서비스된다.

Gross Impression : 총 인상. 정해진 매체 스케줄에 의해 실시된 특정 광고에 대한 총 노출량.

Gross Response : 총 반응률. 구매를 촉진하기 위해 실시된 모든 광고에 대한 백분율이다.

Groupon : 그루폰. 미국 시카고에서 시작된 세계 최초이자 최대의 소셜커머스 기업이다. '그룹 + 쿠폰'의 합성어로 2008년 11월 프로그래머 앤드루 메이슨 (Andrew Mason)이 창업했으며, 반값 쿠폰이나 할인 쿠폰, 공동구매 등을 진행하는 웹사이트인 소셜커머스의 효시이다. 소셜커머스는 페이스북, 트위터 등 SNS를 활용하여 이루어지는 전자상거래로, 일정 수 이상의 구매자가 모일 경우 파격적인 할인가로 상품을 판매하는 방식이다.

GRP(Gross Rating Point) : 총 도달빈도. 일정 기간 동안 광고메시지가 수용자에게 도달되는 수치로 '빈도×도달률'로 계산한다.

« H

HDD(hard disk drive) : 하드디스크 드라이브. 컴퓨터 내에 있는 하드디스크에서 데이터를 읽고 쓰는 장치를 말한다. 컴퓨터의 주요 역할은 데이터의 연산 및 입출력과 저장이다. 그중에서도 데이터의 저장 기능은 작업의 연속성을 유지한다는 측면에서 매우 중요하다.

Hits : 히트 수. 웹상에서 클라이언트로부터 요청받은 개개의 파일에 대한 서버의 응답 숫자를 말하며, 웹사이트의 인기를 측정하는 단위로 사용된다. 그러나 어떤 사이트의 히트 수가 '10'이라고 해서 10명의 이용자가 방문한 것은 아니다. 서버의 파일 접속에 따른 수이기 때문에 한 사이트에 이미지가 10개 포함되어 있다면 히트 수는 이미지 10개와 웹페이지 1개를 합한 '11'이 된다. 히트는 그래픽을 비롯해 텍스트, 인터랙티브 항목 등 요청된 페이지의 모든 요소에 의해 생성된다. 히트 수와 접속(access) 수는 별개이다.

Home Branding Board Advertising : 홈브랜딩보드 광고. 네이버 메인 페이지 우측에 이미지나 플래시 형태로 노출되며, 크기가 작기 때문에 배너 광고보다는 저렴하게 광고를 할 수 있다. 효과가 조금 떨어질 수 있지만 메인 페이지에 노출된다는 장점이 있다. 상품 종류는 드래그(drag) 확장형과 책 넘김 효과를 적용한 매거진(magazine)형이 있다.

Home Page : 홈페이지. 웹 사용자가 각기 웹사이트에 들어갈 때 처음으로 나타나는 문서로 요즘은 사이트와 페이지가 비슷한 의미로 사용되고 있다. 홈페이지에는 웹 서버를 구축한 기관이나 개인에 대한 간단한 소개가 실려 있는데,

점차 자신만의 개성을 담은 화려하고 개성 있는 것들을 선보이고 있다.

Home Shopping : 홈쇼핑. 외출을 하지 않고 집에서 물건을 구매하는 행위이다. 전화나 케이블방송에 의한 홈쇼핑에서 점차 인터넷을 이용한 온라인 쇼핑몰이 보편화되는 추세이다.

Host : 호스트. 컴퓨터 네트워크와 원거리 통신에서 프로그램이나 데이터 파일을 다른 컴퓨터에서 사용할 수 있도록 하는 중앙 집중적인 기능을 가진 컴퓨터를 말한다. 호스트 컴퓨터에 연결된 사용자는 이메일과 텔넷, 그리고 FTP(‒ file transfer protocol) 파일을 전송하는 데 있어 응용 프로그램을 이용하여 원하는 서비스를 요청할 수 있다.

Hotbot : 핫봇. 인터넷 초창기 3대 검색 업체 중에 하나였던 라이코스(Lycos)의 검색 서비스로 URL은 www.Hotbot.com이다.

HTML(hypertext markup language) : 하이퍼텍스트 마크업 언어. 웹에서 사용하기 위한 하이퍼텍스트 문서를 만들기 위해 사용하는 코딩 언어이다. 똑같은 내용의 텍스트 파일이라도 추가되는 명령에 따라 웹 브라우저에 다른 형태로 보여질 수 있다. 일반적인 문서에 HTML 명령이 추가된 문서를 HTML 문서라고 하며 'WWW.'로 제공된다.

HTTP(hyper text transfer protocol) : 인터넷 데이터 통신 규약. 웹서버와 클라이언트가 상호 통신하기 위해 사용하는 표준 시스템 규약이다.

Humor Advertising : 유머 광고. 표현을 익살스럽고 재미있게 만든 유머에 소구하는 광고이다. 광고에서 유머를 사용하는 이유는 재치나 익살을 통해 소비자의 주의 집중과 호감을 유발시킬 수 있기 때문이다. 정밀한 계산 아래 구성된 유머는 소비자로 하여금 친밀감을 느끼게 하는 데 효과가 있다.

Hypertext : 하이퍼텍스트. 리더에 의해 선택되어 다른 문서를 검색 또는 디스플레이하게 만드는 모든 텍스트를 지칭한다.

《 ㅣ

IMP(impression) : 노출 수. 웹사이트 방문자에게 배너 광고가 보여진 횟수로 배너 광고를 보고 난 후 재접속해도 계속 노출 수가 추가된다.

IMP(interface message processor) : 접속신호 처리 장치. 소규모 지역에 있는 컴퓨터가 주 컴퓨터와 연결되는 신호 처리 장치를 말한다. 각 접속신호 처리 장치는 망 내에 이웃하는 IMP에 패킷을 저장하거나 전송하는 기능을 가지고 있다. 주 컴퓨터가 지역 IMP로 신호를 전달하면 목적지에 도달할 때까지 IMP를 통해 전달된다.

Inbound Link : 인바운드 링크. 다른 사이트에서 자신의 사이트로 걸어놓은 링크를 말한다. 인바운드 링크가 많다는 것은 많은 사람들이 그 사이트를 방문할 가치가 있는 중요한 사이트로 인식하고 있음을 의미한다.

Indexer : 인덱서. 검색엔진의 한 부분으로 웹크롤러가 방문한 웹페이지들을 처리하는 기능을 한다. 인덱서에 의해 처리된 웹페이지는 검색 가능한 데이터베이스에 저장된다.

In-Game Advertising(IGA) : 게임 내 광고. 요즘 들어 광고 시장의 새로운 한 축으로 떠오르고 있다. 게임 사용자들의 광고 인식률이 일반 매체보다 높다는 점에서 착안되었다.

Interactive Media : 대화형 매체. 텍스트나 그래픽, 동영상, 음성 같은 콘텐츠가 사용자의 동작에 따라 반응하도록 하는 컴퓨터 시스템상의 제품이나 용역을 말한다. 대화식 매체, 대화형 미디어, 인터랙티브 미디어라고도 불린다.

Internet : 인터넷. 원래 미 국방성(department of defense : DoD)에서 연구원들과 관련업체들 간의 정보 공유를 목적으로 1969년 아르파넷(ARPAnet)이라는 이름으로 탄생하였다. 이 네트워크의 프로젝트명은 원래 ARPA(advanced research projects agency)라고 명명되었고, NCP라는 프로토콜을 기반으로 파일 전송과 원격 로그인, 이메일, 동호인 그룹 기능들이 보강되었다.

Internet Advertising : 인터넷 광고. 인터넷을 활용한 광고를 말한다. TV나 신문, 라디오를 통한 광고와는 달리 최소 비용으로 차별화된 광고가 가능하다. 그리고 광고주와 소비자가 상호작용을 할 수 있을 뿐 아니라 수시로 수정이 가능하고 광고의 빈도나 효과를 측정하기가 용이하다. 인터넷 인구의 급증에 따라 점차 미디어로서 가치가 높아지고 있기 때문에 시장이 급성장하고 있다.

Interstitial Advertising : 인터스티셜 광고. 한 사이트가 화면에 로딩되는 동안 박스 모양의 창이 열리고 그곳에서 광고가 보여지는 방식이다. 광고가 보여진 후 창이 자동으로 종료되는 것과 지속적으로 반복 실행되는 루핑(looping) 방식이 있다. 전통적인 배너 광고에 비해 대형 그래픽이나 움직이는 프레젠테이션 기능이 있으며, 일부 조사에 의하면 배너 광고에 비해 클릭 가능성이 더 높은 것으로 나타났다.

iOS : 아이오에스. 애플의 아이폰과 아이패드 등에서 사용하는 운영체제로 이전에는 아이폰 OS로 불렸다.

IP(internet protocol) Address : 인터넷 프로토콜 주소. 인터넷에 연결된 모든 시스템은 고유한 IP주소를 가지고 있다. 4개 섹션이 숫자로 구성되어 있고, 각각의 섹션은 0에서 255까지의 십진수로 구성되어 있다. 대부분의 사람들은 IP주소 대신에 도메인 명을 사용하며, 도메인 명을 사용할 것인지 IP주소를 사용할 것인지는 네트워크와 도메인 네임 서버에서 결정된다. 검색엔진은 IP주소를 통해 인터넷 사용자가 어디에서 사용하고 있는지 알 수 있다. 요즘 대부분의 포털사이트는 인터넷 이용자의 위치에 따라 적합한 내용을 보여준다.

IP(information provider) : 정보 제공자. 모바일을 통해 사용자에게 정보 서비스를 제공하는 단체나 사업체를 가리킨다. 넓게는 종합유선방송(CATV)의 프로그램을 공급하는 단체나 업체도 포함된다. 정보 제공자는 사용자의 정보 욕구를 고려해서 정보를 수집하거나 분류·가공·처리하여 시스템 운영 기관에서 설정한 규격에 맞게 화면을 편집해서 데이터베이스에 입력해 두고 사용자가 개인용 컴퓨터나 전용 단말기로 검색할 수 있게 한다.

IRC(internet relay chat) : 인터넷 릴레이 챗. 인터넷을 사용하여 전 세계 사람들과 실시간으로 대화를 나눌 수 있도록 만들어진 채팅 프로그램이다.

ISDN(integrated services digital network) : 종합정보통신망. 음성이나 문자, 영상 등의 다양한 서비스를 종합적으로 제공하는 서비스이다. 일반전화와 거의 동일한 요금이 부과되며, 일반 전화선으로 초당 128,000비트를 전송할 수 있는 디지털 네트워크다.

인터넷 광고 용어 해설

Java : 자바. 웹브라우저인 넷스케이프에서 사용할 수 있는 객체 지향 프로그래밍 언어로 보안성이 뛰어나며 다운로드한 코드를 다른 운영체제에서 사용할 수 있다. 소형 자바 애플리케이션은 자바 애플릿(Java Applet)이라고 부르며, 웹 서버에서 다운로드받아 넷스케이프 내비게이터 또는 마이크로소프트 인터넷 익스플로러 등과 같은 자바 호환 웹브라우저를 갖춘 사용자의 컴퓨터를 통해 운용할 수 있다.

Javascript : 자바스크립트. 미국의 넷스케이프사가 프로그래밍 언어인 자바를 응용하여 사용하기 쉽게 만든 것이다. 표준 HTML 문서에 사용되어 인터랙티브한 웹페이지를 만들 수 있기 때문에 그러한 양식을 만드는 데 많이 사용된다. 마이크로소프트와 넷스케이프의 제품을 포함한 대부분의 브라우저가 지원한다.

Jingle : 징글. 메시지가 음악적으로 제시되는 광고로 짧은 멜로디와 노래 가사를 이용하여 소비자가 메시지를 쉽게 기억하도록 만든 음악 광고이다.

JPEG(joint photography experts group) : 제이페그. 순간 동작 이미지의 국제적인 압축표준 기술이다.

Jump Page : 점프 페이지. 웹 광고 및 마케팅에서 고객의 관심과 여론조사를 실시할 때 사용하는 웹페이지이다. 플래시 애니메이션으로 된 스플래시 페이지나 텍스트, 그래픽 등의 팝업 윈도 형식으로 광고 중인 제품과 직접 연결되며, 주로 광고 효과를 강화하기 위해 사용된다.

Junk Mail : 정크 메일. PC통신 이용자나 인터넷 ID를 가진 불특정 다수의 사람에게 일방적으로 전달되는 대량의 광고성 이메일로 스팸 메일이라고도 한다. 원래 정크junk라는 말은 잡동사니라는 뜻. 컴퓨터 통신망에서 무차별적으로 살포된다는 점에서 정크 메일이라고 이름이 붙여졌다.

« K

Keyed Advertising : 키드 광고. 광고의 효과는 측정하기 위해 행해지는 광고이다. 광고의 반향을 측정할 수 있는 항목을 기재하여 그 반향이 어느 정도냐에 따라 매체의 가치와 효과를 분석하는 것을 키 광고 방법(key advertising method)이라고 한다. Key가 들어간 이유는 어떤 매체를 보고 반응했는지 파악할 수 있도록 부호(key)를 붙였기 때문이다. 처음 인쇄 매체에서 시작했지만 요즘은 전파 매체에서도 이용되고 있다.

Key Visual : 중심 영상. 광고에서 시청자의 마음속에 강력한 시각적 단서로 기억되는 하나의 영상 또는 이미지.

Keyword : 검색어. 특정 문서를 검색할 때 검색엔진의 검색창에 입력하는 주요 단어를 말한다. 광고주는 그러한 키워드들을 구매함으로써 특정 주제에 관심을 보이는 사용자들을 끌어들일 수 있다.

« L

Launcher : 론처. 윈도나 매킨토시 등에서 응용 소프트웨어를 등록하여 아이콘 등으로 열람하는 소프트웨어로 매킨토시에는 기본으로 탑재되어 있다. 아이콘이나 이름을 클릭하여 목적 소프트웨어를 시작한다. 응용 소프트웨어 내에서도 각각의 론처 형식을 가진다.

Leader Board : 리더보드. 웹페이지 상단에 페이지 폭만큼 길게 차지하는 수평으로 된 배너 광고이다. 페이지 내용을 침범하지 않으면서 광고 공간을 크게 차지하며, 운동 경기 순위를 나타내는 스포츠 리더보드에서 따온 이름이다.

Link : 링크. 두 개의 웹사이트 간의 전자적 프로그램을 결합하는 것을 말한다. 호출된 프로그램에서 원래 프로그램으로 되돌아가는 것을 가능하게 하기 위한 수단이다.

Listing Advertising : 리스팅 광고. 검색사이트에서 입력된 검색어 중에서 해당 검색어와 관련 있는 광고를 기재함으로써 고객을 유도하는 방법이다. 구글의 애드워즈 등이 이에 해당한다. 광고를 기재한 것만으로는 비용이 들지 않고 실제 클릭 수에 따라 비용이 산정된다.

List Serve : 리스트 서브. 특정 주제에 대한 이메일 메시지 스위치로 동작하는 프로그램이다. 리스트 서브에 있는 목록을 구독하면 그 목록으로 보내어지는 모든 메시지를 받을 수 있다.

Location-Commerce : L커머스. 위치기반(LBS)의 전자상거래를 말한다. 휴대전화나 개인 정보단말기(PDA), 노트북 컴퓨터 등 휴대용 단말기를 기반으로 사람이나 사물의 위치를 파악하여 그 위치와 관련된 부가 정보 서비스를 전자상거래에 이용한 시스템이다.

Log File : 로그파일. 액션을 기록한 파일이다. 예를 들어 웹 서버는 서버에 내려진 모든 요청을 기록한 로그파일을 보유하고 있다. 로그파일 분석 툴을 이용하면 방문객이 반복 방문하는 사이트를 어떻게 찾는지 파악이 가능하다. 그리고 쿠키를 이용하면 사이트를 어떻게 액세스하는지에 대한 보다 세부적인 정보를 얻을 수 있다.

Logger : 자동 기록기. 웹페이지 뷰(web page view)를 로그파일에 저장하는 프로그램. 시간의 경과에 따라 일어나는 이벤트나 물리적인 상태를 자동으로 기록하는 장치이다.

Loop : 루프. 인터넷의 영상 광고의 하나로 일련의 움직임을 반복하는 것을 루프라고 한다. 게재 페이지를 표시하고 있는 사이에 애니메이션을 계속 반복하는 경우는 무한 루프이다. 게재 매체나 광고에 따라 루프의 횟수에 제한을 둘 수 있다. 프로그램 중에 어떤 조건이 만족되고 있거나 종료되기까지 반복 실행되는 명령의 집합인 루틴(Routine)을 가리키는 경우도 있다.

LTE(long term evolution) : 롱텀에볼루션. 스마트폰과 태블릿 PC 등 모바일 기기의 보급이 증가하면서 폭발적으로 늘어난 데이터 전송량을 기존의 무선 이동 통신 방식으로는 더 이상 감당할 수 없기 때문에 만들어진 진화된 이동통신 규격이다.

« M

Mail Advertising : 메일 광고. 전자 메일을 이용해 텍스트나 화상으로 전달하는 광고이다. 메일 매거진 내에 광고가 삽입되는 메일 매거진형과, 전문이 광고인 다이렉트 메일이 있다.

Mail Magazine : 메일 매거진. 이메일을 통해 받아보는 잡지로 메일진(mailzine) 혹은 e-mag이라고 한다. 특정 분야에 관심이 있는 사용자들이 이메일을 통해 정보를 주고받는 메일링 리스트 개념이 확장된 형태이다. 인터넷 잡지인 웹진에 이어 등장한 신개념 잡지로서 수많은 사용자에게 쉽게 전달할 수 있다. 기업의 메일 마케팅의 일환으로 이용되며 면의 일부가 광고로 활용된다.

M-Commerce : M커머스. 모바일 전자상거래를 일컫는다. 이동전화나 개인 휴대 정보 단말기(PDA)를 이용하여 각종 온라인 서비스나 상품을 구매하는 방식이다. 최근에는 오프라인 매장에서 상품을 검색하거나 쇼핑하는 M커머스2.0이 등장했다. 업계에서는 새로운 판매 전략이라는 의미로 리테일 마케팅이라고 부른다.

Media Class : 매체 유형. 매체를 크게 분류하면 TV, 신문, 인터넷, 잡지, 옥외, 영화 등으로 나눠볼 수 있다.

Media Reps(media representatives) : 미디어렙. 광고주나 광고대행사를 대상으로 광고할 지면이나 시간의 판매를 전문으로 해주는 매체대행사이다. 모든 웹사이트를 자신의 회원사로 가입시켜 광고 영업을 대행해주는 동시에 광고가 집행된 통계까지 내준다.

Media Weight : 미디어 웨이트. 광고물의 양과 횟수, 빈도와 도달, 광고비 등 특정 광고 캠페인 기간에 얻어진 광고 효과를 말한다.

Metablog : 메타블로그. 한마디로 블로그의 집합체이다. 특징이나 방향성에 따라 블로그 포털 또는 블로그 허브라고 불린다. 그리스어에서 유래한 '함께'라는 의미의 메타(meta)에 블로그(blog)가 결합하여 만들어진 합성어이다. 블로그의 운영자가 자신의 블로그에서 제공하는 RSS 또는 아톰(Atom) 등의 주소를 등록하면 여러 블로그의 글과 관련 정보가 하나의 사이트로 모아져서 보여진다.

Meta Search : 메타 검색. 여러 개의 데이터베이스에서 검색을 수행한 결과를 조합하는 과정이다.

MGM(member get members) : 권유 마케팅. 자신이 이용하는 상품이나 서비스를 지인들에게 권유하여 구입 혹은 가입하게 만들면 일정한 혜택을 주는 마케팅 기법이다.

Mind Share : 마음 점유율. 어떤 기업 또는 브랜드가 소비자의 마음속에 차지하고 있는 지위를 경합 기업 또는 경합 브랜드 전체에 대한 비율로 표시한 값이다. 마켓셰어, 즉 시장점유율의 선행지표가 될 수 있다.

Mobile Advertising : 모바일 광고. 휴대전화의 브라우저나 메일을 이용해 전달하는 광고로 예전에는 SMS가 일반적이었으나 요즘은 MMS 동영상 등이 이용되고 있다. 스마트폰의 앱이나 모바일 홈페이지도 크게 보면 모바일 광고라고 할 수 있다.

Moblog : 모블로그. 모바일(mobile)과 블로그(blog)의 합성어로 휴대전화를 이용해 웹상의 블로그에 글이나 그림 등의 콘텐츠를 올릴 수 있도록 하는 서비스이다. 자신이 의견을 올리고 싶을 때 언제든지 다양한 형식과 주제의 글을 올릴 수 있어 '1인 미디어'로 운용되는 블로그의 특성을 구현하기에 적합한 서비스이다.

Multimedia : 다중 매체. '여럿'이라는 의미의 멀티(multi)와 '정보'를 뜻하는 미디어(media)의 합성어로, 광고 촉진에 있어 둘 또는 그 이상의 매체를 함께 이용하는 것을 말한다.

MPEG(motion picture experts group) : 엠피이지. 1988년 동영상에 대한 압축과 해제 방식을 정의하기 위해 만들어진 동영상 전문가 그룹으로 비디오, 오디오의 압축표준 기술을 개발하는 국제표준화기구 산하 동영상 연구 모임을 말한다. 연속적으로 변하는 동영상을 압축하는 방법을 연구하고 있으며, 이곳에서 개발된 기술에 의한 동영상 파일에는 일반적으로 MPEG라는 확장자가 붙는다. MPEG-1은 CD-ROM에서 최적화된 압축 기술이다. 화질은 VHS 비디오보다 좋고 음질은 오디오 CD 정도이다. 이보다 진보된 MPEG-2는 방송용 화질로 고안되었다. 예전에는 MPEG 카드가 있어야 했지만, 최근에는 CPU의 발달로 소프트웨어 MPEG가 많이 사용된다.

MPEG-2(motion picture image coding experts group-2) : 엠피이지-2. MPEG-1에 이어 발표된 영상 압축 기술의 표준 규격을 말한다. 질 높은 영상 신호를 전송하기 위해서는 압축률이 높은 규격이 선결되어야 하는데, MPEG-2는 픽셀이나 화면 구성에 따라 압축률이 달라지는 새로운 방식을 채택하고 있어 최대 9.8MB, 일반적으로 초당 3~4MB의 데이터 전송률을 가진다. 현재

DVD는 이를 기본적으로 지원하고 있다.

MPEG-4(motion pictures expert group-4) : 엠피이지-4. MPEG에서 제정한 최신의 화상 통신용 동영상 압축 표준이다. 전화선이나 인터넷망을 이용하여 어떤 통신망이든 실시간으로 데이터를 전송할 수 있도록 압축률을 높이면서 가변 전송률을 지원한다. 인터랙티브한 데이터로 시각 및 소리의 초점을 바꿀 수도 있고 다국어 지원도 가능하다.

« N

Native Advertising : 네이티브 광고. 마치 콘텐츠의 일부처럼 자연스럽게 노출하는 광고이다. 사용자가 반응해야 광고가 시작되어 거부감을 줄이는 형태도 네이티브 광고로 분류된다. 페이스북은 소리 없이 재생되다가 이용자가 클릭하면 소리를 제공하는 광고를 하고 있다.

Net Audience : 순 수용자. 특정 기간 동안 한 커뮤니케이션 매체에 의해 한 번 이상 도달된 개인이나 가구의 총 숫자를 말한다.

NTFS(NT file system) : 앤티에프에스. NT는 새로운 기술이라는 뜻의 'New Technology'의 준말이다. 윈도 NT의 출시에 맞추어 마이크로소프트는 더욱 빠르고 안정적인 디스크와 파일 접속 기능을 위해 이전의 MS-DOS FAT를 32비트 방식으로 대체했다. 그러나 NTFS와 FAT가 호환되지 않고, 윈도 NT만이 NTFS 포맷 드라이브를 읽고 쓸 수 있다는 점이 문제이다.

Norm : 기준. 기준이나 표준 또는 평균을 뜻한다. 인터넷 광고업계에서는 특정 광고 스페이스의 표시 횟수나 접촉 사용자 수, 클릭 수 등의 실적치를 통해 그 스페이스의 평균치를 플래닝에 활용할 때 '놈(norm)화' 내지 '놈(norm) 수치를 만든다'고 표현한다.

« O

Object : 오브젝트. 웹페이지를 구성하는 개개의 파일이다. 웹페이지의 히트 수는 이들 오브젝트 참조 횟수의 합계치이다. 오브젝트화라고 할 때는 내부가 어떻게 구성되어 있는지 알지 못해도 간단한 도구라는 의미로 쓰인다.

Onward Transfer : 제3자 전송. 개인정보를 제3의 수신자에게 전송하는 것을 말한다. 이름이나 주민등록번호 등 개인을 식별할 수 있는 정보는 본인이 허락하거나 법령에 근거한 경우를 제외하고 제3자에게 제공하지 못한다. 그러나 비밀 유지 협약에 의해 광고주나 기타 제3자에게 합법적인 목적으로 전달할 수 있다. 따라서 복수 사이트의 광고 전송을 하나의 서버에서 실시하거나 캠페인 단위로 광고를 관리할 수 있다.

On-site : 온사이트 검색엔진. 인터넷 쇼핑몰 같은 특정 웹사이트 내에서 쇼핑 정보 같은 내용을 검색하는 시스템이다. 구글 검색은 전 세계 모든 웹사이트의 관련 정보를 검색하지만, 오미크론(Omikron)사가 개발한 검색엔진 '팩트 파인더(FACT-Finder)'는 해당 사이트의 내용만 검색한다.

Open Rate : 개봉률. 발신된 이메일을 몇 명의 수신자가 개봉하였는지를 백분율로 나타낸 것으로, 잘 만들어진 이메일의 경우 개봉률은 평균 10% 정도이다.

Opt-in Advertising : 옵트인 광고. 인터넷 사용자의 사전 동의를 받아 발송하는 다이렉트 메일형 광고.

Opt-in · Opt-out : 옵트인 · 옵트아웃. 인터넷 사용자의 사전 동의를 얻어야 메일을 발송할 수 있는 것은 옵트인이지만, 등록한 전송 리스트에서 탈퇴하는 것과 같이 거부 의사를 나타내는 행위는 옵트아웃이다. 불특정 다수에게 무작위로 보내어지는 스팸 메일을 규제하는 방식으로, 이메일을 비롯해 전화나 팩스를 이용한 광고성 정보 전송에 적용된다.

OS(operating system) : 운영체제. 컴퓨터의 하드웨어와 소프트웨어를 제어하여 사용자가 컴퓨터를 쓸 수 있게 만들어주는 프로그램이다.

Overture : 오버추어. 세계 최대의 검색 광고 대행업체로 1997년 9월 미국의 빌 그로스(Bill Gross)가 설립한 고투닷컴(GoTo.com)에서 비롯되었다. 광고주가 경매를 통해 키워드를 구입하고, 인터넷 사용자가 구입한 키워드로 검색어를 입력하면 광고가 노출된다. 한국에는 2002년 9월에 오버추어코리아가 설립되었으며 국내 포털사이트의 대부분이 제휴를 맺었다. 2013년 이후 한국 시장에서 철수했다. 오버추어에 대비되는 키워드 광고에는 구글이 운영하는 애드센스가 있다.

Page : 페이지. 모든 웹사이트는 전자 페이지의 집합체이다. 각각의 웹페이지는 HTML 포맷의 문서로서 리얼오디오 플레이어 파일, 퀵타임 비디오, 자바 애플릿 등과 같은 텍스트나 이미지 또는 미디어 객체를 포함하고 있다. 홈 페이지는 방문객의 최초 진입점으로 사이트 인덱스를 보여준다. 페이지는 정지 상태이나 역동적으로도 생성될 수 있다. 모든 프레임과 문서는 페이지 로 산정된다.

Page View: 홈페이지 열람 횟수. 홈페이지에 들어온 접속자가 둘러본 페이지 수로 특정 웹페이지에 접속하여 페이지의 내용이 브라우저에 나타날 때, 1회의 접속을 1페이지뷰라고 한다. 해당 웹사이트에 얼마나 많은 이용자들이 방 문하는지 알 수 있는 척도이지만 그렇다고 페이지뷰가 방문자의 숫자와 일 치한다고 볼 수는 없다. 동일인이 중복 접속하면 할수록 숫자가 계속 증가 하도록 하는 설정이 가능하기 때문이다.

Paid Listing Advertising : 유료 리스팅 광고. 특정 카테고리나 키워드에 대한 유료 등 록 사이트를 상단에 보여주는 검색형 광고로 SEM(search engine marketing) 이라고도 불린다.

Panel : 패널. CRT 디스플레이(CRT Display) 등에서 표시 형식이나 내용, 입력의 조 건들이 정해진 화면을 말한다. 통상 대화형 모드에서 사용되며, 이용자의 목적에 맞는 일련의 패널이 준비되어 있기 때문에 간단한 데이터만 입력하 면 인출할 수 있다.

Parameter : 파라미터. 어떤 함수의 독립 변수와 종속 변수 사이에서 연관을 지어주 는 변수로, 프로그램을 움직이기 위해 입력하는 데이터를 말한다.

PC Communication : PC통신. 개인용 컴퓨터(PC)나 전화회선을 통해 PC통신센터 의 주 컴퓨터와 연결하여 회원 간에 메시지나 데이터를 교환하거나 정보를 검색하여 예약이나 주문 등의 서비스를 받는 것이다. 통신회선을 통해 2대 의 PC가 통신하는 것도 PC통신이지만, 망 서비스를 하는 센터나 사업자가 다수의 PC를 대상으로 제공하는 것도 여기에 포함된다.

Permission : 허가. 정보를 받는 쪽이 보내는 측의 정보 제공을 허락하는 행위이다.

이용자가 컴퓨터 네트워크나 시스템 중의 특정 장치 및 프로그램을 이용하거나 파일 중의 데이터를 읽고 수정이나 삭제, 혹은 기억하는 행위를 보증하는 것이다.

Perl practical extraction and report language : 펄. 래리 월(Larry Wall)이 개발하여 유즈넷을 통해 전 세계에 배포한 CGI 프로그래밍 언어의 하나이다. 다른 언어의 일반적인 문법을 참고하여 쉽게 사용할 수 있다. 텍스트를 스캐닝하고 형식화된 보고서를 프린팅하며, 중첩된 데이터 구조와 기능을 지원한다.

Personalized Web : 개인화된 웹. 웹사이트를 고객의 데이터베이스(DB)와 연동한 것으로 사용자가 DB에 등록되어 있으면 해당 고객 전용의 오리지널 웹페이지를 순간적으로 생성시켜 표시한다.

Pigeon Ranking : 피전 랭킹. 클러스터 형태로 웹 검색을 수행하는 과정을 말한다. 먹이를 먹고 있는 비둘기의 모습에서 이름을 따왔다. 구글은 이 기술을 이용하여 사이트를 색인하는 방법을 착안했다.

Pixel : 픽셀. 컴퓨터 화면이나 디지털 이미지를 구성하는 최소 단위의 점으로 화소라고도 한다.

Plain Text : 보통 텍스트. 일상적으로 사용하는 문장이나 암호화되기 전, 또는 암호문을 해독한 문장이다.

Platform : 플랫폼. 인터넷상에서 여러 가지 콘텐츠를 생성할 수 있도록 해주는 인프라를 말한다. 컴퓨터 시스템의 기본이 되는 특정 프로세서 모뎀과 하나의 컴퓨터 시스템을 바탕으로 하는 운영체제이다.

Pop-under : 팝언더. 웹사이트를 방문할 때 나타나는 창이며 주로 광고 목적으로 사용된다. 팝언더 광고는 웹페이지를 액세스했을 때 브라우저의 뒤쪽에 별도 브라우저를 두고 유저가 웹 열람 이후 브라우저를 닫을 때 표시되도록 하는 광고 기법이다.

Pop-up Advertising : 팝업 광고. 웹사이트를 방문했을 때 브라우저에 불쑥 나타나는 팝업 창을 이용하는 광고이다. 화면의 상단 또는 일정 부분을 강제로 덮어버리기 때문에 이용자에게 거부감을 줄 수 있으므로 하루나 일정 기간 나타나지 않도록 하는 선택 기능을 마련해놓고 있다.

Positioning : 포지셔닝. 어떤 제품이 소비자의 마음속에 인식되어 있는 모습이다.

상품의 특성 및 경쟁 상품과의 관계나 자사의 이미지 등 각종 요소를 분석하여 시장에서 특정한 위치에 서도록 설정하는 것을 말한다. 광고대행사 출신의 알 리스(Al Ries)와 잭 트라우트(Jack Trout)가 도입한 용어로 소비자의 욕구에 맞춘 '소비자 포지셔닝'과 경쟁사의 전략에 초점을 맞춘 '경쟁적 포지셔닝'으로 나누어진다.

PPC(pay per click) : 클릭당 광고료 지불 방법. 온라인 광고를 클릭한 횟수를 기준으로 광고 단가를 산정하는 기법이다.

PPL(product placement) : 간접 광고. 영화나 드라마, 인터넷에 소품으로 등장시킨 상품을 일컫는 말로 브랜드명이 보이는 상품뿐만 아니라 이미지, 명칭 등을 노출시켜 관객들에게 간접 홍보하는 일종의 마케팅 전략이다.

Prime Time : 고시청 시간대. TV나 인터넷의 하루 중 시청률 또는 접촉이 가장 높은 시간대이다.

Prize Offer Advertising : 현상 광고. 현상(懸賞)이나 경품에 의해 판매를 유도하는 광고이다. 문안이나 표어, 도안, 기타의 기능을 콘테스트하거나, 퀴즈 등으로 흥미를 유발하는 광고가 있으며, 광고 효과의 측정에 관련된 광고도 있다.

Proximity Search : 유사도 검색. 단어들이 얼마나 가까운 곳에 위치하는지를 판단해 검색 결과를 산출한다.

Pulse : 파동형 광고. 일정한 시간 간격을 두고 광고의 집행과 감소를 반복하는 비연속적 매체 집행 기법을 말한다.

Push Mobile Advertisement : 푸시형 모바일 광고. 모바일 단말기로 문자 메시지(SMS)나 멀티미디어 메시징 서비스(MMS)를 통해 프로모션이나 마일리지, 할인 서비스 같은 광고를 옵트인(opt-in)과 연계형 광고로 전송하는 것을 말한다. 고객의 데이터베이스를 분석하여 타깃을 설정한 뒤 발송할 수 있다는 장점이 있지만 사적인 영역에 해당하는 휴대전화에 발송하기 때문에 스팸으로 인식되어 거부감을 일으킬 수 있다.

« Q

QR Code(quick response code) : 큐알코드. 바코드보다 훨씬 많은 정보를 담을 수 있는 격자 무늬로 된 2차원의 데이터 바코드이다. 스마트폰으로 QR코드를 스캔하면 각종 정보를 제공받을 수 있다.

Query : 검색률. 일반적으로 검색 유저가 해당 키워드를 검색하는 행위를 '쿼리'라고 부르며 몇 회를 검색했는지를 수치로 나타난다. 검색하는 행동은 해당 검색어에 대한 지식을 얻기 위한 행동이므로 쿼리라는 단어를 사용한다. 검색 쿼리가 높을수록 광고 효과가 있다.

« R

RAMDAC(random access memory digital to analog converter) : 임의 기억장치 디지털 아날로그 변환기. 컴퓨터는 디지털 신호를 사용하지만, VGA는 아날로그 방식으로 정보를 화면에 표시한다. 따라서 컴퓨터에서 보내진 디지털 신호를 아날로그 신호로 바꿔줘야 하는데, 램댁은 이러한 역할을 담당하는 장치이다.

Reach : 도달률. 특정 기간 동안 광고 메시지에 최소한 한 번 이상 노출된 표적 소비자나 가구 수의 백분율을 말한다.

Real Audio : 리얼 오디오. 인터넷에서 오디오를 실시간으로 재생할 수 있는 서버나 기술을 말한다. 웹페이지의 하이퍼텍스트 부분을 누르면 원하는 음악을 들을 수 있다.

Real Media : 리얼 미디어. 인터넷을 통해 비디오와 오디오를 비롯한 멀티미디어 데이터의 스트리밍 서비스를 제공하는 미국 리얼 네트워크사가 개발한 솔루션이다. 리얼 미디어에는 스트리밍 서버를 비롯해 콘텐츠 제작을 위한 여러 프로그램이 포함되어 있다.

Rectangle Advertising : 사각형 배너 광고. 미국 인터넷 광고협회에서 제안한 사각형 모양의 배너 광고를 말한다. 그러나 배너 광고나 버튼 광고의 모양을 설명한 용어에 지나지 않는다. 지금껏 사각형 모양의 광고 외에 다른 모양은 없었기 때문이다.

Referrer : 리퍼러. 웹사이트를 방문한 인터넷 사용자가 이전에 머물렀던 웹페이지 주소를 하이퍼링크를 통해 남긴 흔적이다. 서버 관리자는 사이트 이용자가 어떤 경로로 자신의 사이트에 방문했으며, 검색엔진에서 어떤 검색어를 사용했는지 알 수 있다.

Relationship Marketing : 릴레이션십 마케팅. 장기적으로 고객과 쌍방향 대화를 행하는 것으로 상호 심리적인 관계를 강화시켜나가는 마케팅 기법이다.

Response Rate : 응답률. 소비자가 쿠폰 등의 판촉 활동에 대해 얼마만큼 반응했는지를 나타내는 비율이다.

Rich Media : 리치미디어. 단순한 텍스트나 그래픽을 넘어 다양한 색상과 소리, 화려한 애니메이션과 동영상을 활용하여 메시지를 보다 멋지게 전달하려는 매체를 일컫는다. 플래시가 대표적이며 자바 배너도 이에 포함된다. 요즘 등장하는 각종 새로운 기법의 광고들 대부분이 리치미디어 형식이다.

Rich Media Advertisement : 리치미디어 광고. 배너 광고에 비디오를 비롯해 오디오, 애니메이션을 결합한 멀티미디어형 광고를 말한다. 주로 인터넷 또는 모바일 광고에 사용되며, 텍스트 위주였던 배너 광고에 신기술을 적용해 보다 풍부하게 만들었다는 의미에서 붙여진 이름이다. 광고 위에 마우스를 올려 놓거나 클릭하면 광고 이미지가 변하거나 동영상이 재생되므로 기존 방식에 비해 주목도가 높다.

Rolling : 롤링. 특정 광고 위치에 한 광고주의 광고만 게재되는 것이 아니라 몇 개의 다른 광고들이 함께 게재되어 웹페이지를 열 때마다 광고들이 돌아가며 보이는 것을 말한다.

Rotation : 로테이션. 네트워크를 통한 광고 메시지의 수평 또는 수직적 순환을 말한다. 특정 스페이스에 복수의 광고를 게재하기 위해 인터넷 사용자가 액세스할 때마다 다른 광고를 전송하는 기법이다. 노출 횟수를 보증하기 위해, 그리고 같은 스페이스에 복수의 광고를 설치할 때 이용된다.

« S

Scrollbar : 스크롤바. 하나의 윈도 안에 모든 정보를 표시할 수 없을 때 현재 화면이 어디에 위치하는지 표시해주는 도구이다. 보통 우측과 하단에 위치하며 정보 내용을 좌우로 이동시키는 것을 수평 스크롤바, 위아래로 이동시키는 것을 수직 스크롤바라고 한다. 가장자리에 있는 스크롤 화살표를 클릭하거나 스크롤 상자를 드래그해서 문서를 수직 또는 수평으로 이동시킬 수 있다.

Search Advertisement : 검색 광고. 인터넷 검색 사이트를 통해 광고하는 방법이다. 다양한 정보를 쉽게 얻을 수 있는 인터넷은 특정 제품이나 서비스에 관심 있는 고객을 만날 수 있는 효과적인 수단이다. 방식은 월 단위를 기준으로 비용을 지불하는 정액제 광고CPM와 소비자가 검색이나 배너 광고를 클릭한 횟수로 비용을 추산하는 종량제 광고CPC가 있다. 검색 광고가 진화하여 TV 등 타 매체와 함께 진행하는 크로스미디어 광고와 키워드를 통한 브랜딩이 새로운 트렌드로 자리매김되고 있다.

Search Word Advertising : 서치워드 광고. 검색 결과가 광고로 나타나는 서비스를 말한다. 인터넷 사용자가 특정 목적을 가지고 검색을 하면 광고가 표시되므로 한 번의 클릭이 구매로 이어질 확률이 높다.

SEM(search engine marketing) : 검색엔진 마케팅. 네티즌으로 하여금 단순히 검색에 그치게 하는 것이 아니라 적극적으로 특정 웹사이트로의 방문을 유도하여 제품을 구입하게 하는 인터넷 마케팅 전략이다. 각종 검색엔진에 등록하게 하거나 검색 결과의 상위 랭킹, 또한 사용자가 인식하지 못하더라도 광고 효과를 올릴 수 있도록 하는 모든 노력을 검색엔진 마케팅이라고 한다.

SEO(search engine optimization) : 검색엔진 최적화. 검색엔진에서 검색했을 때 상위에 나타나도록 하는 것을 말한다. 검색엔진 최적화 방법으로는 자신의 사이트를 대표할 수 있는 핵심적인 키워드 두세 개를 선택하여 등록하는 방식을 사용한다. 배너 교환이나 여러 사이트의 추천으로 등록을 하면 자연히 이용자가 많아지고, 이용자가 점차 늘어나면 사이트의 순위가 올라간다.

Sequencing : 순서화. 여러 개의 배너들을 순위나 시간의 순서에 따라 동일한 유저에게 보여주는 광고 게재 방법이다.

Server : 서버. 컴퓨터 네트워크를 통해 다른 컴퓨터로 서비스를 제공하는 데 필요한 소프트웨어 용어이다. 반대로 서버에서 보내주는 정보를 받는 측 또는 요구하는 쪽의 컴퓨터나 소프트웨어를 클라이언트라고 한다.

Sex Appeal Advertising : 성적 소구 광고. 성(性)은 인간의 가장 기본적인 욕망이다. 따라서 성적 소구는 유머나 공포와 함께 대표적인 감성적 소구 방법으로 소비자의 주목을 끌기 쉽다. 논리적 근거를 통해 소비자의 이성에 호소하는 것이 아니라 감정에 호소하는 광고 기법이다.

Share of Voice : 광고 점유율. 일정 기간 동안 진행된 특정 제품의 광고 활동이 경쟁 관계에 있는 광고주의 광고와 비교하여 시장 전체에서 차지하는 비율을 말한다.

Shockwave : 쇼크웨이브. 인터랙티브한 웹페이지를 작성하는 기법이다. 정지화면이나 동영상, 음성 등을 조합한 멀티미디어적인 콘텐츠를 표시할 수 있다.

Size : 크기. 메모리 영역을 차지하는 단위 수를 표시할 때 사용한다. 인터넷 광고의 경우는 광고 스페이스의 크기를 규정하는 가로나 세로의 픽셀 수를 사이즈라고 한다. 프로그램이나 파일 사이즈는 바이트 수, 레지스터 사이즈는 비트 수, 레코드 사이즈는 단위 수로 표시한다.

Skyscraper Advertising : 마천루 광고. 배너 광고의 일종으로 높은 빌딩처럼 세로가 긴 형태의 광고이다. 보통 홈페이지의 좌측이나 우측에 붙어 있다.

Sleeper Effect : 수면 효과. 광고를 접한 직후보다 일정 기간이 지난 후에 발휘되는 광고 효과를 말한다.

SMIL(synchronized multimedia integration language) : 동기 멀티미디어 결합 언어. 월드와이드웹 컨소시엄(W3C)이 제시한 멀티미디어 언어를 말한다. 통상 '스마일'로 불리는 SMIL은 사운드와 동영상, 텍스트 등 동기화된 멀티미디어 콘텐츠를 인터넷상에 나타내는 데 필요한 기준과 기술이다. 서버는 단독으로 멀티미디어 파일을 저장해놓고, 실행할 때 인터넷 프로토콜인 HTTP와 결합해 멀티미디어 프레젠테이션 형태로 보여준다.

Spam mail : 스팸 메일. 수많은 사용자들에게 무차별적으로 발송되는 요청하지 않은 이메일이다. 익명으로 발송되며 사용자의 수신 거부 의사를 존중하지 않는다.

Splash Page, Splash Screen : 스플래시 페이지. 판촉이나 홈페이지의 안내처럼 시선 환기용으로 잠시 사용되는 웹페이지이다. 스플래시 페이지를 잠시 보여주고 자동으로 홈페이지로 되돌아간다.

Sponsorship : 스폰서십. 광고주가 웹사이트의 한 섹션 또는 이메일 뉴스레터에 대한 비용을 지원하는 것을 말한다. 인터넷에서 스폰서십의 인기는 점차 증대되고 있다. 사이트의 경우 배너나 버튼, 때로는 태그 라인이 포함될 수 있다.

Spot Leasing : 스폿 리싱. 검색엔진 사이트는 개인 사업자에게 홈페이지 내의 일부 공간을 계약 기간만큼 임대해준다. 특정 구역에 항상 광고가 자리 잡고 있기 때문에 배너 광고와 달리 경쟁이 적다는 장점이 있다. 반면에 광고의 크기가 제한적이어서 쉽게 지나칠 수 있다.

Sticky : 스티키. 방문객이 오랜 시간 머물다 가는 사이트를 말한다. 예를 들어 계산 기능을 제공하는 금융 사이트는 필요한 리소스를 찾기 위해 다른 사이트로 옮겨갈 필요가 없으므로 계산 기능을 제공하지 않는 사이트보다 더 오래 머물게 된다.

Sticky Pad : 스티키 패드. 포스트잇처럼 컴퓨터의 바탕화면에서 사용 가능한 메모장 프로그램이다. 간단한 메모나 일정 관리가 가능하며 다른 응용 프로그램에 붙여 이메일로 전송할 수 있다.

Streaming : 스트리밍. 인터넷에서 음성 및 동영상을 실시간으로 받아볼 수 있는 기술로 오디오와 비디오 등 멀티미디어 콘텐츠를 인터넷 웹에 구현하는 솔루션을 말한다. 멀티미디어 데이터를 인터넷을 통해 PC로 전송해주며 방대한 동영상 자료를 보낼 경우 시간을 최소한으로 단축할 수 있다. 스트리밍 기술을 활용하면 인터넷을 통한 실시간 방송뿐만 아니라 주문형 비디오(VOD) 서비스까지 가능하기 때문에 인터넷 방송 분야의 핵심 기술로 자리 잡고 있다.

SWF : 에스더블유에프. 어도비시스템즈사가 만든 파일 포맷으로 멀티미디어, 벡터 그래픽, 액션스크립트 등을 처리하는 데 필요하다. 웹상에서 애니메이션이나 액션스크립트를 사용하는 브라우저 게임에 많이 이용된다.

« T

Tag : 태그. HTML에 의한 한 행 정도의 간단한 문장을 말한다. 문서 또는 정보 단위에 사용되는 태그 모음을 마크업이라고 한다. 화상 대신에 태그를 전송함으로써 유저의 브라우저를 통해 별도 애드 서버에 광고 화상의 리퀘스트를 걸 수 있다.

Tag-line : 태그 라인. 로버트 알트먼 감독은 영화 〈플레이어(The Player)〉에서 "좋은 영화는 스토리를 한 줄로 압축할 수 있어야 한다"는 말을 했다. 이처럼 스토리를 간결하게 한 줄로 압축하여 표현한 문장을 태그 라인이라고 한다. 예를 들어 〈무간도〉의 태그 라인은 "같은 덫에 걸린 우리는 더 이상 적이 아니다"이다.

Tracking : 트래킹. 인터넷을 통해 광고를 출고함으로써 사용자 유도가 어느 정도 액션을 일으키는지를 추적하여 효과를 파악할 수 있다.

Traffic : 트래픽. 웹사이트의 방문자 수를 말한다. 트래픽 효과는 웹 광고나 메일 광고를 통해 광고주가 지정한 사이트로 방문자를 이끄는 효과이다. 클릭을 하지 않지만 광고를 봄으로써 추후에 사이트를 방문하는 포스트 임프레션도 트래픽 효과라고 할 수 있다. 넓은 의미로 광고에 의한 것만이 아닌 사이트 유입이나 유입량을 가리키는 경우도 있다.

Trailer : 영화 예고편. 영화를 개봉하기 전에 인터넷 등을 통해 주요한 내용을 알리기 위해 제작한 예고 영상물이다. 주요한 이미지를 하이라이트만 편집하여 관람 욕구를 고취시키는 것이 목적이다.

TCP/IP(transmission control protocol/internet protocol) : 인터넷 표준 프로토콜. 다른 운영체제를 쓰는 컴퓨터 간에도 데이터를 서로 전송할 수 있도록 하기 위해 만든 표준이다. TCP는 전송 데이터를 일정 단위로 나누고 포장하는 것에 관한 규약이고, IP는 직접 데이터를 주고받는 것에 관한 규약이다. 인터넷과 연결된 모든 컴퓨터는 인터넷 표준위원회에서 제정한 규약을 따르고 있다.

Teaser Advertising : 티저 광고. 애태운다는 뜻의 영어 단어 'teaser'를 붙여 만든 용어로 처음에는 제품에 대해 불완전한 정보를 제공하여 궁금증을 유발시키면서 점차 관심을 유도하는 광고 기법이다. 기업이나 브랜드명을 숨기고 대중의 주의를 끌 만한 아이콘이나 문구를 내보낸 다음 상품의 특징이나 가격, 마지막으로 브랜드명을 밝히는 식의 단계적 노출로 이어간다.

Text Advertising : 텍스트 광고. 하이퍼링크를 통한 텍스트 기반의 온라인 광고로 짧게는 20자, 길게는 50자 정도의 간단한 카피 혹은 설명을 나타내는 광고로 이벤트 고지용으로 많이 쓰인다.

Thumbnail Advertising : 섬네일 광고. 언론사의 웹사이트 기사에서 흔히 볼 수 있는 광고로 손톱 크기만한 작은 이미지에 간략한 텍스트가 들어가 있는 광고를 말한다.

Third Party : 제3자. 컴퓨터의 제작과 판매를 담당하는 측에서 보면 자사 컴퓨터의 부가장치나 소프트웨어를 다른 여러 기업에서 발매할 경우 결과적으로 자사의 하드웨어 매상이 증가한다. 그러한 개발을 제3자에게 맡김으로써 제3자가 육성될 수 있다.

Tie-in Advertising : 타이인 광고. 둘 이상의 광고주가 상대방의 편의를 고려하면서 함께 연합하여 시행하는 공동광고를 지칭하며, 타이업 광고tie-up advertising와 같은 뜻으로 사용된다. 전국 광고주가 판매업자와 공동으로 행하는 것을 수직적 타이인 광고라 하고, 전국 광고주가 같은 업종이나 다른 업종의 광고주와 함께 행하는 수평적 타이인 광고가 있다. 적은 경비로 효율적인 광고를 할 수 있다.

Tie-in Promotion : 공동 프로모션. 같은 목적을 추구하는 개별 기업이 함께 실시하는 마케팅 전략이다. 기업은 적은 비용으로 높은 효과를 얻을 수 있다. IMF 이후 이러한 형태의 프로모션이 많아졌다. 무선통신사가 단말기 제조사와 공동 마케팅을 통해 비용을 최소화하면서 상대적으로 높은 효과를 거둔 사례도 있다.

Transaction : 트랜잭션. 상품과 서비스의 구입 같은 거래가 실행되는 경로를 가리킨다. 인터넷에서는 웹사이트가 상품 거래의 장이 되기 때문에 웹이 트랜잭션 채널이 된다. 트랜잭션에는 파일 내용의 갱신이나 응답 등이 포함된다.

« U

Unique Click : 유니크 클릭. 광고를 클릭한 수에서 한 사람의 인터넷 사용자가 중복으로 클릭한 경우를 배제한 수치이다.

Unique User : 순 방문자. 웹사이트의 방문자를 나타낸 숫자로 사이트의 성공 여부
　　　　　를 나타내는 기준이다. 사용자 카운트는 높으나 방문 페이지 수가 적다면
　　　　　웹사이트의 정보가 사용자에게 매력적이지 못한 것이며, 반대로 사용자
　　　　　수는 적으나 방문 페이지가 많다면 좋은 정보를 제공하는 사이트로 볼 수
　　　　　있다.

Unit Split : 단위 시간 분할. 하나의 TV나 웹사이트에 두 개의 다른 광고를 함께
　　　　　내보내기 위해 광고 시간을 같은 길이의 2개로 나누는 것을 말한다.

UNIX : 유닉스. 1969년에 미국의 벨(Bell) 연구소에서 소프트웨어 운영체제(OS)로
　　　　　개발되었다. 유닉스를 탑재한 워크스테이션의 발매와 함께 보급되어 현재
　　　　　개인용 컴퓨터, 대형 컴퓨터, 마이크로 컴퓨터 등 대부분의 컴퓨터에서 사
　　　　　용하고 있다. 유닉스는 멀티태스킹과 멀티유저를 지원하는 시스템으로 프
　　　　　로그램 개발, 문서 처리, 이메일 등의 기능이 뛰어나다.

Upload : 업로드. 정보를 다른 컴퓨터로 보내는 행위이다. 반면, 다른 컴퓨터에서
　　　　　정보를 가져오는 것을 다운로드라고 한다.

URL(uniform resource locator) : 유알엘. 네트워크상에서 자원이 어디 있는지를 알
　　　　　려주는 규약이다. 웹 문서의 각종 서비스를 제공하는 파일의 위치를 알려
　　　　　준다. 흔히 웹사이트 주소로 알려져 있지만 실제로는 컴퓨터 네트워크상의
　　　　　모든 자원을 나타낸다. 특정 주소에 접속하려면 해당 URL에 맞는 프로토
　　　　　콜로 접속해야 한다.

Usability : 유용성. 웹사이트나 웹페이지의 편리성을 의미하며 얼마나 사용하기 쉬
　　　　　운가를 뜻한다.

« V

Valid Hits : 유효 히트. 컴퓨터에 입력된 데이터의 결과에 의해 명확한 히트가 나온
　　　　　다. 그러나 재설정이나 에러 메시지는 유효 히트에서 제외된다.

Vehicle : 비이클. 광고 매체 모두를 뜻하지만 인터넷을 비롯해 TV, 라디오, 신문,
　　　　　잡지 같은 개별 매체를 지칭한다. 예를 들어 인터넷 매체 가운데 A포털사이

트라고 하면 이것이 비이클이다.

Video Advertising : 동영상 광고. 윈도 미디어 플레이어나 리얼미디어 등을 통해 TV 광고와 유사한 형태의 광고를 온라인상에서 보여주는 것이다. 요즘은 단순히 보여주는 것 이상으로 상호 간에 효과를 얻을 수 있는 간접광고PPL 같은 솔루션을 도입하고 있다.

Viral Marketing : 바이럴 마케팅. 인터넷 광고 기법의 하나로 바이러스처럼 확산된 다고 해서 붙여진 이름이다. 이메일이나 전파 가능한 매체를 통해 자발적으로 특정 기업이나 제품을 알리는 기법이다. 기업이 직접 홍보하지 않고 소비자의 이메일이나 SNS를 통해 확산된다는 점에서 기존 광고와 차이가 있다.

Vertical Banner : 버티컬 배너. 120×240px 크기의 배너 광고를 말하며 통상 가로 사이즈보다 세로가 클 경우 버티컬 배너라고 한다. 웹페이지 오른쪽 혹은 왼쪽 가장자리 여백에 위치한다. 높은 클릭률을 기대한다기보다 지속적인 노출을 통해 브랜드 이미지를 인지시키는 것이 주된 목적이기 때문에 스폰서 광고로 선호된다.

Visits : 방문 횟수. 특정 사이트에서 행하는 사용자의 요청이다. 방문자가 일정 시간 동안 어떤 정보도 요구하지 않는 것을 타임아웃이라고 하며, 이후 동일 사용자의 요청은 새로운 방문으로 간주한다.

VOD(video on demand) : 주문형 비디오 서비스. 컴퓨터나 TV를 이용해 보고 싶은 영화를 골라서 볼 수 있는 서비스를 말한다. VOD를 이용하면 자기가 보고 싶은 시간에 원하는 영화를 시청할 수 있다. TV처럼 단방향으로 보여지는 것이 아니라 사용자의 기호에 따라 취사선택할 수 있는 기능이다.

« W

Wearable Computer : 웨어러블 컴퓨터. 옷이나 시계, 안경처럼 자유롭게 몸에 착용하고 다닐 수 있는 컴퓨터를 말한다. 소형화는 물론이고 음성과 동작 인식 등 다양한 기술이 적용된다. 구글이 내놓은 스마트 안경인 구글 글라스와 애플 등에서 출시한 아이워치 등이 대표적인 제품이다.

Web(world wide web) : 월드 와이드 웹. 인터넷망에서 쉽게 정보를 찾을 수 있도록 고안된 방법 또는 세계적인 인터넷망을 말한다. 인터넷의 많은 서비스 중에서 가장 최근에 개발된 멀티미디어 서비스로 유럽입자물리학연구소(european laboratory for particle physics : CERN)가 처음 고안하였다. 문자를 기반으로 전송하던 다른 인터넷 서비스와 달리 그래픽 사용자 인터페이스(graphical user interface : GUI)를 최대한 살려 사진을 비롯해 그래픽, 동영상 등을 하이퍼텍스트로 검색할 수 있게 해준다.

Web Advertising : 웹 광고. 인터넷 홈페이지에 게재되어 있는 광고로 24시간 게재하는 것과 수십 초에서 수십 분마다 바뀌는 것도 있다. 예를 들어 배너 광고는 마치 신문의 기사처럼 가늘고 긴 영역에 광고문을 게재하여 이를 클릭하면 광고주의 홈페이지에 자동으로 연결되는 방식이다.

Web Browser : 웹브라우저. 인터넷망에서 정보를 검색하는 데 사용하는 응용 프로그램으로 브라우저 혹은 인터넷 브라우저라고 부르기도 한다. 일반적인 기능으로 웹페이지 열기, 최근 방문한 URL 및 즐겨찾기 제공, 웹페이지 저장 기능 등이 있다.

Web Casting : 웹 캐스팅. 월드와이드웹과 브로드캐스팅의 합성어이다. 기존의 TV 방송에 대응하는 개념으로 인터넷 방송을 의미하는 용어이기도 하다. 압축 기술의 발달로 방송 콘텐츠를 압축 데이터로 만들어 실시간으로 인터넷에서 볼 수 있게 하는 새로운 개념의 방송이다.

Web Mail : 웹 메일. 웹 서버가 모든 메일을 저장해두었다가 요청이 있을 때 웹브라우저를 통해서 보여주는 방식이다. 서버가 클라이언트에게 메일을 전달하는 방식의 하나로 메일이 서버에 있기 때문에 웹 계정만 있으면 어느 컴퓨터에서든지 인터넷에 접속해 확인할 수 있다.

Website Panel : 웹사이트 패널. 윈도 서버의 전체 설비(provisioning)를 자동화하기 위한 포털사이트이다. 보다 강력한 오픈소스 웹사이트 패널 플랫폼은 사용자에게 간단한 포인트 앤 클릭 방식의 윈도 서버 프로그램을 제어한다.

Wi-Fi(wireless fidelity) : 와이파이. 하이파이(high fidelity : Hi-Fi)에 무선기술을 접목한 것으로, 고성능 무선통신을 가능하게 하는 무선랜을 말한다. 정보통신 관련 국제 전문가 조직인 전기전자기술자협회(IEEE)는 1997년 무선랜과 관련한 표준을 만들었다. 이후 모든 통신장비나 소프트웨어 업체들이 여기에 맞춰 기술을 개발했다.

Work Panel : 워크 패널. 웹 시청률을 조사하기 위한 대상자가 워크 패널이다. 기업이나 조사기관이 패널의 정보를 통계학적으로 추출하는 것이 어렵기 때문에 참고 데이터 정도로 제공하고 있다.

참고문헌

김병철, 『온라인 저널리즘의 이해』, 한국외국어대학교 출판부, 2007.

데이비드 오길비, 최경남 역, 『광고 불변의 법칙』, 거름, 2004.

로버트 스코블 · 셸 이스라엘, 홍성준 · 나준희 역, 『블로그 세상을 바꾸다』, 체온 365, 2006.

매튜 프레이저 · 수미트라 두타, 최경은 역, 『소셜네트워크 e혁명』, 행간, 2010.

바바라 K. 케이 · 노먼 J. 메도프, 이명천 · 백승록 역, 『인터넷 광고의 이해』, 커뮤니케이션북스, 2003.

박현길, 『아무도 가르쳐 주지 않는 프로들의 광고 노트』, 청년정신, 2006.

세스 고딘, 이상필 역, 『퍼미션 마케팅』, 21세기북스, 2000.

신디 크럼, inmD 역, 『모바일 마케팅』, 에이콘출판, 2011.

신성근, 『인터넷 광고 마케팅 전략』, 구민사, 2001.

안종배, 『나비효과 디지털 마케팅』, 미래의창, 2004.

알렉스 마이클 · 벤 샐터, 나무커뮤니케이션 전략기획팀 역, 『검색엔진 마케팅』, 행간, 2006.

앨 리브만 · 패트리샤 에스게이트, 조윤장 역, 『엔터테인먼트 마케팅 혁명』, 아침이슬, 2003.

앨 리스 · 잭 트라우트, 차재호 역, 『마케팅 전쟁』, 비즈니스북스, 2002.

에릭 슈미트 · 제러드 코언, 이진원 역, 『새로운 디지털 시대』, 시공사, 2013.

이두희, 『통합적 인터넷 마케팅』, 박영사, 2009.

이연수, 『트렌드 in 마케팅』, 새빛에듀넷, 2010.

이지훈, 『혼 · 창 · 통』, 쌤앤파커스, 2010.

인터넷 마케팅연구회, 이명수 역, 『인터넷 광고 2000』, 중앙M&B, 2000.

임동욱, 『설득 커뮤니케이션의 이해』, 커뮤니케이션북스, 2003.

잭 트라우트 · 앨 리스, 안진환 역, 『포지셔닝』, 을유문화사, 2012.

전산용어사전편찬위원회, 『컴퓨터 IT 용어대사전』, 일진사, 2012.

조너선 갓셜, 노승영 역, 『스토리텔링 애니멀』, 민음사, 2014.

존 바텔, 이진원 · 신윤조 역, 『검색으로 세상을 바꾼 구글 스토리』, 랜덤하우스코리
아, 2005.

최민재 외, 『한국의 블로그 산업』, 한국언론재단, 2009.

편집부, 『광고계의 다크호스, 온라인 광고』, 라이터스, 2005.

폴 메사리스, 강태완 역, 『설득 이미지』, 커뮤니케이션북스, 2000.

해리 벡위드, 양유석 역, 『넥스트 마케팅』, 더난출판, 2003.

현대경영연구소, 『글로벌 인터넷 광고 & 모바일 광고』, 승산서관, 2013.

M&C 사치, 김동욱 역, 『사치는 어떻게 생각할까?』, 책읽는 수요일, 2013.

KT경제경영연구소, 『국내 모바일 커머스 시장 규모에 대한 예측』, KT경제경영연구
소 연구보고서, 2011.

『파이낸셜타임스(Financial Times : FT)』 2013년 12월 9일 기사.

「2009 P&G Annual Report」

찾아보기

용어 찾아보기

ㄱ

가상기업 » 41
가상시장 » 55
가치 사슬의 법칙 » 45
간접 광고 » 75, 109, 212
개방형 SNS » 262
검색 광고 » 220
검색 사이트 » 71
검색어 » 199
검색엔진 » 52, 199
검색엔진 마케팅 » 171
게임개발자콘퍼런스 » 248
게임 내 광고 » 86, 215, 241
게임 속 광고 » 109
게재 기간 보증형 » 194
고객관계관리 » 28

고화질 » 93
공정거래위원회 » 188
공중 데이터교환망 » 24
공짜경제 » 144
관계형 데이터베이스 » 147
광고 뷰 » 85
광고 수익률 » 125
광대역 LTE » 72, 79, 119, 219
광랜 » 37
광역학술연구네트워크 » 26
구매대행 » 61
구매 전환율 » 125
국방성 » 21
국제전자제품 박람회 » 36, 88

권유마케팅 » 223
그래픽노블 » 239
근거리무선통신 » 34
근거리 통신망 » 21
기가 bps » 93
기가 인터넷 » 93

ㄴ

네거티브 캠페인 » 144
네이티브 광고 » 109
네트워크 배너 » 193
넷 애플리케이션 » 83
넷트레이팅 » 118
노출 횟수 » 65
뉴욕국제자동차쇼 » 134

ㄷ

다양성 » 20, 39
다중 마케팅 » 233
다차원 데이터베이스 » 147
대안매체 » 70
대중매체 » 70
데이터 마이닝 » 168
데이터베이스 » 40
데이터웨어하우스 » 28
데이터 전송 » 172
데이터 통신 » 24
데이파트 » 77
도달률 » 131
동영상 광고 » 230
떠 있는 광고 » 95, 101, 208

ㄹ

라이프 로그 » 36, 37
로컬리즘 » 57
론처 » 235
론칭 광고 » 136
롤링 배너 » 258
롤 페이퍼 광고 » 211
롱텀에볼루션 » 32
롱테일 이론 » 144
리스팅 광고 » 52, 184, 206
리스폰스 데이터 » 180
리스폰스 효과 » 121
리워드 앱 광고 » 235
리치 » 131

리치미디어 » 91, 95, 98, 106
리타기팅 광고 » 186
리테일 마케팅 » 59

ㅁ

마이크로 사이트 » 169
마이크로스트레티지 분석 데스크톱 » 146
마케팅 매니저 » 176
만물인터넷 » 35
매스미디어 » 53, 119
매시브 » 244
매체 대행 광고 » 168
매체점유율 » 131
매크로미디어 » 96
맨투맨 마케팅 » 253
멀티스크린 » 127
멀티태스킹 » 119
메일 광고 » 183
메일 매거진 » 168
메일 매거진 광고 » 211
메일 타임 » 72
메트칼프의 법칙 » 45
모바일 » 31, 40, 48, 57, 80, 81, 120, 127, 144
모바일 IPTV » 236
모바일 광고 » 70, 184, 215, 219, 233, 234
무선인터넷전화 » 25
무어의 법칙 » 45
미국국립과학재단 » 22
미국모바일마케팅협회

» 233
미국방위고등연구계획국 » 22
미국연방거래위원회 » 188
미국온라인출판협회 » 126
미국인터넷광고협회 » 130
미디어렙 » 183
미디어믹스 » 53, 70, 116
미디어 비이클 데이터 » 180
미디어 오디언스 데이터 » 180
미디어 최적화 » 76
미디어 플래너 » 176
미디어 플래닝 » 51, 115, 174
미래창조과학부 » 47
미러링 » 73
밀넷 » 22

ㅂ

바탕화면 광고 » 101
방송통신위원회 » 84
방위통신국 » 22
배너 광고 » 51, 65, 71, 77, 95, 105, 122, 154, 168, 190, 192, 220, 233
배지 광고 » 207
백그라운드 광고 » 101

버튼 광고 » 209

봇 네트워크 » 222

부정 클릭 » 222

뷰 » 130

뷰 스루 » 170

브라우저 » 104

브라우저 표준 페이지
» 71

브랜드 사이트 » 49

브랜딩 » 121, 122, 132,
134, 147

블로그 » 30, 140

블루투스 » 34

비디오 프리롤 » 258

BI인텔리전스 » 35

비이클 » 116, 118

비저널리스트 » 171

비트 레이트 » 92

비트코인 » 41

빅데이터 » 19, 34, 38,
39, 111

ㅅ

사물인터넷 » 34

사용자 경험 » 242

사이버 골드 » 168

사이버 공간 » 15, 28,
167

사이버 공동체 » 19

사이코그래프 » 105

삽입형 광고 » 168, 257,
258

상품 리스팅 광고 » 206

상호작용 » 20

상호작용성 » 124

상호작용성 배너 » 168

샤넬 » 160

서치큐 » 31

선 마이크로시스템즈
» 46

선택형 광고 » 169

세그먼트 콘텐츠 » 89

세로형 배너 광고 » 99

센서데이터 » 34

셀렉트캐스트 » 105

소셜 TV » 127

소셜네트워크서비스
» 37

소셜커머스 » 58

소프트뱅크 » 16, 39

소프트웨어산업 » 27

속도 » 39

쇼룸화 » 59

순 방문자 수 » 30

스낵 컬처 » 237

스마트 마케팅 플랫폼
» 225

스마트워치 » 36

스마트폰 » 31, 34, 37,
40, 48, 64, 74, 94,
127, 219

스크립트라이터 » 176

스텔스 마케팅 » 109

스토리보드 아티스트
» 176

스토리텔링 » 157

스튜디오 매니저 » 175

스트리밍 광고 » 95,
183, 207

스트리밍 배너 » 96

스트림 내 광고 » 96

스폰서십 » 71, 109

스폰서십 광고 » 212

스폿리싱 » 168

스플래시 스크린 » 168

스플래시 스크린 광고
» 213

스플래시 페이지 » 168

시스템공학연구소 » 26

시즐 광고 » 174

시즐 효과 » 93

시청률 » 73

신근성 효과 » 173

신문 » 49, 165

신속성 » 20

실감(實感) 미디어 서비스
» 38

실적당 단가 » 172

3스크린 미디어 이용실태
» 127

3스크린 콘텐츠 » 88

ㅇ

아르파넷 » 21

아이콘 » 160, 249

IP주소 » 52, 76, 86, 104

아트 디렉터 » 175

아티스트 » 175

애니메이션 배너 » 168

애니메이티드 광고 » 210

애드 네트워크 사이트
　　》 71
애드버토리얼 광고
　　》 168, 213
애드 뷰 　》 178
애드토리얼 　》 109
애드 혹 네트워크 　》 214
애플리케이션 　》 28, 32,
　　43
양방향 마케팅 　》 232
어카운트 디렉터 　》 175
어카운트 이그제큐티브
　　》 175
어카운트 컨트롤러 　》 175
언드 미디어 　》 70, 109
얼리 어답터 　》 175
에드버테인먼트 　》 150
SNS 광고 　》 220
HTML 메일 　》 212
에퀴지션스 　》 123
N-스크린 　》 73, 74,
　　127, 128, 236
엔터테인먼트 사이트
　　》 71
L커머스 　》 226
M커머스 　》 58, 222
M커머스2.0 　》 58
오버더톱 　》 73
오픈마켓 　》 58
오픈뱅킹 　》 83
오픈소스 　》 43
오픈 오토모티브 연합
　　》 252
온드 미디어 　》 70, 109

온라인 광고대행사
　　》 174
온라인 매체 　》 167
온라인 이벤트 광고
　　》 71, 213
온라인 트랜잭션 처리
　　》 40
온사이트 　》 52
옵트인 메일 광고 　》 52,
　　183, 211
옵티마이제이션 　》 76
원격 로그인 　》 21
원격 의료 　》 16
원격 접속 　》 20
원격 현실 　》 16
원투원 마케팅 　》 253
원투원 타깃 마케팅
　　》 221
월드와이드웹 　》 23
웨어러블 컴퓨터 　》 20, 35
웹 　》 23
웹 2.0 　》 140
웹 검색엔진 　》 52
웹 드라마 　》 157
웹 브라우저 　》 23, 83
웹 사이트 　》 69, 134, 153
웹 소설 　》 157
웹진 　》 157
웹 타임 　》 72
웹툰 　》 157
웹하드 　》 25
위드인 배너 　》 169
위성 　》 81
위성위치확인시스템

　　》 36
위젯 　》 88
위챗 　》 248
위챗 게임센터 　》 248
위치기반 모바일 광고
　　》 234
위치기반서비스 　》 31,
　　184
윈도 광고 　》 102
윈도 미디어 플레이어 내
　　배너 광고 　》 96
윈도 미디어 플레이어 내
　　테두리 광고 　》 96
유럽인터랙티브광고협회
　　》 128
유럽입자물리연구소
　　》 23
유비쿼터스 컴퓨터 기술
　　》 20
유진 구스트만 　》 17
e-마케팅 　》 153
이메일 　》 15, 20, 48
이메일 광고 　》 71
이모션 　》 249
이모티콘 　》 142, 249
e-브랜딩 　》 148
E커머스 　》 58
인공지능 　》 16
인쇄 매체 　》 49
인스타그램 　》 252, 264
인스턴트 메신저 　》 48
인터넷 　》 15, 19, 37,
　　117, 134, 165
인터넷 경제 3원칙 　》 45

인터넷 광고 » 45, 69, 70, 91, 110, 121, 165

인터넷 광고에 관한 심사 지침 » 188

인터넷데이터센터 » 25, 39

인터넷 동영상 광고 » 233

인터넷메트릭스 » 81

인터넷 뱅킹 » 48, 80

인터넷 쇼핑 » 48, 80

인터넷 익스플로러 » 83

인터넷 접속사업자 » 25

인터넷학회 » 99

인터랙션 » 146

인터랙티브 » 51, 87, 98

인터랙티브 광고 » 213

인터랙티브 마케팅 » 142

인터랙티브 미디어 » 71

인터머셜 » 168, 210

인포머셜 » 109

일간 방문자 » 246

임팩트 » 121, 122, 134

임프레션 » 65, 102, 135

임프레션 보증형 » 194

임프레션 효과 » 121

ㅈ

자사 미디어 » 49

잠재 응답 » 122

잡지 » 49

전문정보 사이트 » 71

전사적 자원관리 » 28

전자상거래 » 20, 55, 57, 165

전체 페이지 오버레이 » 101

전환율 » 108

접속 수 » 137

정보통신기술 » 19

정보통신정책연구원 » 90, 240

정서 분석 » 112

정액제 » 96

제품삽입 광고 » 168

주문형 비디오 » 84

중간광고 » 101

ㅊ

채팅룸 » 168

체신부 » 24

체험 마케팅 » 142

초고속 인터넷 서비스 » 26

초고화질 » 93

최신 효과 » 173

최적화 » 53

ㅋ

카피라이터 » 110, 176

카피 치프 » 176

캠페인 사이트 » 49

커넥티드 카 » 252

커뮤니케이션 » 50

커뮤니티 사이트 » 71

컴퓨터의 네트워크 » 20

케이블 TV » 48, 81

코버트 마케팅 » 109

코스트 퍼포먼스 » 82

콘텍스트 타기팅 » 105, 108, 110

콘텐츠 광고 » 210

콘텐츠 인터그레이션 광고 » 210

쿠키 » 86

쿠폰 » 223

큐레이션 사이트 » 110

큐레이션 커머스 » 58

QR코드 » 251, 253

크로스미디어 » 53, 70, 86, 115, 116, 117, 119, 126

크로스미디어 전략 » 173

크로스미디어 최적화 연구 » 130

크로스미디어 플래닝 » 119

크리에이티브 디렉터 » 175

클라우드 기반 애플리케이션 » 147

클릭 당 과금 » 96

클릭률 » 108, 170

클릭 보증형 » 195

클릭 수 » 170

클릭 투 SNS » 258

클릭 투 맵 » 258

클릭 투 비디오 » 258

클릭 투 앱 다운로드 » 257

클릭 투 웹 » 258
클릭 투 인터랙티브 비디오 » 258
클릭 투 캘린더 » 257
클릭 투 콜 » 234, 257
클릭 투 확장형 배너 » 257
키워드 » 111
키워드 광고 » 111, 199

ㅌ

타기팅 » 51, 71, 86, 104
타기팅 메일 광고 » 183, 212
타이업 광고 » 183, 209
타임시프트 » 75
타코타 타깃 » 107
태도변화 효과 » 121, 122
태블릿 PC » 31, 37, 48, 64, 66, 74, 94, 127, 219
테라바이트 » 93
텍스트 광고 » 71, 205
텍스트 마이닝 » 111
텍스트 메일 » 212
텍스트 클러스터링 » 112
토일렛 타임 » 72
토털 트래픽 매니지먼트 » 170
통합 마케팅 커뮤니케이션 » 53
통합시청률 » 84
투자 수익률 » 70, 125

튜링 머신 » 17
튜링 테스트 » 17
트래커 프로그램 » 137
트래픽 » 106, 137
트래픽 효과 » 122
트레이드몹 » 222
트루뷰 » 230
틈새 광고 » 168, 210
TV 광고 » 73, 91, 165
TV 프로듀서 » 176
티저 광고 » 136

ㅍ

파일 전송 규약 » 199
팝언더 광고 » 209
팝업 광고 » 102, 209
팬 유럽의 크로스미디어 리서치 조사 » 128
페이드 리스팅 » 184
페이드 미디어 » 109
페이지뷰 » 136, 179
페이크 마케팅 » 151
페타바이트 » 93
폐쇄형 SNS » 261
포스트 임프레션 » 121, 170
포스트 클릭 » 121, 170
포털사이트 » 25, 27, 28, 30
포토형 SNS » 263
폴라이트 배너 » 101
푸시 » 166
푸시애드 » 169

풀 미디어 » 167
풀 스크린 광고 » 95, 208
프로그레시브 최적화 » 76
프로덕션 매니저 » 176
프로바이더계 사이트 » 71
프록시 서버 » 179
프리퀀시 » 75, 116, 131, 135
프리퀀시 캡 » 77
플래시 » 94, 145, 147
플래시 비디오 광고 » 95
플랫폼 » 34, 35, 48, 129, 247
플러스친구 » 222
플로팅 광고 » 77
플립보드 » 110
PC통신 » 24, 26

ㅎ

하나넷 » 25
하둡 데이터 » 147
HDD레코더 » 75
하와이대학 » 26
학술연구전산망협의회 » 26
한국ABC협회 » 84
한국언론진흥재단 » 70
한국이동통신 » 24
한국인터넷진흥원 » 47, 220
한국전기통신서비스 » 24

한국전자계산소 » 27
한국전자기술연구소 » 25
한국전자통신연구원 » 25
한·미 FTA » 62
한·유럽연합 FTA » 62
핫미디어 » 97
해외 직접구매 » 60, 61
행동 타기팅 » 105
협찬 광고 » 168
홀로그램 » 37
홈브랜딩보드 » 184
화상회의 » 16
확대 광고 » 211
확장형 광고 » 95
확장형 그래픽 » 258
확장형 배너 » 101
확장형 플로팅 배너
    » 101
회의적 태도 » 109
휴대용 정보단말기
    » 219
히트 수 » 137

A

account controller » 175
account director » 175
account executive » 175
acquisitions » 123
actual data transfer rate
    » 172
ad-hoc network » 214
ad platform advertising
    » 169

advanced research projects
    agency : ARPAnet
    » 21
advertainment » 150
advertorial advertising
    » 109, 168, 213
ad view » 85, 178
AD-visor » 118
adwords » 205
animated advertising
    » 210
app » 43
art director » 175
artificial intelligence : AI
    » 16
asymmetric digital subscriber
    line : ADSL » 26
augmented reality advertising
    » 234
auto-play interactive video
    » 257

B

badge advertising » 207
banner advertising » 192
behavioral targeting » 105
big data » 19
bit rate » 92
bot networks » 222
broadband » 72
business to business : B2B
    » 52
business to consumer : B2C

    » 56
button advertising » 209
buyers » 176

C

carrier aggregation : CA
    » 79
chatting rooms » 168
click through ratio : CTR
    » 108
click to app download
    » 257
click to calendar » 257
click to call » 234, 257
click to expandable banner
    » 257
click to interactive video
    » 257
click to map » 258
click to mobile web » 258
click to SNS » 258
click to video » 258
commercial break » 101
community » 168
computer science research
    network : CSNET
    » 26
Conneted Car » 252
conseil européen pour la
    recherche nucléaire :
    CERN » 23
consumer electronics show :
    CES » 36

찾아보기

consumer generated media ：
　　CGM 》 141

consumer insight 》 171

contents advertising 》 210

contents integration
　　advertising 》 210

context targeting 》 105,
　　108, 110

conversion rate 》 108

conversion rate ：CVR
　　》 125

cookie 》 86

copy chief 》 176

copywriter 》 176

cost effective 》 233

cost per acquisition ：CPA
　　》 172

cost per action ：CPA 》 172

cost per click ：CPC 》 96

cost performance 》 82

cost per mile, cost per
　　thousand impression ：
　　CPM 》 85

cost per sale ：CPS 》 200

covert marketing 》 109

CPA 》 200

CPC 》 196

CPM 》 96, 124, 196

CPT 》 196

crack advertising 》 210

creative director 》 175

crossmedia 》 53

cross media optimization
　　study ：XMOS 》 130

CTR 》 124, 180

customer relationship man-
　　agement ：CRM 》 28

cyber gold 》 168

cyberspace 》 15

D

daily active user ：DAU
　　》 246

data warehouse ：DW 》 28

date mining 》 168

daypart 》 77

defence advanced research
　　projects agency ：
　　DARPA 》 22

defense communication
　　agency ：DCA 》 22

department of defense ：
　　DoD 》 21

digital-to-analog convert ：
　　DAC 》 146

direct mail ：DM 》 51

DMB 》 81

E

early adopter 》 175

earned media 》 70

electronic commerce 》 58

e-mail 》 15

emoticon 》 249

emotion 》 249

enterprise resource planning

　　：ERP 》 28

Eugene 》 17

european interactive
　　advertising association ：
　　EIAA 》 128

expandable advertising
　　》 95, 211

expandable banner 》 101

expandable floating banner
　　》 101

experience marketing 》 142

F

fake marketing 》 151

family network service ：
　　FNS 》 263

federal trade commission ：
　　FTC 》 188

file transfer 》 21

file transfer protocol ：FTP
　　》 199

flash video advertising
　　》 95

floating advertising 》 95,
　　101, 208

4G 》 48

4V 》 39

freeconomics 》 144

frequecy cap 》 77

frequency 》 75

full-page overlay 》 101

full screen advertising
　　》 95, 208

G

game developer conference :
    GDC » 248
GIF » 95, 146
giga bit per second : Gbps
    » 93
giga internet » 93
global positioning system :
    GPS » 36
global web index : GWI
    » 262
gold bank » 168
GPS » 251
graphical interstitial » 258
graphic novel » 239
gross rating point : GRP
    » 72
gym rat » 208

H

HANAnet » 25
HD » 93
hits » 137
HTML » 147
hypertext markup language 5
    : HTML 5 » 94

I

icon » 160
ICT » 31
IMF » 57
impression : IMP » 65

Infineon » 20
information & commu-
    nication technology :
    ICT » 19
informercial » 109
Infoseek » 105
in game advertising : IGA
    » 86, 215
in-stream advertising » 96
integrated marketing
    communication : IMC
    » 54
interactive advertising
    » 213
interactive marketing
    » 142, 232
interactive media » 71
interactivity » 124
intermercials » 168, 210
internet activities board :
    IAB » 99
internet advertising » 45
internet advertising bureau :
    IAB » 130
internet data center : IDC
    » 25
internet of everything » 35
internet of things : IOT
    » 34
internet service provider :
    ISP » 25
internet society » 99
interstitial advertis-
    ing » 257, 258

IPTV » 81, 128
IT » 18, 27

K

keyword » 199
keyword advertising » 199
KIET » 25
KISDI » 90
Korbit » 43
Korea press foundation
    » 70

L

launcher » 235
life log » 36
listing advertising » 52,
    206
local-area network :
    LAN » 21
localism » 57
location based service :
    LBS » 31
location-commerce
    » 226
long term evolution :
    LTE » 32, 34
LTE-A » 79

M

mail magazine advertising
    » 168, 211

marketing manager　》　176

mass marketing　》　233

media buys advertising
　》　168

media mix　》　53

media optimization　》　76

media planners　》　176

member get members :
　MGM　》　223

micro site　》　169

microstrategy analytics
　desktop　》　146

military network
　: MILNET　》　22

mirroring　》　73

MIT　》　20

mobile advertising　》　215

mobile commerce　》　58

Moore's Law　》　45

mp3blue　》　20

multi panel banner　》　258

multi-tasking　》　119

my location　》　226

N

national science foundation
　: NSF　》　22

national science foundation
　network : NSFnet
　》　22

native advertising　》　109

netware core protocol
　: NCP　》　21

the New York international
　auto show　》　134

NFC　》　34

O

OECD　》　47

one to one target marketing
　》　221

online analysis processing
　: OLAP　》　40

online publishers association
　: OPA　》　126

online transaction processing
　: OLTP　》　40

on-site　》　52

open automotive alliance
　: OAA　》　252

open source　》　43

operating system　》　32

optimization　》　53, 76

opt-in advertising　》　211

opt-in mail　》　52

OS　》　32, 104

over the top : OTT　》　73

owned media　》　70

P

P2P　》　42

PAC-COM　》　26

paid media　》　70

the pan european cross media
　research study　》　128

pay-per-click : PPC
　》　125

pay per performance
　: PPP　》　121

PC　》　40, 120, 127

PDA　》　219

Pepper　》　16

petabyte : FB　》　93

Poindexter System　》　76

polite banner　》　101

pop-under advertising
　》　209

pop-up advertising　》　209

portal　》　27

portal site　》　29

post impression　》　121

production manager　》　176

product listing ads : PLA
　》　206

product placement : PPL
　》　76, 212

program for the international
　assessment of adult
　competencies : PIAAC
　》　47

progressive optimization
　》　76

proxy server　》　179

psychography　》　105

public switching data network
　: PSDN　》　24

pull media　》　167

push　》　166

Q

quick response code » 251

R

recency effect » 173
rectangle advertising » 193
remote log-in » 21
retail marketing » 59
retargeting advertising » 186
return on ads spending : ROAS » 125
return on investment : ROI » 70, 125
roll-paper advertising » 211

S

scriptwriter » 176
scroll bar » 190
search engine marketing : SEM » 171
search engine optimization : SEO » 203
segment contents » 89
Select Cast » 105
SEM » 203
share of voice » 131
showroom » 59
sizzle effect » 93
skepticism » 109
skyscraper advertising » 99, 193
SNS » 37, 60, 258, 259
spider » 200
splash page » 168
splash screen advertising » 168, 213
sponsorship advertising » 109, 212
spot leasing » 168
stealth marketing » 109
storyboard artist » 176
streaming advertising » 95, 207
structured query language : SQL » 147
studio manager » 175
Sun Microsystems » 46
system development network : SDN » 25

T

Tacoda Targets » 107
targeting mail advertising » 212
teaser advertising » 136
tele-presence » 16
terabyte : TB » 93
text advertising » 205
text mining » 111
3G » 48
3 screen contents » 88
3V » 39
tie-up advertising » 183, 209
time shift » 75
total audience measurement initiative : TAMi » 88
total screening rate : TSR » 84
total traffic management » 170
TPO(time, place, occasion) » 234
traffic controller » 176
transfer control protocol/ internet protocol : TCP/IP » 21, 26
true view » 230
turing machine » 17
turing test » 17
TV » 19, 40, 127
Tving » 128
TV/online media mix study » 126
TV producer » 176

U

UHD » 93
uniform resource locator : URL » 23
unique visitors » 30
unix-to-unix copy program : UUCP » 25
URL » 125, 168
user created contents : UCC » 140

317

user experience : UX　》　242

value　》　39

variety　》　39

velocity　》　39

video on demand : VOD
　》　84

view　》　130

view slew rate : VSR　》　180

view through　》　122, 170

view through rate : VTR
　》　122

virtual corporation　》　41

virtual market　》　55

virtual private network : VPN
　》　83

visionalist　》　171

volume　》　39

W3　》　23

wallpaper advertising
　》　101

wearable computer　》　20

web　》　23

web browser　》　23

web drama　》　157

web novel　》　157

webtoon　》　157

web zine　》　157

wifi　》　44

wihtin banner　》　169

window advertising　》　102

wire and plastic products
　: WPP　》　243

wizet　》　88

world wide web　》　23

WWW　》　23

인터넷 광고　Internet Advertising

인명 찾아보기

ㄱ

가이 리치 » 155
고든 무어 » 45

ㄷ

댄 알렉산더 » 159

ㄹ

렉스 브릭스 » 130
리처드 맥스웰 » 159

ㅁ

마크 저커버그 » 259
마틴 소렐 경 » 243

ㅂ

빈턴 서프 » 21
빌 게이츠 » 35
빌 그로스 » 30

ㅅ

스티브 잡스 » 92, 159

ㅇ

아리스토텔레스 » 159
앤드루 메이슨 » 223
앨런 엠티지 » 200

앨런 튜링 » 17
왕가위(王家卫) » 156
에버렛 로저스 » 175
이안(李安) » 156

ㅈ

조셉 캠벨 » 158
조지 오웰 » 152

ㅋ

크리스 앤더슨 » 144
크리스 휴스 » 260

ㅌ

팀 버너스 리 » 23

A

Alan M. Turing » 17
Alan Emtage » 200
Andrew Mason » 223

B

Bill Gross » 30

C

Chris Anderson » 144

E

Everett M. Rogers » 175

G

George Orwell » 152
Gordon Moore » 45
Guy Ritchie » 155

J

Joseph Campbell » 158

M

Martin Sorrell » 243

R

Rex Briggs » 130
Richard Maxwell » 159

T

Timothy John Berners-
Lee » 23

V

Vinton Cerf » 21

찾아보기

도서, 작품 찾아보기

ㄱ

〈고용자〉 » 156
〈굿모닝 아메리카〉 » 88
〈그대를 사랑합니다〉
　 » 157
『뉴욕타임스』 » 56, 74

ㄷ

『5가지만 알면 나도 스토리
　 텔링 전문가』 » 159
〈닥터 후〉 » 84
『댈러스 모닝뉴스』 » 107

ㄹ

〈라이온 킹〉 » 134
〈라이프 오브 파이〉 » 142
〈로스트〉 » 88

ㅁ

〈무한동력〉 » 238
『미래로 가는 길』 » 35
〈미생〉 » 237

ㅅ

〈20's 스무 살〉 » 237
『시학』 » 159

ㅇ

『와이어드』 » 18, 95, 237
『워싱턴포스트』 » 126
『월스트리트저널』 » 107,
　 126, 262
〈은밀하게 위대하게〉
　 » 157
〈26년〉 » 157
『1984』 » 152

ㅈ

『조선일보』 » 84

ㅊ

『천의 얼굴을 가진 영웅』
　 » 158

ㅌ

『타임』 » 41
『텔레그래프』 » 16

ㅍ

『파이낸셜타임스』 » 74
『포브스』 » 56
『프리』 » 144

ㅎ

『핫와이어드』 » 46, 95
『혁신의 확산』 » 175
〈후유증〉 » 238

B

『Bloomberg』 » 41

D

『the Dallas Morning News』
　 » 107
『Diffusion of Innovation』
　 » 175
〈Doctor Who〉 » 84

F

『Financial Times : FT』
　 » 74
『Free』 » 144

G

〈Good Morning America〉
　 » 88

H

『the Hero with a Thousand

Faces』 » 158
〈the Hire〉 » 156
『HotWired』 » 46

〈Life of Pi〉 » 142
〈the Lion King〉 » 134
〈Lost〉 » 88

『Telegraph』 » 16

W

『WIRED』 » 18

찾아보기

사명, 제품명, 서비스명 찾아보기

ㄱ

갤럭시 기어 » 36
게임빌 » 247
게임빌 허브 » 247
고재영빵집 » 261
곰 TV » 236
구글 » 31, 52, 64, 66,
   83, 89, 108, 205, 230,
   254
구글 글라스 » 20, 36, 38
구글 배너 » 186
그레이 » 243
그루폰 » 223
그룹엠 » 243
글로벌웹인덱스 » 262
금성소프트웨어 » 28

ㄴ

나쓰미디어 » 135
나우누리 » 25
나우로 블루 » 25
내러티브 사이언스 » 18
네띠앙 » 31
네오원게임즈 » 243
네이버 » 29, 33, 52
네이버 캐쉬 » 42
네이버컴 » 29
네이트 » 29
네이트온 » 30
넥슨 » 248

넥슨 런치패드 » 248
넷츠고 » 29
노키아 » 227
노키아 애드버타이징
   커넥트 » 227
노키아 애드 서비스 » 227
닐슨코리아 » 73

ㄷ

다윈 » 236
다음 » 29
다음카카오 » 32
다음커뮤니케이션 » 29,
   226
다이나믹 로직 » 107,
   119
대우통신 » 28
데이콤 » 24
덴쓰 » 116
도토리 » 42
두두차이나 » 243
두루넷 » 26
드림워즈 » 31
드림위즈 » 29
디브로스 » 244
디엠씨 미디어 » 240
디즈니-ABC TV그룹
   » 88

ㅂ

바이두 » 31

ㄹ

라이라 리서치 » 75
라이코스 » 29
라인 » 32, 48, 80, 221,
   222
라인 웹툰 » 238
레고 » 141
레고 아이디어 » 141
레진코믹스 » 239
로보로 » 17
로비오 » 86
로즈너 » 20 ㅁ

ㅁ

마이보 » 260
마이로케이션 » 226
마이스페이스 » 29, 50
마이크로소프트 » 39, 94
메가패스 » 26
메뉴판닷컴 » 31
메이텍 » 46
모자이크 » 23
모질라 » 83
몰테일 » 61
미니홈피 » 29, 141
밀워드 브라운 » 126

바이브런트 미디어 » 108
바이크독솔루션 » 260
바인 » 251
밴드 » 247
베로니카 » 200
베보 » 29
별별맵 » 234
블룸버그 프로페셔널 서비스
　» 41

ㅅ

삼보컴퓨터 » 28
사이버스팟스 » 97
소니 » 36
수퍼셀 » 241
슈퍼스티셜 » 97
스냅챗 » 251
스마트 플리닛 » 160
스타벅스 » 59
스타 브랜드콘 » 249
스타트시트 » 19
스태츠 몽키 » 18
스탯 카운터 » 83
스트래티지 애널리틱스
　» 32, 224
스파이더 » 200
스폰서 배너 » 186
시스코시스템스 » 93
실버라이트 » 94
11번가 » 58
싸이월드 » 29
CBS레인보우 » 188
씨앤엠 » 85

씨온 » 251

ㅇ

아고라 » 30
아래아한글 » 28
아마존 » 61, 63, 66, 167
아우디 » 252
아이블래스터 » 98
아이비엠 » 97
아이애드 » 226
아이워치 » 20
아이윙크 » 31
아이지에이웍스 » 244
아이패드 » 32
아이 포토 모자이크
　» 256
아이폰 » 32, 64
아이플 » 31
아쿠아피나 얼라이브
　» 106
아키 » 199
아틀라스 DMT » 77
아프리카 TV » 236
안드로이드 » 32, 64, 66
알리바바 » 63
애니팡 » 238
애드라떼 » 222, 252
애드몹 » 254
애드바이저 » 118
애드버타이징닷컴 » 107
애드센스 » 30, 96, 108
애드워즈 » 205
애플 » 32, 64, 92, 152,

226, 254
액티브X » 83
앵그리버드 » 86
야후 » 29, 99
야후거기 » 31
야후꾸러기 » 31
야후재팬 » 31
얀덱스 » 31
어도비 » 28, 94
어퀴티브 » 107
SBS고릴라 » 188
SSG닷컴 » 58
SK커뮤니케이션즈 » 29
SK텔레콤 » 24, 145,
　225, 234
SK플래닛 » 40
AGB 닐슨 미디어 리서치
　» 172
HS애드 » 127
AP통신 » 19
엔비디아 » 252
NBC유니버설 » 88
LG유플러스 » 24, 145,
　224
MBC미니 » 188
엠파스 » 29
영 앤드 루비캄 » 116
옆길로새 » 249
오길비 앤 매더 » 243
오라클 » 28
오미크론 » 52
오버스톡 » 43
오버추어 » 30, 186
오브제 » 234, 252

오토메이티드 인사이츠
　　》 19
옥션 》 83
올레메모리 》 225
올레애드 》 225
올레이 》 132
올레 캐치캐치 》 225,
　242
올레타운 》 225
왓츠앱 》 248
월트 디즈니 픽처스 》 134
웹 파트너스 》 97
위메이크프라이스 》 58
윈도 》 32, 83
윈도 미디어 플레이어
　　》 96
유니버설 뮤직 》 50
유니캐스트 》 97
유니텔 》 25
유튜브 》 33, 50, 56,
　141, 230, 260
유플러스 스마트 메시징
　　》 224
유플러스애드 》 224
이마케터 》 64
이케아 》 59
인모비 》 110
인사이트 익스프레스
　　》 75
인크로스 》 236
인터액티브코퍼레이션
　　》 64
인포시크 》 105
인피니온 》 20

ㅈ

자바 》 46
제니스옵티미디어 》 75
제이더블유티 》 243
조본 업24 》 36
조인스엠에스엔 》 31
주니어네이버 》 31
주니퍼네트웍스 》 93
주피터 리서치 》 106
G마켓 》 58
지미빈스울 》 56
지식인 》 30

ㅊ

천리안 》 24, 31
치포틀레 》 160

ㅋ

카카오 》 32, 247
카카오 게임 》 247
카카오그룹 》 263
카카오스토리 》 33, 262
카카오톡 》 33, 48, 80,
　222, 264
카페 》 30
칸타 미디어 》 84
캐시슬라이드 》 252
컨슈머 인사이트 》 171
컴투스 》 247
컴투스 허브 》 248
KBS콩 》 188
KCC정보통신 》 27

KT엠하우스 》 225
코넷 》 25
코리아닷컴 》 31
코리안클릭 》 32, 126,
　185
코모도 레스토랑 》 252
코빗 》 43
코인베이스 》 43
코코 샤넬 》 160
콜로플라스트 》 160
쿠팡 》 58
크롬 》 83
크롬캐스트 》 89
클래시 오브 클랜 》 241
키즈짱 》 31
킨들 파이어 》 66

ㅌ

타오바오 》 63
타코다 》 106
텀블러 》 264
텐센트 》 248
톰슨 》 116
트위터 》 110, 140, 259,
　264
티몰 》 63
T스토어 》 40
T애드 》 226
TNS 코리아 》 172
티켓몬스터 》 58

인터넷 광고 Internet Advertising

ㅍ

파란 » 31

파이어 폭스 » 83

패밀리 리프 » 263

팩트 파인더 » 52

펀샵 » 143

페덱스 » 161

페블 스마트워치 » 36

페이스북 » 29, 110, 140, 259, 262, 264

페이스북 크레딧 » 42

페이팔 » 62

페퍼 » 16

펩시콜라 » 106, 152

포레스트 » 171

포스퀘어 » 208, 223

포인덱스터 시스템 » 76

프록터앤드갬블 » 132

프리첼 » 31

핀터레스트 » 110, 259, 263, 264

핏빗 포스 » 36

ㅎ

하나로통신 » 26

하이텔 » 25

한국데이타통신주식회사 » 24

한국통신 » 24

한메일 » 29

할리데이비슨 » 160

현대자동차 » 252

혼다 » 252

홀루 » 89

A

Ad Latte » 222

ADSense » 96

Advertising.com » 107

Alibaba » 63

Amazon » 61

ANC » 26

Android » 32

Angry Bird » 86

AOL » 99, 108

Apple computer Macintosh commercial » 92

Aquafina Alive » 106

aQuantive » 107

Archie » 199

Atlas DMT » 77

Automated Insights » 19

B

Baidu：百度 » 31

BAND » 247

BBDO » 116

Bike Dock Solution » 260

Bitcoin » 41

BMW » 150, 155

BMW films » 155

C

CBS » 126

CashSlide » 252

Chipotle » 160

Chollian » 24

Chrome » 83

Cisco Systems » 93

CJ E&M » 237

Clash of Clans » 241

C&M » 85

CNN » 126

Coloplast » 160

Comodo » 252

Cyber Spots » 97

CyWORLD » 29

D

Daum communications » 29

Dawin » 236

Dentsu：電通 » 116

Disney−ABC television group » 88

DMC Media » 240

Dream Wiz » 29

DuduChina » 243

Dynamic Logic » 107

E

eMarketer » 64

EMI » 50

Empas » 29

Eyeblaster » 98

325

F

FACT−Finder　》　52
Family Leaf　》　263
FedEx　》　161
Fire Fox　》　83
Fitbit Force　》　36
FourSquare　》　208
Funshop　》　143

G

GM　》　252
GoTo.com　》　30
Grey　》　243
Group M　》　243
Groupon　》　223

H

Hitel　》　25
Hot Media　》　97
Hulu　》　89

I

IAC　》　64
iAD　》　226, 254
IBM　》　27, 97, 160
Igaworks　》　244
IKEA　》　59
InMobi　》　110
Insight Express　》　75
Instagram　》　252
internet explorer : IE　》　83

Internet Metrix　》　81
iOS　》　32
i Photo Mosaic　》　256

J

Jimmy Beans Wool　》　56
Juniper Networks　》　93
Jupiter Research　》　106
JWT　》　243

K

Kantar Media　》　84
Kindle Fire　》　66
KORNET　》　25
KT　》　145, 225

L

Lego　》　141
LINE　》　32
Lyra Research　》　75

M

Malltail　》　61
Massive　》　244
Maytag　》　46
Microsoft　》　39
Milward Brown　》　126
Mosaic　》　23
Mozilla　》　83
MSN　》　99

MSNBC　》　126
MyBarakObama.com
　: MyBO　》　260

N

Narrative Science　》　18
Nate　》　29
Naver　》　29
NBC Universal　》　88
Net Applications　》　83
Netratings　》　118
NHN　》　29, 70, 221
Nownuri　》　25

O

Ogilvy and Mather　》　243
Olay　》　132
Olleh tv now　》　128
Omikron　》　52
Overstock.com　》　43
Overture　》　30
OVJET　》　252

P

Paypal　》　62
P&G　》　132
Pinterest　》　110
Pooq　》　128

R

Rosner　》　20

Rovio　》　86

S

SeeOn　》　251

Snapchat　》　251

SoftBank　》　16

Starbucks　》　59

Statcounter　》　83

StatSheet　》　19

Stats Monkey　》　18

Strategy Analytics　》　32

Superstitials　》　97

T

Tacoda　》　106

Tencent : 腾讯　》　248

Thomson　》　116

TMall　》　63

Trademob　》　222

U

Unicast　》　97

Unitel　》　25

V

Veronica　》　200

Vine　》　251

W

Web Partners　》　97

We Chat　》　248

Windows Media player
　》　96

World Bank　》　259

Y

Yahoo　》　29

Yahoo Japan　》　31

Yandex　》　31

YES24　》　83

Yong & Rubicam　》　116

Z

Zenith Optimedia　》　75

327

찾아보기